서른 살 백만장자

서른 살 백만장자

쓰레기 더미를 뒤지던 극빈 소녀의 인생 역전

크리스티 선, 브라이스 렁 지음
이경남 옮김

RHK
알에이치코리아

추천의 글

이 책이 마음에 안 드는 사람도 있을 것이다.

무조건 반대부터 하고 보는 사람이라면 특히 그럴 것이다. 그들은 강변한다. 경제적 독립Financial Independence, FI은 특권층의 전유물일 뿐이며 자신처럼 불운한 처지로는 어림도 없는 일이라고. 그쪽에 한 표 던지기 전에 당신의 처지를 다음 필터에 걸러보라.

- 전체주의 국가에서 자랐는가?
- 하루 44센트로 살아본 적이 있는가?
- 인생에서 가장 황홀했던 순간이 콜라를 처음 맛보았을 때였는가?
- 어린 시절 가장 소중한 보물이 빈 콜라 캔이었는가?

나 역시 어린 시절을 힘들게 보냈다. 다섯 살 때는 2센트를 벌기 위해 길거리에서 음료수 병을 주웠고, 5센트를 벌기 위해 집집마다 문을 두드리며 파리채를 팔았다. 중국에서 자란 크리스티의 사정도 크게 다르지 않았다. 그녀는 다섯 살 때 장난감을 만들기 위해 보물 찾기 하듯 의료폐기물 더미를 뒤졌다. 그걸 장난감이라고 할 수 있을지는 모르겠지만.

사업에 실패한 아버지의 건강까지 나빠지자 우리 집의 형편은 말이 아니었다. 그래도 크리스티네보다는 나았다. 그녀의 가족은 갑자기 공산당원들이 들이닥쳐 아버지를 강제노동수용소로 끌고 가지 않을까 늘 가슴 졸이며 지냈다. 나도 힘들게 자랐지만 그녀에 비하면 엄살에 지나지 않는다. 여러분도 그 정도는 아닐 것이다.

하고 싶은 말은 이것이다. 그렇게 어려운 가정 형편도 크리스티의 의지를 꺾지는 못했다. 이후에도 갖가지 장애물이 수시로 앞을 막았지만 그녀의 무릎을 꿇리지는 못했다. 오히려 그런 악조건은 그녀에게 도약의 발판이었다. 자극이고 길잡이였다.

의료폐기물로 장난감을 만들고 빈 콜라 캔을 보물처럼 간직하던 꼬마 소녀는, 이제 전 세계를 여행하면서 고급 레스토랑에서 식사를 즐기고 책을 쓰며 인기 블로그를 운영한다. 크리스티의 삶을 좀 더 자세히 들여다보면, 궁금했던 중국에서의 시절을 뒤로하고 캐나다로 이주한 뒤 학교에서 아이들에게 놀림을 받던 소녀, 대학생이 되고 엔지니어가 된 후에는 투자가로 변신을 거듭한 뒤 마침내 백만장자가 되어 자유로워진 그녀의 모습을 확인할 수 있다.

책을 읽다 보면 가슴이 벅차오르는 부분도 있을 것이다. 그녀가 들려주는 이야기는 이런 것이다.

- 돈은 세상에서 제일 중요한 것이다.
- 돈을 얻기 위해서라면 어떤 희생도 치를 수 있다.
- 돈은 피를 흘려서라도 얻을 가치가 있다.

잠깐! 이 무슨 해괴한 소리? 돈은 모든 악의 근원이 아닌가?

요즘은 아니다. 돈은 우리가 가지고 있는 도구 중 가장 강력한 단하나의 도구다. 잘만 사용하면 세상 모든 일을 더 쉽고 더 편하고 더재미있게 만들어주는 것이 돈이다. 돈이 있으면 어느 순간 갑자기멋진 선택을 할 수도 있다. 돈은 마법의 지팡이다.

그렇다면 사랑은 중요하지 않은가? 가족은? 교육은? 문화는? 뭐는? 뭐는? 이런 것들이 세상에서 가장 중요한 것이 아닌가? 이들은다 어쩌고?

가족과 사랑하는 사람들을 행복하게 해주고 싶은가? 그렇다면돈을 버는 것이 좋다. 그들과 더 많은 시간을 보내고 싶은가? 돈이있어야 한다. 학교에 등록하여 공부를 좀 더 했으면 좋겠는가? 책을더 많이 읽고 싶은가? 문화생활을 즐길 여유는? 그렇다면 돈이 있어야 한다. 좋다는 것은 다 하고 싶지 않은가? 그런 것들을 제대로 즐길 시간이 필요하지 않은가? 돈이 있어야 한다. 내 마음대로 쓸 수있는 돈 말이다.

선뜻 동의가 되지 않는다면 크리스티의 이야기를 들어보라. 이책을 읽고 백만장자가 될 사람도 있을 것이다. 그러나 몇몇 뿐이다.이런저런 핑계는 집어치우고 달려들어 보라. 대부분은 그렇게 하지않는다. 금전적인 문제를 직접 챙기고 앞으로 평생 돈에 각별한 관심을 가지고 살아갈 각오를 하라. 하지만 대부분은 그렇게 안 한다.

여러분이 그 대부분에 속하지 않는다면 크리스티의 조언이 큰 도움이 될 것이다. 한편의 소설 같은 그녀의 이야기를 따라가다 보면 재산을 모으는 과정에서 세금 때문에 힘들어하지 않고, 주식시장이 급락해도 흔들리지 않으며, 모은 재산을 성능 좋은 기계에 넣고 저 혼자 알아서 증식하게 만들어 필요할 때 필요한 만큼 꺼내 쓰고 다시 채워 넣을 수 있는 방법을 배우게 될 것이다. 또 투자 수수료의 교활한 속성을 알게 되는 것은 물론, 이를 최소화하는 요령 같은 실질적인 대처법을 배우게 될 것이다. 크리스티는 자신이 투자한 종목과 그 선정 이유를 밝히고 어떻게 하면 똑같이 따라 할 수 있는지 그 방법을 자세히 설명한다. 또 자신이 투자한 돈을 관리하고 옮기고 빼내는 멋진 기법을 보여준다.

그녀의 말에 모든 사람이 동의하지는 않겠지만, 어떤 책이 자신의 생각과 맞지 않다고 해서 그 책을 비판하는 일은 삼가주셨으면 하는 것이 내 바람이다. 좋은 책은 독자의 편견을 확인시켜줄 뿐 아니라 그런 독자들의 지평도 넓혀준다. 어떤 책에 담긴 아이디어는 독자의 생각과 맞든 안 맞든, 그 이면의 논리와 그 아이디어를 제시한 방법론의 명확성을 근거로 평가받아야 한다. 이 책에서 가장 돋보이는 점이 바로 논리와 명확성이다.

이 책은 부를 향해 가는 여정이 쉽지 않다는 사실을 부인하지 않는다. 크리스티도 그 점을 분명히 알고 있다. 그녀는 이러한 여정을 계속 따르는 도중에 고개를 드는 반감과 두려움, 의심과 과오를 솔직하게 독자와 공유한다. 그런 다음 그것들을 해결하기 위한 전략과 아이디어를 구체적으로 제시한다. 크리스티는 우리의 손을 잡고 설명한다.

> "돈은 천재적 지능이 있어야만 이해할 수 있는 복잡한 괴물이
> 아니에요. 오히려 누구나 조금씩 배워갈 수 있고 아주 쉽게 배울
> 수 있는 것이 바로 돈이죠. 그리고 이러한 사소한 배움이 하나로
> 모일 때 비로소 그 지식은 엄청난 힘을 발휘할 거예요."

크리스티는 위험을 줄이고 좀 더 쉬운 방법으로 경제적 자유를 얻을 수 있는 확실한 개념을 알려줄 것이다. 바로 지리적 차익^{geographic} arbitrage, 사이드파이어^{SideFIRE}, 부분적 FI^{Partial FI} 같은 것들이다.

이런 말을 하면, 억대 연봉자여야 가능하다느니, 자녀가 있으면 어림도 없다느니, 좋은 직장에 다니면 다 필요 없는 얘기라느니 하며 반론을 제기하는 사람들이 꼭 있다. 크리스티는 이런 근거 없는 주장을 면밀히 분석하여 그들의 허점을 하나씩 드러낸다.

그럼에도 선뜻 믿지 않는 사람들을 위해 그녀는 부록에서 자신이 한해 한해 재산을 불려 백만장자에 이르게 된 과정을 정확한 금액과 함께 자세히 보여준다. 그녀는 많은 사람이 부자가 되기를 바라는 마음에서 이 책을 썼다. 하지만 돈뿐 아니라 여러분의 시간과 인생도 풍요로워지기를 바란다.

물론 여러분은 불평만 늘어놓는 반대론자가 아닐 것이다. 그런 사람이라면 왜 이 책을 집어 들었겠는가. 이제 이런 것을 할 수 없는 이유를 찾느라 시간을 낭비하지 말자. 부자가 되는 길로 나서려 한

다면, 그 방법을 알고 싶다면, 출발점을 제대로 찾은 것이다. 이제 크리스티가 한 단계씩 여러분을 이끌어줄 것이다. 나이와 장소, 출신 배경, 교육 수준과 관계없이 누구나 할 수 있는 실질적인 방법을 알려줄 것이다.

마지막으로 이 책에서 내가 가장 좋아하는 구절을 소개하겠다.

> 돈을 이해하면 인생이 놀라우리만큼 편하다. 돈을 이해하지 못하면 인생이 놀라우리만큼 고달프다.

편한 쪽을 택하기 바란다.

― JL 콜린스^{JL Collins}
미국 유명 금융블로거이자
《부자 교육^{The Simple Path to Wealth}》의 저자

들어가는 말

나는 가난하고 영어를 할 줄 몰랐고 백인이 아니었다. 그래서 어렸을 때부터 다른 아이들이 가질 수 있는 기회를 갖지 못할 거라는 말을 들으며 자랐다. 부자가 되어 세계 여행을 하면서 글 쓰는 일을 직업으로 삼고 싶었지만, 주변 사람들은 내가 그런 말을 할 때마다 얼토당토않은 꿈은 꾸지도 말라며 핀잔을 주었다.

그들은 틀렸다. 서른 살에 나는 백만장자가 되어 직장을 그만두었으며, 지금은 세계 여행을 하며 글 쓰는 일을 직업으로 삼고 있다.

그러나 이야기를 시작하기 전, 여러분이 먼저 알아두어야 할 것이 있다. 이 책은 그저 편한 마음으로 읽을 수 있는 자기계발서가 아니다. '스스로를 부자로 여기라'든가 '긍정적으로 생각하라' 혹은 '우주의 기를 한껏 받아라' 같은 말들은 하나 마나 한 소리다. 나는 그런 책들을 읽을 만큼 읽었고 그들이 하라는 대로 모두 해봤지만, 아무런 도움도 받지 못했다.

나는 여러분이 듣고 싶은 이야기를 말하지 않을 것이다. 오직 사실만 이야기할 것이다.

부자가 되는 길은 쉽지 않으며, 단숨에 목적지에 이를 수도 없다. 그렇지 않다고 말하는 사람은 애초에 다른 이들보다 유리한 입장에 있거나 듣기 좋은 말로 속여 책을 팔려는 사람이다. 나는 여러분을 속일 생각이 없다. 여러분의 돈이 탐나지도 않는다. 이미 말하지 않았는가, 나는 부자라고.

사실 이 책은 출간되지 못할 뻔했다. 내가 애플^Apple 주식을 10달러에 산 것도 아니고, 새로운 스냅챗^Snapchat을 개발한 것도 아닌 데다, 서른 살이 되어 무슨 대단한 업적을 이룩한 것도 아니기 때문이다. 그래서 다른 사람이 내 이야기를 재미있게 들어줄 것이라고 생각하지 않았다. 만약 나의 대학교 성적증명서를 본다면, 내가 그다지 똑똑한 편이 아니라는 것도 금방 알 수 있을 것이다. 그러니 누가 내게 관심을 갖겠는가?

그런데도 내 이야기를 세상에 알려야 한다고 나를 설득한 사람이 있었다. 펭귄랜덤하우스^Penguin Random House의 편집자 니나 실드^Nina Shield다. 그녀는 내가 어떤 이점이나 행운도 없이 부자가 되었으므로 나의 여정이 값지다고 말했다. 말하자면 누구나 따라 할 수 있는 것이기에 의미가 있다는 뜻이었다.

내가 걸어온 길은 또한 사회 경제 전반과 밀접하게 관련된 여정이다. 나는 지독하게 가난한 집에서 태어났다. 온 가족이 하루 44센트로 살았던 적도 있다. 그래서 여러분이 어떤 처지에 있든 여러분이 겪었던 고초 못지않은 어려움을 나도 겪었다는 사실을 알아주길 바란다. 가난을 벗어나려 발버둥을 치는 사람이든, '401k(미국 소득세법 401조 K항을 일컫는 말로, 근로자 스스로 투자 결과에 책임지는 확정기여형(DC형) 퇴직연금제도 — 옮긴이)'의 원리가 궁금한 중산층이든, 가능한 한 세금을 적게 내면서 투자 포트폴리오를 운영하려는 상위 1%의 부자이든, 내 이야기 중에는 여러분의 사연과 비슷한 부분이 있을 것이다. 이 이야기를 통해 새로운 사실을 배우는 사람도 있을 것이고 또 어느 부분에서는 자신과 맞지 않다며 대충 넘기는 사람도 있을 것이다. 어느 쪽이든 상관없다. 여러분의 처지가 내 이야기와 맞다는 생각이 들면, 그때 내 방식을 따르면 된다. 우리는 결국 같은 결승점에 도달하게 될 것이다.

부자가 되는 길은 쉽지 않은 것은 물론, 빨리 도달할 수도 없다. 하지만 방법은 간단해서 누구든 따라 할 수 있다. 원래 쓸모 있는 것들은 대개 쉽게 따라 할 수 있는 법이다.

나는 '파이어Financial Independence Retire Early, FIRE(경제적 독립에 의한 조기 은퇴)'를 알게 되고 나만의 방법으로 이를 실행했다. 그 요령을 사람들에게 가르치기 위해 '밀레니얼 레볼루션Millennial Revolution'이라는 블로그를 만들었는데, 이 사이트는 순식간에 해당 분야에서 인정받는 하나의 통로가 되었다. 내 충고를 받아들이고 실천한 뒤 효과를 본 독자들이 많았다. '집을 장만해야 하는가?' 또는 '빚을 내서라도 공부를 더 해야 하는가?' 같은 질문의 답은 거기에 들어가는 비용을 직장에서 보내는 시간으로 바꾸면서 분명해졌다.

결국, 문제는 돈이 아니라 시간이다. 그리고 인생을 멋지게 사는 비결은 시간을 현명하게 사용하는 것이다.

이 책이 존재할 수 있게 된 건, 내가 경제력 기준 세계 하위 1%에서 상위 1%로 올라가면서 배운 교훈이 누구에게나 통하는 교훈이기 때문이다. 이 방법을 활용하는 데는 인종도 관계없고 현재 통장의 잔고도 문제되지 않는다. 물려받은 특권이 없어도 괜찮다.

어떤 처지에 있든 백만장자처럼 은퇴할 수 있다.

그럼, 떠나보자.

—크리스티 선

추천의 글_ JL 콜린스   5

들어가는 말   11

1부
가난이 가르쳐준 것들

1장   피 묻은 돈   21

2장   쓰레기 더미 속 보물들   31

3장   교육이 아니면 죽음을   46

4장   열정을 따르지 말라, 아직은   52

5장   흡혈귀 처치하기   64

6장   구하러 오는 사람은 아무도 없다   78

2부

중산층에서 도약하는 법

7장 전직 핸드백광의 고백 91

8장 도파민의 거짓말 100

9장 집은 투자 대상이 아니다 121

10장 진짜 은행 강도 135

11장 폭락장에서 살아남는 법 151

12장 세금은 가난한 사람들이나 내는 것 175

13장 다시는 세금을 내지 말라 187

14장 나를 구해준 마법의 숫자 204

3부

백만장자로 살아가기

15장 현금과 수익 방패 225

16장 돈 벌며 여행하기 244

17장 실패를 막는 백업플랜 262

18장 인플레이션과 보험 279

19장 자녀양육의 문제 291

20장 조기 은퇴의 두려움 311

21장 꼭 100만 달러가 있어야 가능한 건 아니다 323

22장 당신만의 방식을 찾아라 338

부록 A _ 돈이 고갈되지 않는 인출률 352

B _ 백만장자의 가계부 355

C _ 탄탄한 수익 포트폴리오 만드는 법 375

D _ 경제적 독립에 소요되는 시간 382

감사의 말 389

감수의 글_ 박성현 392

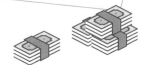

1부

가난이
가르쳐준 것들

1장

피 묻은 돈

중국의 작은 시골에서 지내던 어린 시절, 가장 신나는 일은 친구들과 의료폐기물을 뒤지는 것이었다. 고작 다섯 살이었지만, 마음 한구석으론 쓰레기 더미에서 라텍스 장갑이나 오물이 묻은 가운, 쓰고 버린 주사기를 골라내는 일이 그다지 잘하는 짓은 아니라는 생각을 했다. 그럼에도 한편으론 '오늘은 어떤 보물이 나올까?' 하는 기대감을 가졌던 것 같다.

　오해하지 마시라. 그렇다고 내가 늘 의료폐기물 더미만 뒤지고 산 것은 아니다. 하지만 그런 놀이를 즐겼다. 진짜 장난감 가게와 달리 그곳에선 마음에 드는 것이 있으면 실제로 가질 수 있었으니까. 반면 진짜 장난감 가게에선 이런 식이었다.

　"엄마!" 나는 진열장 유리에 얼굴을 갖다 대고 이렇게 말했다. "우리가 가난하고 돈이 없다는 건 알아요. 하지만 내가 커서 돈을 많이 번다면 이 인형을 살 수 있겠죠?" 하지만 어떤 질문을 하든 대답은 늘 "아니"였다.

그런 날엔 친구들과 병원 뒤 쓰레기장으로 갔다. '살 수 없으면 만들지, 뭐'라고 생각하면서 말이다. 믿거나 말거나 나는 대단한 것을 찾아냈다. 끝도 없이 나올 것만 같은 고무 밴드였다. 우리는 고리에 고리를 연결하고 그렇게 연결한 고리들을 길게 하나의 사슬로 이어 줄넘기를 만들었다. 무엇보다 좋은 점은 끊어지면 그 부분을 잘라버리고 새로 이으면 된다는 것이었다.

요즘엔 이런 이야기가 알려지면 아동지원센터가 당장 나서겠지만, 그때만 해도 사는 것이 다 그런 식이었다. 우리는 찢어지게 가난했고, 찢어지게 가난할 때 바비 인형Barbie Doll이나 마이 리틀 포니My Little Pony는 선택할 수 있는 대상이 아니었다. 음식과 난방이 먼저고 그다음은 약품이었으니, 장난감은 순위에 끼지 못했다.

미국 통계청에 따르면, 1987년 미국인의 한 해 명목중위소득은 1인당 1만 8,426달러 51센트였다. 같은 시기에 중국은 1,459위안, 즉 1인당 327달러였다. 그러니 평범한 미국인 노동자가 한 개에 179달러였던 닌텐도 엔터테인먼트 시스템을 사려면 1주일 정도를 일해야 했던 반면, 중국인 노동자는 거의 1년을 일해야 했다.

1년 소득 327달러는 개인 '평균' 소득이었는데, 도시 중심에 사는 사람들은 대부분 이 정도의 소득을 올렸지만, 시골은 달랐다. 우리가 살던 타이핑太平이라는 마을은 인구가 고작 3,000명 정도인 소도시였고, 소득도 도시 주민들보다 3분의 2가량 더 적었다. 어떨 때는 우리 가족의 전체 수입이 1년에 161달러였던 적도 있었다. 하루에 44센트인 셈이었다. 우리는 미국인 평균 수입의 1%도 안 되는 돈으로 연명해야 했다.

엄살을 떨거나 동정을 사려고 어린 시절 이야기를 꺼낸 건 아니다. 사실 나는 이런 환경에서 자란 것을 무척 감사하게 여긴다. 덕분에 '결핍 의식 Scarcity Mindset'이라는 무기를 단련할 수 있었으니까. 결핍 의식은 오늘의 나를 있게 한 중요한 원동력이다.

결핍 의식이란

결핍 의식이 무엇인지 이해하려면, 시계를 뒤로 돌릴 필요가 있다. 1945년 1월 27일, 아우슈비츠로 진입한 소련군은 나치가 세운 수용소 중 규모가 가장 큰 곳에서 거의 죽어가던 7,000명의 유대인을 해방시켰다. 당연한 일이지만, 병사들은 본능적으로 자기들의 배급식량을 풀어 그들에게 나눠줬다. "가져가요! 전부 가져가세요!"

결론부터 말하면, 이는 대단히 잘못된 조치였다. 수용소에 갇혀 있던 사람들은 영양분이 풍부한 식량을 게걸스럽게 먹어치운 후 크게 탈이 났으며, 일부는 목숨까지 잃었다. 당시에는 몰랐겠지만, 오래 굶은 사람들에게 갑자기 많은 음식을 주면 혈당이 치솟아 전해질 수치가 위험 수준으로 떨어지게 된다. 나중에 '영양재개증후군 Re-Feeding Syndrome'이라는 이름으로 알려지게 된 증세가 그들에게 나타났던 것이다.

전쟁이 끝나갈 즈음, 미네소타 대학교의 과학자들은 굶주린 사람들을 안전하게 도와줄 방법을 찾기 위한 연구를 시작했다. 실험에 동의한 36명의 남성은 기숙사에 들어가 죽지 않을 정도로 굶어가며 상태의 변화를 점검받았다.

앉아 있는 것조차 힘겨울 지경이 된 그들은 지방의 손실이 너무 많아 의자에 앉을 때는 엉덩이 밑에 베개를 받쳐야 했다. 심지어 피하에 조직액이 고이는 부종^{浮腫}이 나타나 피부를 누르면 움푹 들어갔다. 그들은 샤워도 하지 못할 정도로 기력이 약해졌다.

그러나 가장 충격적인 것은 두뇌의 변화였다. 음식 공급이 중단된 시간이 길어지자 다들 정신 상태가 이상해졌다. 머릿속은 오직 음식 생각으로 가득찼다. 실험진은 그 상태에서 평소 같으면 맛이 없어서 쳐다도 보지 않았을 방울양배추를 피험자들에게 내밀었다. 방울양배추라고? 아무려면 어떤가. 피험자들은 앞에 놓인 음식을 허겁지겁 먹어치웠고 접시까지 깨끗이 핥았다. 동네 식당의 메뉴나 요리책을 가져와 읽고 또 읽은 사람도 있었다. 그들은 신문 구석구석에서 먹을 것과 관계된 기사를 찾고 토마토나 달걀의 가격을 전부 외우고 비교했다. 영화를 봐도 기억에 남는 것은 먹는 장면뿐이었다. 피험자들은 줄거리나 등장인물은 잘 기억하지 못했지만, 등장인물이 무언가를 먹는 장면만은 아주 상세히 설명했다.

최근 어떤 연구소에서 점심을 먹은 집단과 먹지 않은 집단을 분리해 실험했다. 그들 앞에는 스크린이 하나 놓였고, 화면에는 '테이크^{TAKE}'나 '레이크^{RAKE}', '케이크^{CAKE}' 같은 단어가 30분의 1초 동안 나타났다 사라졌다. 실험 결과, 점심을 먹지 않은 집단이 통제집단보다 '케이크'처럼 음식과 관련된 단어를 훨씬 더 잘 찾아냈다.

무언가가 부족하면 부족한 그것이 가장 중요한 것이 되고, 나머지 다른 것은 부차적인 것으로 밀려난다. 이 실험은 피험자들을 신체적으로 바꿨을 뿐 아니라, 그들의 정신까지 바꿔놓았다.

이것이 결핍 의식이다.

무언가가 부족한 사람의 두뇌는 다른 것들을 대부분 무시한다. 부족한 것만 빼고.

나의 결핍 의식

1958년에 중국 공산당의 마오쩌둥毛澤東 주석은 '대약진大躍進' 운동을 선포했다. 농업국에서 공업국으로의 변신을 통해 중국 경제를 빠른 시일 내에 근대화하여 서구와 대등하게 경쟁하겠다는 의도였다. 하지만 그것은 어린애 수준의 경제지식에서 나온 발상이었다. 그리고 어느 날 느닷없이 각 농촌마다 생산해야 할 철의 할당량이 부과되었다. 농민들은 철을 만들 줄 몰랐다. 그런데도 마을 사람들은 농사를 포기하고 뒷마당에 용광로를 만들었고, 할당량을 맞추기 위해 냄비와 프라이팬을 녹였다.

결과는 흔히 알려진 '3년 대기근'으로 이어졌다. 3년 사이 중국 농촌은 황폐화됐다. 하지만 정부는 식량의 절대량이 부족한데도 마오가 주도하는 정책이 효과적인 것처럼 보이기 위해 서구와 쿠바, 아프리카 등지에 곡물을 수출했다. 사람의 목숨이 파리만도 못한 신세가 되어갔지만 그들은 타국의 원조도 거부했다. 토지의 개인 소유가 금지되었고, 자기가 먹을 식량을 몰래 재배하면 '반동'이란 딱지가 붙어 죽을 정도의 벌을 받았다. 물론 그때까지 굶어 죽지 않은 사람들에게만 해당되는 벌이었지만.

풀 한 포기, 나뭇잎, 곤충까지 남지 않게 되자 사람들은 진흙을 먹기 시작했다. 이 진흙은 긴 백의를 입고 중생을 구제하는 자비의 관음보살의 이름을 따 '관음토觀音土'라고 불렸다. 흰색의 관음토를 두고 사람들은 관음보살이 기근에서 사람들을 구하기 위해 복을 베푼 흙이라고 여겼다. 하지만 결과는 그 반대였다. 사람들은 장폐색으로 고통스럽게 죽어갔다. 그런데도 사람들은 굶주림이라는 순간의 고통을 잊기 위해 진흙 먹기를 멈추지 않았다.

아버지는 학교 가는 길에 '쿵' 소리를 자주 들었다고 했다. 굶주림을 견디지 못한 친구들이 맥없이 길바닥에 쓰러지는 소리였다. 그는 당시를 이렇게 회상했다. "소원은 딱 한 가지였어. 무엇이든 배터지게 먹어보는 것."

아버지의 가장 친한 친구였던 웬치앙 아저씨는 기근이 극에 달하던 기간에 남의 밭에서 찾아낸 반쯤 썩은 고구마를 한 입 베어 먹은 덕분에 목숨을 건졌다. 정부가 수확물을 몰수해 가면서 빠뜨린 것이었다. 그 썩은 고구마를 급히 입으로 가져가는 현장을 들켰다면 처형을 면치 못했을 것이다. 지금까지도 고구마는 아버지가 가장 좋아하는 음식 중 하나다.

그러나 아버지의 다른 친구들처럼 웬치앙 아저씨도 결국 굶주려 돌아가셨다. 1962년, 대기근이 끝나기 불과 몇 달 전이었다. 나중에 아버지는 배부른 것이 어떤 기분인지 알고 싶다는 소원을 이루셨다. 그러나 음식에 대한 강박관념은 사라지지 않았다. 덕분에 나도 음식을 허투루 다루었다가는 크게 야단맞곤 했다. 생선이든 고기든 머리부터 꼬리까지 남김없이 먹어야 했고 뼛속에 있는 골수까지 말끔히 빨아먹었다. 그래서 캐나다로 이주한 뒤에도 아버지는 슈퍼마켓에서 닭을 '허벅지살', '가슴살', '날개'라고 적어 부위별로 포장해 파는 것을 이해하지 못하셨다. 여기 닭은 머리가 없나? 목은? 다리는? 맛이 없다고 이런 부위를 버리는 것이 못내 아까우셨던 것이다.

나는 대기근도 겪지 않았고 중국 시절에 비하면 형편도 견딜 만큼 좋아진 시절에 살았지만, 그래도 속옷은 한 벌뿐이었고 더 이상 기울 데가 없을 정도로 해진 양말을 신었다. 하도 많이 기워 양말인지 천 조각인지 구분되지 않을 정도였다. 중고할인 상점에서 마련한 옷과 직접 깎은 머리는 친구들의 단골 놀림감이었다. 수학여행 경비를 낼 수 없어 아프다는 핑계를 대고 빠지곤 했지만, 지나고 보니 그 시절에 그 정도면 그래도 운이 좋은 편이었다.

그러나 가난은 어린 내게 결핍 의식을 깊이 심어주었다. 나는 돈에 집착했다.

1988년에 아버지는 박사 과정을 밟기 위해 나와 어머니를 중국에 남겨두고 캐나다로 떠나셨다. 내 여섯 번째 생일에 아버지는 멜로디가 흘러나오는 음악 카드를 보내주셨다. 그 카드를 '1달러 숍'에서 샀다고 하셨다. 나는 얼른 계산해 보았다. 당시 캐나다 돈으로 1달러면 3위안 정도였다. 카드 한 장 값으로 우리 가족이 이틀 정도 먹을 수 있다는 얘기였다. 그 카드는 내가 갖고 있던 것 중 가장 비싼 물건이었다. 나는 동네 곳곳을 다니며 친구들에게 음악을 들려주고 또 들려주었으며, 누가 감히 더러운 손으로 만지려고 하면 손을 '탁' 쳐내곤 했다. 나는 그 카드를 천으로 곱게 싸서 마치 연약한 병아리라도 되는 것처럼 셔츠 안에 품고 다녔다.

몇 달 후 아름다운 선율을 연주해 주던 작은 배터리가 장엄하게 운명했다. 지금도 나는 세상에서 가장 비싸고 가장 특별한 카드를 가졌던 그 시절을 잊지 못한다. 2년 뒤 아버지와 함께 살기 위해 어머니와 나는 캐나다로 이주했다. 그리고 아버지는 처음으로 나를 장난감 가게에 데려갔다. 진열대에서 아버지가 집어든 곰 인형의 가격표를 본 나는 기겁했다. 5달러라니! 중국에 있는 사촌들이 1주일 이상 먹을 수 있는 돈이었다. 나는 그 곰 인형을 진열대에 도로 내려놓은 다음, 아버지 소매를 끌고 '세일! 50센트'라는 주황색 글씨가 커다랗게 적힌 할인상품 박스로 갔다. 그리고 남은 4달러 50센트를 우리 사촌에게 보내달라고 아버지에게 부탁했다. 그때 욕심을 조금 줄인 덕분에 내 사촌들이 1주일 동안 잘 먹으며 지냈을 거란 생각이 들 때마다 마음이 뿌듯했다.

그렇게 생활했음에도 궁색한 기분이 들지는 않았다. 내가 아홉 살이 되었을 무렵, 우리는 아버지가 다니던 대학교 근처의 방 한 칸짜리 아파트에 살게 되었다. 그 작은 방에는 아버지나 어머니가 길거리와 대형 쓰레기통에서 가져온, 그래서 서로 어울리지 않는 반쯤 부서진 가구들이 자리를 차지했다. 하지만 땅에 구멍만 파놓은 화장실과 난방이 되지 않아 늘 축축하던 중국 콘크리트 바닥에 비하면, 그 아파트는 궁전이었다.

어느 날 학교를 마치고 집으로 돌아왔는데 열쇠가 없었다. 가방을 거꾸로 들어 털어보고 책갈피를 모두 뒤지고 체육복과 연필통을 샅샅이 살펴봤지만, 열쇠는 보이지 않았다. 가슴이 철렁했다. 숨길 수 있을 때까지 숨겨보려고 했지만, 결국 저녁에 어머니에게 이실직고했다.

현관문 열쇠를 다시 만드는 데 30달러가 들었다. 그리고 나는 그 대가를 톡톡히 치렀다. 어머니에게 호되게 매를 맞은 것이다. 나는 웬만한 고통은 고통으로 여기지도 않는 울버린Wolverine이었지만, 그날 매 맞는 고통을 참을 수 있는 한계가 어느 정도인지 분명히 깨달았다. 그 일을 계기로 나는 이 세상에 돈보다 중요한 것은 없다는 사실을 다시 한번 뼈저리게 실감했다. 가난할 때 돈은 생존의 문제다. 바보 같은 실수를 해선 안 된다. 실수를 하면 굶어야 하고 자칫하다가 죽을 수도 있다.

뭐 하나 변변한 게 없었던 내 어린 시절을 가엾게 봐달라거나 그런 어려움을 견뎌내고 이만큼 대단하게 되었으니 칭찬해 달라고 이런 이야기를 하는 게 아니다. 단지 백만장자가 되는 데 어떤 특혜가 필요한 것은 아니라는 사실을 말하고 싶었을 뿐이다. 오늘 집에 먹을 것이 있는가, 없는가? 그것이 내가 '돈' 하면 떠올렸던 것의 전부였다.

우리 가족은 하위 1% 경제적 여건에서 시작했기에 나의 두뇌는 갖고 있지 않은 것에 집요할 정도로 초점이 맞춰져 있었다. 이 같은 결핍 의식 때문에 다른 무엇보다 경제적 안전을 최우선 과제로 여겼다. 지금 내가 있는 곳, 즉 상위 1%까지 나를 데려다준 것도 바로 이 결핍 의식이다. 이제 나는 쓰레기 더미를 뒤지지 않는다. 그리고 현재 서른세 살의 은퇴자로 세계를 여행하고 있다. 결핍 의식은 내게 장애가 아니라, 오히려 나를 백만장자로 만들어준 다음 세 가지 교훈의 기반이었다.

돈은 세상에서 제일 중요한 것이다.
돈을 얻기 위해서라면 어떤 희생도 치를 수 있다.
돈은 피를 흘려서라도 얻을 가치가 있다.

2장

쓰레기 더미 속 보물들

처음으로 부자가 된 것 같은 기분이 들었던 건 아버지에게서 캔 코카콜라를 받았을 때였다. 중국에서는 코카콜라를 '커커우커라^{可口可}'라고 하는데, 직역하면 '입에도 맞고 즐길 만하다'라는 뜻이다. 당시는 기생충이 없는 물만 마셔도 운이 좋은 시절이라 맛도 좋고 '또' 즐길 만한 음료라면 일곱 살 아이에겐 그보다 큰 호강이 없었다. 하지만 코카콜라를 마시는 서구의 '부자 아이들(내게는 그렇게 보였다)'이 나오는 광고를 볼 때마다, 나도 부자가 되고 싶다는 생각을 하며 침을 꿀꺽 삼키곤 했다.

그래서 캐나다에 온 첫날 아버지가 이 '맛 좋고 즐거움도 주는' 캔을 쥐어주셨을 때, 나는 캔을 똑바로 들고 있지 못할 정도로 손을 떨었다. 처음 한 모금을 마신 순간 머리가 터지는 줄 알았다(실제로,

심적인 흥분과 당분 세례 때문에 결국 모세혈관이 터져 그 자리에서 한바탕 코피를 쏟았다). 그렇게 나는 부자 아이들이 마시는 음료가 어떤 맛인지 결국 알고 말았다. 막 여덟 살이 되기 직전의 일이었다.

사람들은 코카콜라를 가리켜 이를 썩게 하고 당뇨병에 걸리기 딱 좋게 만드는 싸구려 설탕물이라고 흉을 봤다. 실제로 콜라는 누구나 살 수 있을 만큼 싸고 흔했다. 그러나 나는 그런 건 전혀 몰랐다. 그저 1주일 동안 그 캔을 애지중지하며 김빠진 콜라를 틈틈이 한 모금씩 음미했다. 마지막 한 방울까지 다 먹었을 때 아버지는 캔을 버리려 했지만, 나는 빈 캔도 아까워서 버릴 수 없었다. 결국 빈 캔은 내 컵이 되었고 칫솔 통, 이어서 헤어 롤이 되었다. 빈 코카콜라 캔에 '캔캔^CanCan'이라는 이름까지 붙여주고 매일 밤 끼고 잤다. 아버지가 내게 할인상품 박스에 있던 테디베어를 사주시기 전까지 캔캔은 변함없이 내 곁을 지켜주었다.

그 코카콜라는 그때까지 내가 맛보았던 것 중 가장 호사스러운 즐거움이었기에 나는 최대한 아껴가며 한 모금의 즐거움을 극대화시켰으며, 단 한 방울도 흘리지 않으려고 조심했다. 당시엔 몰랐지만 그것은 결핍 의식이 준 최초의 교훈이었다.

대부분의 경제·경영서들은 결핍 의식을 하찮게 여기면서 오히려 '앞으로 나아가지 못하게 만드는' 장애물로 치부한다. 가질 수 있는 것보다 가지지 못한 것에 초점을 맞추면 바로 앞에 놓인 기회를 알아보지 못하게 된다는 것이 그들이 내세운 근거다.

좋다. 기업가가 되려는 사람에게는 그것도 괜찮은 조언일지 모른다. 그러나 그런 책을 쓴 저자들은 모른다. 자신이 원해서 결핍 의식을 가지게 된 사람이 어디 있겠는가? 자원이 없어 '어쩔 수 없이' 그렇게 된 것이고, 그때 그런 정신이 그들의 생존을 도운 것뿐이다. 그리고 결핍이라고 해서 늘 안 좋은 것은 아니다. 결핍은 심지어 건설적일 수도 있다.

학교에 다닐 때를 생각해 보라. 한 달 뒤에 중요한 리포트를 제출해야 한다. SNS로 수다를 떨고 뉴스를 검색하고 버라이어티 쇼를 보느라 리포트는 차일피일 미루고 있는 중이다. 계속 미루는 이유는 자원(시간)이 넉넉하기 때문이다. 자원이야 얼마든지 있으니 조금 꾸물거려도 상관없다.

그러나 마감시한이 촉박해지면 시간을 좀 더 현명하게 사용하게 될 것이다. 친한 친구가 메신저로 보내준 스캔들 기사나 사촌이 보내준 캥거루 동영상이 아무리 호기심을 자극한다 해도 거들떠도 보지 않게 된다. 이제는 초인적인 생산력을 발휘해야 하기 때문이다. 그런 곳에 한눈팔다가는 일을 그르칠지 모른다. 마감시한이 가까워지면 더욱 집중력이 올라가고 리포트를 끝내는 데 필요한 뇌세포가 총동원된다.

이것이 결핍 의식의 작동 원리다. 시간이 부족하면 가능한 한 많은 성과를 내도록 자신을 밀어붙인다. 시간이 귀하니까.

돈도 마찬가지다. 현금이 계속 들어오면 앞으로도 더 들어올 거라 생각하게 되므로 돈의 가치를 제대로 평가하지 못한다. 하지만 가난할 때는 한 푼 한 푼이 소중하다. 나는 부모님이 벌어오는 돈이나 내가 신문 배달로 번 돈을 소중히 여겼고, 필요한 물품의 가격을 거의 완벽하게 외웠다. 돈은 내 삶에서 가장 중요하고 유일하게 중요한 것이었다. 결핍은 분명 제약이었지만 그것이 어린 시절 내게 창의력을 길러주었다.

결핍이 반가울 리는 없다. 그러나 정말로 창의적이기 위해서는 제약이 필요하기에 나는 결핍을 긍정적인 요소로 여긴다. 소설을 쓰려는 사람은 내 말을 이해할 것이다. 모니터의 빈 화면을 들여다보면 막막하다. 갈 수 있는 길이 너무 많아 오히려 선뜻 들어서지 못한다. 그러나 어떤 제약이 주어지면 이야기가 달라진다. 줄거리의 얼개를 만들거나 단락을 나누어 보거나 한 장면이라도 연습 삼아 일단 써보면 방향이 보이기 시작한다.

어니스트 헤밍웨이Ernest Hemingway는 친구들에게 단어 여섯 개만 있으면 소설을 한 편 쓸 수 있다고 큰소리쳤다. 친구들은 비웃었다. 시도 아니고 어떻게 단어 여섯 개로 기승전결을 갖춘 완전한 이야기를 만든다는 말인가? 인물의 성격은커녕 속눈썹 하나도 제대로 묘사하기 어려울 것이다. 그래서 내기를 했다. 그리고 헤밍웨이는 해냈다. 그는 이야기를 썼을 뿐 아니라 정서적인 충격까지 거기에 담았다. 못 믿겠다고?

판매함: 아기 신발. 한 번도 안 신었음.For sale: baby shoes. Never worn.

비좁은 공간을 채우는 매력이 어떤 것인지 알 수 있지 않은가? 그것이 바로 제약의 기능이다.

나를 강하게 만든 결핍

나는 헤밍웨이가 아니다. 하지만 이 짤막한 이야기가 그의 창의력을 드러낸 것처럼 가난했던 나의 어린 시절은 내 창의력의 원동력이 되었다. 가난은 내게 네 가지 중요한 기술을 가르쳐주었는데, 지금도 그 기술을 요긴하게 쓰고 있다. 나는 그것을 '크랩CRAP'이라고 부른다. 즉 창의력Creativity, 회복력Resilience, 적응력Adaptability, 인내력Perseverance이다. 나는 온갖 쓰레기crap를 뒤지며 그곳을 헤쳐 나왔기 때문에 이 약어는 그럴듯한 비유다.

창의력

열 살 때였다. 바비 드림하우스Barbie Dream House가 너무 갖고 싶었다. 우리 집 TV는 채널이 네 개밖에 안 나왔기 때문에 나는 바비 드림하우스 광고를 보고 또 봤다. 25년 전 이야기지만 지금도 나는 그 광고를 또렷이 기억한다. 핑크색 새틴 침대시트에 바비 인형을 놓고 행복한 표정을 짓는 두 소녀를 클로즈업하던 카메라가 뒤로 빠지면, 두 소녀는 장난감 집 창문 밖에 서 있는 가로등을 딸깍 켜고 깔깔거린다. 하지만 갖고 싶은 마음이 아무리 간절해도 생일이나 크리스마스 때 그런 호사스러운 선물을 사달라고 조를 엄두는 내지 못했다. 우리 형편으로 살 수 있는 물건이 아니었다. 가격이 너무 비싸서 산타 할아버지에게도 부담스러울 거라고 생각했다.

하지만 그 인형의 집이 너무 갖고 싶었다. 그러던 어느 날 우리 아파트 밖의 대형 쓰레기통에 누군가가 버린 상자가 눈에 띄었다. 아주 완벽한 판지 상자였다. 냉큼 집어 내 방으로 돌아온 나는, 책상 서랍을 뒤져 연필과 가위를 꺼냈다. 판지에 창문을 낼 사각형을 그리고 앞문과 뒷문을 표시한 다음, 외과 집도의 같은 예리한 솜씨로 판지를 자르기 시작했다. 판지 두 장을 비스듬히 붙여 지붕도 만들었다. 그다음 문을 내려고 잘라낸 조각들을 붙여 매트리스를 만들었다. 마지막으로 어머니의 바느질 바구니에서 찾아낸 천 조각으로 꽃무늬 침대시트를 만들어 마무리했다.

나는 뒤로 물러나 내가 만든 걸작을 감탄하며 바라보았다. 버려진 잡동사니로 만든 장난감 집은 광고에 나온 것과 닮은 구석이 하나도 없었지만, 아무래도 좋았다. 만드는 과정 자체가 재미있었으니까. 바비 자동차를 위한 주차공간이나 불이 들어오는 조명장치가 없다한들 무슨 상관인가?

장난감 광고를 보거나 내가 만든 걸작품을 보는 것도 싫증이 나면 도서관에 갔다. 그곳에는 책이 가득했고 무엇보다 한 번에 열다섯 권씩 가져가도 경찰에 신고하는 사람이 없었다! 믿어지지 않았다.

처음에는 중국어 책만 읽었다. 그래서 '외서' 코너만 맴돌았다. 두툼한 책들을 손가락 끝으로 훑으며 서가 통로를 걷는데, 책 한 권이 눈에 들어왔다. 중국어로 번역된 《소공녀 The Little Princess》였다. 카운터로 가져가자 사서는 책을 꼭 붙들고 있는 나를 다정하게 달래 내 손에서 잠깐 책을 빼내더니 바코드를 스캔한 다음 도로 내게 주었다.

사흘 동안 코를 박고 책만 읽었다. 사라 Sara라는 소녀의 이야기였다. 사라는 하인과 마차와 조랑말을 따로 거느릴 만큼 부자다. 그녀의 아버지는 딸을 일류 기숙학교로 보내고 전쟁터로 떠난다. 전 재산을 다이아몬드 광산에 투자한 뒤였다. 전쟁터에서 그녀의 아버지가 죽고 나자 돈도 모두 사라진다. 여 교장이 사라의 소지품을 훔쳐 밀린 사라의 등록금으로 충당하면서 사라는 어쩔 수 없이 학교 급사로 일하게 된다.

부자가 몰락하는 이야기는 내가 꿈꾸는 인생과 그 방향이 정확히 반대였다. 그럼에도 그 이야기에 무척 끌렸다. 나는 다른 책도 읽었다. 그리고 영어 책도 읽기 시작했다.《베이비시터 클럽*The Babysitter's Club*》시리즈, R. L. 스타인*R. L. Stine*의 《구스범스*Goosebumps*》, 크리스토퍼 파이크*Christopher Pike*의 《피어 스트리트*Fear Street*》도 읽었다. 그러고 나자 나만의 이야기를 새롭게 쓸 수 있을 만큼 영어에 익숙해졌다.

그렇게 나의 글쓰기가 시작되었고 내친 김에 작가가 되겠다는 꿈까지 갖게 되었다. 그로부터 25년 뒤 그 꿈의 결정체를 지금 여러분은 보고 있다. 사실 이 모든 건, 우리가 케이블 TV를 신청할 여유가 없었기 때문에 가능했다.

회복력

열세 살 때 말벌에 쏘여 오른쪽 눈이 감길 정도로 퉁퉁 부었다. 그리스 신화에 나오는 외눈박이 거인 키클롭스*Cyclops* 꼴이 된 것이다. 한창 타인의 시선에 예민한 10대 소녀에겐 반갑지 않은 불상사였다. 하지만 소염제가 무려 15달러였기에 나는 중고가게에서 구한 선글라스를 끼고 래퍼 흉내를 내며 학교에 갔다. 이런 내 모습을 친구들은 좋아하지 않았다. 그렇지 않아도 전부터 녀석들은 나를 괴롭히고 있었다. 단, 어떤 문제가 발생했을 때 이를 해결할 수 있는 돈이 없다면, 견디는 법을 배워야 한다.

"바지 멋진데?" 한 녀석이 등 뒤에서 빈정거리는 말투로 이야기했다. "알아. 내가 원래 한 감각 하지." 나는 웃으며 빛바랜 내 멜빵바지에서 부스러기를 털어내는 시늉을 하며 대꾸했다. "너희 집 가난하지?" "아니. 백만장자라서 호보 시크ʰᵒᵇᵒ ᶜʰⁱᶜ(부랑자처럼 보이는 룩)한번 흉내 내본 거야."

몇 해 뒤 컴퓨터 엔지니어의 월급을 모아 마침내 가난을 벗고 중산층으로 발돋움한 내가, '포모증후군Fear of Missing Out, FOMO'의 덫에 걸리지 않은 것도 그 때문이었다. 포모증후군이란 '뱁새가 황새 따라 가기'라고 이해하면 되는데, 유행을 따라가지 못해 전전긍긍하는 증세다. 일찍이 테플론Teflon 두께의 낯가죽을 갖춘 덕분에, 동료들이 버는 족족 자동차나 옷 혹은 집에 돈을 털어 넣고 그것을 지키기 위해 건강을 해치면서 늦게까지 일할 때도, 나는 그런 것에 눈길 한번 주지 않았다.

적응력

어렸을 때부터 이사를 여러 번 다녔다. 부모님은 돈이 조금이라도 모이면 중국에 있는 가족들에게 보내야 했기 때문에 월세가 저렴한 집을 찾아 전전했다. 덕분에 나도 학교를 계속 옮겨 다녀야 해서 기껏 사귄 친구들과도 매번 헤어져야 했다.

물론 새 학교에서 새 친구를 사귀었지만 그래도 처음 이사할 때는 울음을 터뜨릴 수밖에 없었다. 아버지는 나를 옆에 앉히고 내 얼굴을 두 손으로 감싸 쥔 다음 눈을 보며 말씀하셨다. "친구들과 헤어지는 것이 얼마나 슬픈지 잘 안다. 하지만 돈을 절약할 수 있는 더 싼 집을 찾았지 뭐냐. 그 돈으로 네 사촌들이 학교를 다닐 수 있단다. 개들은 너만도 못한 처지지 않니. 개들을 실망시키고 싶지는 않겠지?" 나는 아무 말도 못 했다.

그 때문인지 나는 마음에 들지 않거나 좌절할 만한 일이 생겨도 당황하지 않는다. 대학에 다닐 때는 인턴을 하며 번 돈으로 등록금과 집세, 식비 등을 충당하는 요령을 터득했다. 월세 300달러짜리 지하 방에서 살았지만 그런 것은 아무래도 좋았다. 당연히 먼지와 파리가 많고, 한겨울엔 추위에 몸서리치고 여름엔 에어컨이 없어 땀을 쏟아야 했지만, 나는 가능한 한 도서관에서 많은 시간을 보내면서 버텼다. 어린 시절 갈고 닦은 적응력 덕분에 나는 모든 비용을 스스로 충당하여 졸업할 때는 학비를 모두 갚을 수 있었다.

인내력

뭐니뭐니 해도 가장 힘들었던 것은 공부였다. 나는 캐나다에서 가장 어려운 편에 속하는 학부에 등록했다. '캐나다의 MIT'라고 불리는 워털루 대학교의 컴퓨터공학과였다.

1학년 첫 주부터 내가 제 발로 사지에 걸어 들어갔다는 사실을 깨달았다. 다른 과 학생들이 친구를 사귀고 술을 마시며 파티를 벌이는 동안, 우리는 강도 높은 시험 두 개를 치르느라 곤욕을 치렀다. 그 시험을 통과하지 못하면 전 과목 수업을 다 듣고 또 보충수업까지 받아야 할 판이었다(장담하건대, 누가 바다에 빠져 허우적댄다면 워털루가 발목에 바위덩이를 매다는 방법을 찾아줄 것이다. 그렇지 않으면 세상살이가 빌어먹을 정도로 너무 쉬울 테니까). 다행히 시험 이야기를 미리 들어 여름을 반납하고 열심히 공부한 덕분에 젠장 맞을 보충수업은 면할 수 있었다.

보람은 있었다. 졸업하자마자 나는 대학에 다니며 들인 비용을 전부 보상받았을 뿐 아니라, 2년의 실무 경력과 멋진 이력서를 손에 넣었다. 엄청난 노력과 공부 끝에 대단한 성적을 거두었냐고? 아니다. 내 학점은 '기껏해야' 중간 정도였다. 연구소 동료들은 학창시절 툭하면 '올 A'를 받았지만, 나는 단순한 개념 하나를 터득하는 데도 10시간이 걸렸고 결과도 C가 고작이었다.

그래도 좌절하지 않았다. 최고가 될 필요는 없다는 걸 알고 있었다. 턱걸이로라도 통과해서 학위만 받으면, 이 힘겨운 공부에 들인 본전을 뽑을 수 있을 것이었다. 돌아가지 않는 머리로 어려운 과목을 이해하려니 당연히 힘들겠지만, 그럴 테면 그러라지 뭐. 잠이 부족해 무거운 몸뚱이를 끌고 참호 속을 기어야 한다면 까짓것 기지 뭐. 한번은 시험 기간에 몸이 몹시 아픈 적이 있었다. 그런데도 한가하게 잠을 청할 입장이 아니었기에, 버클리^{Buckley} 코푸시럽 한 병을 통째로 들이켰다가 2주 동안 잠을 못 자 혼이 나기도 했다.

보이지 않는 낭비

이런 이야기를 다시 끄집어내면 독자들은 내 기분이 우울해질 거라 짐작할 것이다. 하지만 사실 어린 시절이나 20대를 돌아볼 때마다 나는 흐뭇한 마음에 기분이 더 좋아진다. 용케 살아남았고, 게다가 아주 행복했던 추억도 더러 있으니까! 게다가 이런 경험 덕분에 나는 내게 적지 않은 도움을 준 서구문화를 아웃사이더 입장에서 바라볼 수 있었다.

사람들은 내게 종종 이메일로 자신들의 재무 상태를 분석해 달라고 요청한다. 그러면서 통장을 보여주는데, 그들 중 대부분은 백만장자인 내가 쓰는 것보다 몇 배 더 많은 돈을 쓴다. 내가 정중하게 (또는 정중하지 못하게) 그 점을 지적하면, 당장 반응이 나온다. "더 이상 줄일 곳이 없어요!"

이런 일이 일어나는 생리학적 원인은 8장에서 자세히 설명하겠지만, 나는 가난하게 자란 덕에 보이지 않는 낭비를 알아보는 소중한 기술을 터득했다. 예를 하나 들어보겠다. 어렸을 때 나는 당뇨에 걸렸으면 하고 간절히 바랐다. 별일이라고? 사연인즉 이렇다.

내 눈에 당뇨병은 세상에서 가장 존경받아 마땅한 병이었다. 부자들만, 아니 적어도 사탕을 쌓아두고 먹을 만큼 돈이 있어야 그런 병에 걸릴 수 있으니까. 그래서 나는 캐나다로 이주한 이후 어린 시절의 상당한 시간을 당분을 무지막지하게 먹고 마시는 데 할애했다. 특히 복숭아 통조림을 좋아했다. 그렇다고 복숭아를 많이 먹은 건 아니고 그저 시럽만 먹었다는 말이다. 당시 어머니는 중국 뷔페식당에서 접시를 닦으셨는데, 그곳의 여종업원은 디저트 바에 있는 복숭아 컨테이너를 새로 채울 때마다 남아 있던 시럽을 버렸다. 어머니는 때를 기다렸다가 시럽을 버리기 직전에 이를 잽싸게 따로 담았다. 덕분에 나는 복숭아 시럽에 완전히 중독되어 온종일 마셔댔다. 그리고 아주 행복했다. 공짜 당분뿐 아니라 우유나 주스를 사는 데 돈을 낭비하지 않아도 됐기 때문이다. 어머니는 복숭아 시럽이나 물 외에도 식당이 문을 닫을 때쯤 버려지는 음식을 가져다주셨다. 천국이 따로 없었다.

최근 한 친구에게 이런 이야기를 신이 나서 하다가 얼굴을 보니, 마치 외계인을 보는 듯한 표정을 짓고 있었다. 하지만 누가 뭐래도 당시 나는 즐거웠다. 사실 그렇게 먹은 음식의 종류나 그날의 추천 메뉴가 무엇이었는지는 모른다. 그것들은 대개 사람들이 먹는 음식을 담은 포장 용기에 딸린 별도의 내용물이었다. 사람들이 과일을 먹으면 나는 시럽을 마셨다.

아직 요점을 파악하지 못했다면, 다시 설명하겠다. 다른 사람의 쓰레기가 내게는 보물이었다. 그런 것들을 먹고 소화시키면서 나는 얼마나 많은 쓰레기가 전혀 보이지 않는 곳에서 버려지는지 알게 되었다. 〈가디언*The Guardian*〉지에 따르면, 포장이 조금 파손되거나 내용물이 살짝 변색되었다는 이유로 버려지는 음식쓰레기가 미국에서만 한 해에 6,000만 톤에 이른다. 생산되는 식품 전체의 3분의 1에 해당되는 양이다!

이 정도는 빙산의 일각이다. 미국인들은 매년 1,100만 톤의 의류를 버린다. 옷은 자연 분해되지 않으므로 음식보다 더 문제다. 이들은 비닐봉지나 전년도 모델의 스마트폰과 함께 매립지를 차지하고 앉아 환경을 서서히 망가뜨린다.

서구사회는 늘 더 많은 것을 갈망한다. 하지만 '더 많은 것'이 행복의 열쇠인지는 잘 모르겠다. 여러 연구 결과에 따르면, 경제적 안정으로 사람을 행복하게 만들어주는 연봉 액수는 7만 5,000달러가 상한선이라고 한다. 그 이상은 아무리 더 많이 있어도 복지에 별 도움이 되지 않는다. 역시 통계에 따르면, 미국 달러로 연봉이 3만 4,000달러만 돼도 전 세계 상위 1%에 속할 수 있다. 컨테이너에 담겼던 복숭아 시럽이 다른 세상을 모르는 아이에게 황홀한 음식이라면, 지금처럼 그렇게 많은 것이 필요하지 않을지도 모른다. 우리는 매일 무언가를 사들이는 데 열심이지만, 그런 것들은 대부분 우리를 행복하게 해주지 않는다. 우리가 소비하는 것 중에는 사실 낭비적인 요소가 많다. 그 점은 의문의 여지가 없다.

보이지 않는 낭비를 알아채는 법

생활 속에서 좀처럼 눈에 보이지 않은 낭비가 얼마나 많은지 알아보기 위해, 연습을 하나 해보자.

목적: 보이지 않는 낭비를 줄이는 것
준비물: 벽장. 마스킹테이프

벽장을 열고 행거에 걸린 모든 옷을 왼쪽으로 밀어놓는다. 빈 옷걸이 하나에 테이프를 감아 표시한 다음 오른쪽으로 밀어놓는다. 그리고 다음 한 달 동안 어떤 옷을 입고 나면 이를 세탁한 후, 테이프를 감아놓은 옷걸이의 오른쪽에 건다.

이렇게 어느 정도 시간이 지나면, 자신이 자주 입는 옷이 어떤 옷인지 알 수 있다. 계속 오른쪽에 걸리는 옷이 가장 자주 입는 옷이다. 가운데와 가까워도 테이프를 감은 옷걸이 오른쪽에만 있으면 자주는 아니어도 이따금 입는 옷이다. 테이프를 감은 옷걸이 왼쪽에 있는 옷은 한 번도 입지 않은 옷이다. 이렇게 계속하다 보면 옷장의 판도가 점점 뚜렷해지고 옷의 '활용성', 즉 어떤 옷을 어느 정도의 주기로 입고 있는지 파악할 수 있다. 마찬가지로 옷장에서 '휴면 상태'로 있는 옷이 몇 벌인지도 알게 된다.

염려하지 마시라. 입지 않는 옷을 버릴 것까지는 없다. 다만 바라건대 '보이지 않는 낭비'를 확인하고 그것이 우리 삶에 얼마나 침투해 있는지 생각해 보는 계기가 되었으면 좋겠다. 8장에서 우리가 필요한 것 이상을 사들이는 이유를 검토할 때, 여기서 얻은 정보를 다시 사용할 것이다.

자본주의 사회에서 결핍 의식은 궁상에 지나지 않는다. 그것은 아이의 발달을 가로막는 하나의 장애로 여겨질 뿐이다. 하지만 나는 결핍 의식 덕분에 코카콜라를 마셔보는 것이 소원이던 중국 시절에는 상상도 하지 못했을 좋은 결과를 얻었다. 결핍은 물론 만만치 않은 제약이다. 그러나 결핍은 쓰레기 더미를 뒤지는 와중에도 좀 더 창의적이고 회복탄력적인 태도로 환경에 적응하고 인내함으로써 오늘날 내가 누리고 있는 삶을 이룰 수 있도록 나를 가르쳤다.

결핍 덕분에 나는 감추어진 낭비를 금방 알아차릴 수 있었다. 이제 여러분도 그런 낭비 요소를 생활에서 찾아내길 바란다.

3장

교육이 아니면
죽음을

교실 문이 활짝 열렸다. 방탄조끼를 입은 건장한 사내 10명이 들이
닥치더니 우리에게 소총을 겨누었다.

"경찰이다! 손 머리 위로 올려!"

시키는 대로 하긴 했지만 책상 밑으로 기어들어갈 생각밖에 나지
않았다. 새파랗게 질린 표정으로 짐작하건대, 내 친구들도 같은 생
각이었던 것 같다. 더 없이 중요한 기말고사를 치르고 있었지만 당
시엔 관심 밖이었다. 연필들이 바닥에 굴렀고 시험지는 허공에서 펄
럭였다.

비행기가 난기류에 휘말려 요동치면 승객들의 시선은 일제히 승
무원에게 쏠리게 마련이다. 그런데 선생님의 얼굴은 교실 벽보다 더
하였다. 그래서 이게 훈련이 아니라는 걸 알았다. 우리 고등학교의

학생 하나가 총을 가졌다는 정보가 들어간 것이다. 그때가 2000년 6월이었는데 컬럼바인 고등학교 총기난사 사건이 바로 1년 전에 벌어진 터라서 경찰은 사태를 엄중하게 여겼다. 교실을 뒤지고 학생을 1명씩 조사하는 데 30분이 걸렸다. 말이 30분이지 내게는 영겁처럼 느껴진 시간이었다. 교장 선생님은 교내 방송을 통해 특수기동대SWAT의 지시이니 한 사람도 빠짐없이 모두 건물 밖으로 나가 운동장에 집합하라고 재촉했다. 우리는 다리를 후들거리며 밖으로 나가 축구장 한 구석 지정된 장소에 쭈그리고 앉았다.

나는 아버지에게 전화를 걸어 사정을 설명한 뒤, 차로 데리러 와 달라고 부탁했다. 하지만 아버지는 내 청을 일축하셨다. "시험이 끝나지 않았잖아. 그대로 있어."

용의자도, 총도 발견되지 않았다.

당시 나는 총기난사의 아수라장에 버려지는 것이 죽기보다 싫었던 작은 10대 소녀였다. 시험이 취소되어 집으로 걸어가면서, 나는 아동복지센터의 번호를 생각해 내려 머리를 쥐어짰다. 아버지에겐 내 목숨보다 학교 시험이 더 중요한 것 같았다. 늘 학교가 목숨보다 먼저였으니까. 아버지가 중국을 떠난 이유를 조금이나마 알게 된 것은 그로부터 여러 해가 지났을 때였다. 그때 나는 아버지에게 어떻게 캐나다로 올 생각을 하셨느냐고 물었다.

아버지는 열일곱 살 때 고등학교에서 퇴학당해 '재교육' 조치의 일환으로 시골로 쫓겨났다. 문화대혁명 때문이었다. 문화대혁명은 공산당에 대한 지배력을 강화하기 위해 마오쩌둥이 10년에 걸쳐 강행한 계급 투쟁이었다. 농업국이던 중국을 공업국으로 만들겠다고 시작한 대약진이 수백만 명의 목숨을 기근으로 앗아가며 결국 실패로 끝나자, 마오는 흔들리는 권력 기반을 다잡고 쿠데타 음모를 사전에 제거하기 위해 과감한 조치를 취했다.

교사나 의사 혹은 지주, 야당 인사 등 부르주아로 간주된 사람들에게는 '반동'이라는 딱지가 붙었다. 국민당의 군의관으로 복무했던 우리 할아버지도 내란 때 공산당에 반대했다가 반동분자로 몰렸다. 연좌제 탓에 할머니는 물론 아버지를 비롯한 4형제가 모두 유죄 판결을 받았다.

아버지는 가장 좋았어야 할 청년 시절 10년을 시골에서 중노동을 하며 보냈다. 그가 해야 할 일은 이글거리는 뙤약볕 아래 채석장에서 원시적인 도구로 거대한 옥석을 떼어내 옮기는 일이었다. 배급되는 식량은 죽지 않을 정도의 양이었다. 한번은 친구 한 명과 90kg짜리 바위를 옮기다가 진흙에 미끄러져 바위와 함께 언덕을 구르는 바람에 죽을 뻔한 적도 있었다고 했다. 더 나은 내일이나 미래가 없었고 나아질 기미도 보이지 않는, 하루하루가 마지막 날처럼 힘겹고 암담한 나날이었다.

마오 주석이 사망한 뒤 1977년에 새로 등장한 지도자 덩샤오핑鄧小平은 체제를 근본부터 개혁하여 다시 학교를 열었다. 그리고 6세기 수나라 시절까지 기원을 거슬러 갈 수 있는 수백 년 전통의 전국 대입시험, 일명 '가오카오高考'가 부활했다. 가오카오는 정치적, 사회경제적 지위와 관계없이 누구나 응시할 수 있는 만인을 위한 등용문이었다. 당시 공장 직공으로 일하셨던 아버지는 드디어 기회가 왔다고 생각했다.

문화대혁명 기간에는 학생 대부분이 학교에서 쫓겨나 제대로 공부하지 못했는데, 사흘 동안 실시된 시험에서 당국은 사정을 봐주지 않고 고등학교 전 과목을 출제했다. 아버지는 1977년 12월 10일을 '내 평생 가장 잊을 수 없는 날'이라고 회고하신다. 그날 할아버지는 새벽 4시 반에 아버지를 깨우고 아들을 먹이기 위해 아침밥을 지으셨다. 그리고 할아버지와 할머니 두 분은 아버지가 먹는 모습을 묵묵히 지켜보셨다. 버스에 올라탄 아버지는 고개를 돌려 연신 기침을 해대는 할아버지의 연약한 모습이 점으로 바뀔 때까지 계속 지켜보셨다. 문화대혁명 당시 중노동형에 처해졌던 탓에 할아버지는 몇 해째 온갖 병에 시달리고 계셨던 것이다. 아버지의 미래뿐 아니라 4형제를 비롯한 온 가족의 미래가 이 시험 결과 하나에 달려 있었다.

그러니 아버지가 받았을 심리적 중압감이 어땠을지는 굳이 여쭤보지 않아도 알 것 같다. 수백만 명이 선망의 대학생 배지를 달기 위해 치열한 경쟁을 벌였다. 누군가는 이 전국 대입시험을 가리켜 '통나무 하나를 넘겠다고 1,000명의 병사와 말이 한꺼번에 몰려드는 형세'라고 묘사했다.

상황은 아버지에게 유리하지 않았다. 그래도 짐작했겠지만, 아버지는 합격했다. 아버지는 필요한 점수보다 60점을 더 받아 최고 명문대학에 입학했다(나중에 알고 보니, 그해 시험을 치른 학생은 570만 명이었고 그중 4.8%만 합격했다). 작은 마을이라 소문은 삽시간에 퍼졌다. 할아버지를 축출하고 탄압하던 사람들도 할아버지와 할머니에게 예의를 갖추기 시작했다.

아버지에게 있어 교육은 전체주의 국가의 압제에서 벗어날 수 있는 유일한 수단이었다. 그래서인지 아버지는 내가 어떤 과목이 너무 어렵다거나 학교 다니기가 힘들다고 투덜댈 때, 또 총기를 소지한 녀석 때문에 시험이 취소될 때도 내 편을 들어주지 않았다. 그 정도는 견뎌내야 하는 것이다. 온 가족이 나 하나에 매달리고 있으니까 (하지만 나는 지금도 그날 아버지가 나를 데리러 왔어야 한다고 생각한다).

가오카오는 지금도 중국 학생들의 인생을 좌우하는 중요한 시험이다. 나는 베트남 친구에게서도 비슷한 이야기를 들었다. 그들 부모 세대에서 교육을 받고 안 받고는 목숨이 오가는 문제였다고 했다. 나머지 학생들이 군대에 끌려가는 동안 좋은 점수를 받은 학생들은 따로 남겨져 정책 관련 업무를 부여받았다. 좋은 점수를 받는다는 것은 살아남는다는 의미였다. 죽이겠다는 위협에도 굴하지 않고 학교를 가겠다고 맞선 파키스탄의 말랄라 유사프자이Malala Yousafzai나 아들에게 HB연필을 사주고 학교 등록금을 내기 위해 온 가족이 허리띠를 졸라매고 돈을 모은 우간다의 이주자 트웨시게 잭슨 카구리Twesigye Jackson Kaguri 같은 놀라운 학생의 이야기도 들었다. 물론 이들은 극단적인 사례이지만, 교육이 빈곤에서 벗어나는 유일한 탈출구인 것은 세계 어디서나 흔히 볼 수 있는 공통의 현상이다. 미국에서도 대학교 졸업장이 있으면 평균 급여가 70% 올라간다. 어느 나라에서든 교육은 돈을 버는 능력을 향상시켜 삶의 진로를 바꿔주는 힘을 발휘한다.

그뿐이 아니다. 어떤 종단연구에 의하면, 교육을 받지 못하는 것이 담배를 피우는 것만큼이나 건강에 해롭다고 한다. 교육은 정보를 이해하고 처리하는 능력을 향상해 준다. 또한 호기심과 자부심을 높이고 단기간의 고통을 장기간의 이득으로 바꿔주는 방법을 가르친다. 대학교를 졸업한 사람은 고등학교를 중퇴한 사람보다 평균 10년 정도 오래 산다. 그러나 24세부터 35세까지의 미국인들 중 10%가 넘는 800만 명 이상이 고등학교를 졸업하지 못한다.

이 같은 말에 동의하는 사람도 있겠지만, 무슨 소리냐며 눈을 흘기는 사람도 있을 것이다. 그들은 빌 게이츠$^{Bill\ Gates}$나 오프라 윈프리$^{Oprah\ Winfrey}$ 같은 이름을 대며, 학업을 중도에 포기해서 오히려 크게 된 인물도 많다고 강변할 것이다. 그러나 그 같은 행운아들은 어디까지나 예외적인 경우다. 수입과 수명을 늘리고 싶다면 교육에 투자하는 것이 가장 확률이 높다.

실제로 나 역시 시험이란 게 없었다면 지금의 자리에 있지 못했을 것이다. 비록 가난하게 자라긴 했지만, 우리 아버지는 내가 성공할 수 있는 기반을 닦아주셨고 그 점을 절대 잊지 말라고 당부하셨다. 마침내 아버지가 정부 일을 하는 연구과학자로 직장을 얻게 된 것은, 우리가 캐나다로 이주하고 몇 해가 지나 박사학위를 받은 뒤였고, 형편이 나아지기 시작한 것도 바로 그때부터였다. 아버지는 길게 보고 게임을 하신 거였다.

그리고 아버지가 옳았다. 학위를 얻기 위해 흘린 피와 눈물과 땀은 그만한 가치가 있었다. 하지만 다음 장에서 보듯, 대학교 학위라고 해서 모두 똑같은 것은 아니다.

4장

열정을 따르지 말라, 아직은

내가 어렸을 적, 어머니는 수시로 해고되었다.

어머니는 접시닦이, 재봉사, 가사도우미 등 가리지 않고 일을 했지만 두 달이 멀다고 쫓겨나곤 했다. 그녀는 인종차별 때문이라고 했지만 영어가 서툴렀던 건 사실이었다. 내가 고등학생이던 무렵 어머니는 전문학교를 다니며 전자제품 조립 자격증을 땄고, 덕분에 보수가 더 좋은 일자리를 구할 수 있었다. 그래서인지 한 직장에 붙어 있는 기간도 몇 달씩 더 늘어났다. 하지만 테크 버블^{tech bubble}이 꺼지면서 어머니는 다시 실업자가 되고 말았다.

안정된 일자리를 구할 수 없었기에 어머니 머릿속에서는 걱정이 한시도 떠날 새가 없었고, 그 때문에 그녀는 편집증에 시달리고 우울증을 앓았다. 어머니는 잠을 거의 자지 못했고 누군가가 자신을 죽이려 한다며 끊임없이 불안을 호소했다. 경찰에 신고를 하도 많이 한 탓에 911이 우리 집 전화번호를 블랙리스트에 올려놓을 정도였다. 상태가 갈수록 나빠지면서 애꿎게도 어머니는 나와 아버지에게 화풀이를 했다.

대학에서 전공을 선택할 때가 되었을 때, 나는 신중해야 한다는 걸 알고 있었다. 당시는 우리 집도 경제적으로 어느 정도 안정된 상태였지만, 여전히 본국에 있는 친척들에게 송금하고 있었다. 그리고 30년 전의 아버지처럼 내게도 기회는 딱 한 번뿐이라는 걸 나는 잘 알고 있었다. 졸업을 하고 나서 직장을 구하지 못하면 큰일이었다. 학위를 최대한 활용하여 가능한 한 빨리 독립해야만 했다. 어머니같이 되면 큰일이었다.

열정을 따르지 않은 이유

드디어 2000년이 되었다. 백스트리트 보이즈^{Backstreet Boys}가 차트를 석권했고, Y2K의 공격은 세계 어느 곳에서도 나타나지 않았으며, 대부분의 경우 학위를 따는 목적은 단 한 가지, 직장을 구하기 위한 것이었다. '열정을 따르라'는 말이 오래전부터 내려오는 만고의 진리인 줄 알겠지만, 사실 이 말은 비교적 새로운 개념이다. 비영리 단체 80000Hours.org의 이사 벤저민 토드^{Benjamin Todd}에 따르면, 이 구절은 2005년에 정점을 찍었다. 당시 스티브 잡스^{Steve Jobs}는 스탠퍼드 대학교의 졸업식 축사에서 "마음의 소리를 따르지 않을 이유가 없다"는 유명한 말을 했다. 요즘도 우리는 이 같은 충고를 듣고 또 들으면서 젊은 졸업생들에게 불꽃을 향해 뛰어드는 나방이 되라고 떠민다. 아주 매력적이고 힘이 있지만, 한편으로 위험하기 짝이 없는 말인데도 말이다.

대학교를 선택할 때가 되었을 때, 나는 선택지를 수학으로 따졌다. 일단 여러 대학의 웹사이트를 뒤져 이런저런 학위를 따는 데 돈이 얼마나 드는지 알아보고, 소득 통계와 대비해 보았다. 관심이 가는 분야는 세 가지였다.

1. 글쓰기
2. 회계
3. 컴퓨터공학

글쓰기는 내 첫 번째 선택지였다. 하지만 문예창작 학위에 내 시간과 돈을 투자하는 것이 과연 좋은 생각일지 의심이 갔다. 캐나다에서 4년제 대학에 다니려면 약 4만 달러가 필요하다(미국은 '훨씬' 더 든다). 그런데 작가들의 1년 수입을 알아보니 어느 나라 할 것 없이 500달러부터 5만 달러를 거쳐 수백만 달러에 이르기까지 천차만별이었다. 수백만 달러는 스티븐 킹 Stephen King의 경우이고 평균적으로는 1만 7,000달러 정도였다.

그다음 시간당 최저임금을 살펴보았다. 고등학교를 갓 졸업해서 벌 수 있는 돈을 계산해 보면 나오는데, 당시 최저 시급을 6.85달러로 계산하니 1년에 1만 4,248달러였다. 나는 내가 예상할 수 있는 급여에서 그 금액을 뺐다. 대학교 학위의 가치는 두두두둥, 짠! 에계, 1년에 겨우 2,752달러였다.

회계학과 컴퓨터공학에 대해서도 당시 캐나다 내국 학생 수업료를 고려해 같은 계산을 했다.

학위	총비용	최저임금 이상의 급여 중간값
문예창작학	13,520(3,380×4)	2,752(17,000-14,428)
회계학	13,056(3,264×4)	23,952(38,200-14,248)
컴퓨터공학	14,488(3,622×4)	40,752(55,000-14,248)

노트패드를 물끄러미 바라보며 머리를 굴렸다. 내가 믿고 의지하는 계산기를 붙들고 오른쪽 세로 칸을 가운데 세로 칸으로 나눴다. 그러자 선택의 순위를 정하는 데 필요한 '수업료 대비 급여Pay-Over-Tuition' 즉 POT 점수가 하나 나왔다(히힛).

학위	총비용	최저임금 이상의 급여 중간값	POT 점수
문예창작학	13,520	2,752	0.20
회계학	13,056	23,952	1.83
컴퓨터공학	14,488	40,752	2.81

어떤 학위를 받기 위해 들여야 하는 비용에 POT 점수를 곱하면, 졸업 후 최저임금 이상으로 벌 수 있는 돈의 액수가 나온다. 회계학 학위를 받기 위해 돈을 들이면 졸업한 뒤 수업료의 1.83배를 번다.

컴퓨터공학은 수업료의 2.81배를 안겨줄 것이다. 안타깝게도 어린 시절 꿈이던 문예창작학으로는 적자를 면치 못할 터였다.

컴퓨터공학이 확실한 승자였다. 나는 워털루 대학을 택했다. 워털루는 인턴십 프로그램이 있기에 학위를 받기 위해 공부하는 동안에도 일을 할 수 있기 때문이었다. 그러면 학교를 다니는 동안 수업료를 완납할 수 있었다. 빚을 지지 않고 졸업할 수 있을 뿐 아니라, 이력서에 2년 경력을 추가할 수 있다는 얘기였다.

하지만 솔직히 말해, 컴퓨터공학으로는 가슴이 벅차오를 일이 없었다. 나는 코드가 아니라 이야기 줄거리를 짜고 싶었다. 그것이 어렸을 적부터 하고 싶었던 일이었다. 그러나 물려받은 유산이 있는 것도, 통장에 따로 생활비가 준비된 것도 아니었다. 부모님도 내가 어서 자립해 그들의 경제적 부담을 줄여주기를 바라고 계셨다. 어려운 선택을 해야 했지만 수학이 일러주는 선택은 틀리는 법이 없었다.

하고 싶은 일을 하면서 만족할 수는 없느냐고 반문할지 모르겠다. 왜 내가 '행복'해지는 것을 원치 않겠는가? 나도 여러분들이 행복해지길 원한다. 하지만 열정을 따르라는 말처럼 무책임한 권고도 드물다. 통계적으로 볼 때, 열정을 따르다 보면 실업자나 불완전 고용 상태에 처할 가능성이 크다. 다음 끼니 걱정을 하거나 다음 달 전기와 온수 중 무엇을 포기할지 걱정해야 하는 처지에서는 매일 아침 설레는 마음으로 일어나기 힘들다. 가난하게 자란 우리 같은 사람들은 그런 사실을 잘 안다.

어디 그뿐인가?

열정은 변한다

　세상에 변하지 않는 것은 없다. 사람의 마음도 변한다. 지금은 어떤 것에 설렌다 해도 몇 해 뒤에는 심드렁해진다. 하버드와 버지니아 대학교가 공동으로 행한 심리 연구에 따르면, 남다른 열정을 품고 마음을 쏟았던 분야에 대한 마음이 지난 10년 사이 달라졌느냐는 질문에, 1만 9,000명에 달하는 참가자 중 거의 모두가 크게 바뀌었다고 답했다.

　열여덟 살 때 좋아하는 일을 직업으로 삼으라고 하는 건, 고등학교 때 가장 좋아했던 머리띠를 평생 하고 다니라고 하는 것과 같다. 내가 그랬다면 지금 나는 스케리 스파이스 Scary Spice(스파이스 걸스 멤버인 멜라니 브라운 Melanie Brown의 애칭) 같은 복장을 한 채로 이 책을 쓰고 있을 것이다.

열정이 꼭 좋은 일자리로 이어지는 건 아니다

　나는 고양이 동영상을 보는 것이나 여행을 유달리 좋아하고 가끔 팟타이로 배를 불리곤 한다. 하지만 그렇다고 그런 일을 직업으로 삼지는 않는다. 물론 직업으로 삼을 수도 있지만 할 수 있다고 해서 꼭 해야 하는 것은 아니다. 글 쓰는 일은 지금도 좋아하지만 그래도 글이 잘 써지지 않아 머리를 쥐어뜯을 때가 있다. 열정을 가지고 있던 일도 직업으로 바뀌면 생각만큼 즐겁지 않은 법이다. 글쓰기를 좋아한다고 해서 고생고생하며 쓴 글을 다시 보면서 고치고 또 고처 쓰는 일까지 좋아하는 건 아니란 말이다. 또 벌겋게 충혈된 눈으로 출판계약서에 빼곡하게 적힌 난해한 법률용어들을 들여다보는 것도 유쾌한 일이 아니다.

지금 내가 글을 쓰기로 작정한 유일한 이유는, 이것이 공과금을 내기 위해 해야 할 일은 아니기 때문이다. 다음에 받을 급여를 걱정해야 하는 입장이라면 이 일이 재미있지 않을 것이다. 선택의 여지가 없어 일정에 따라 어쩔 수 없이 해야 하는 창작이라면 재미있을 리 없다. 그나마 이것도 전적으로 내가 좋아하는 분야에서 일할 수 있을 정도로 운이 좋을 경우에 그렇다.

열정이 곧 행복은 아니다

8장에서 좀 더 이야기하겠지만, 행복은 기대와 현실이 일치하는 지점에서 발생하는 '느낌'이다. 우리 문화권에서는 누구나 자신이 빠져들 만큼 재미가 있으면서 동시에 자유가 보장되고 보수도 두둑한 데다 좋은 사람들과 함께할 수 있는 일을 기대한다. 그리고 그 일로 성취감까지 느끼고 싶어 한다. 그러나 이 모든 것을 충족시키는 일은 없다. 아마 영원히 없을 것이다.

급여를 얼마나 받을 수 있을지, 어떤 분야에 얼마나 많은 일자리가 존재하는지, 그 일이 지금부터 1년 뒤에도 존재할지는 아무도 모른다. 그리고 이 같은 문제는 우리가 어떻게 할 수 있는 일이 아니다.

대신 수학을 따르라

나는 이 책을 쓸 때까지도 수업료 대비 급여[POT] 같은 사소한 개념은 까맣게 잊고 있었다. 구독자들이 경제적 도움을 요청하는 글을 보내오면 "또 지겨운 계산을 해야겠군!"이라고 혼잣말을 한다. 지나고 보니 고등학교 때도 빌어먹을 계산만 하다 졸업한 것 같다. 그러다 POT 점수를 다시 떠올린 순간, 당시에는 생각하지도 않았던 모든 직업에 이 개념을 적용해 봐야겠다고 생각했다. 우리가 '꿈의 직업'이라고 여기는 것들의 POT가 어느 정도인지 한번 살펴보자. 다음은 2018년도 미국 기준으로 업데이트한 수치다.

(단위: 달러)

학위	총비용	최저 임금 이상의 급여 중간값	POT 점수
미술가	40,920(10,230×4)	33,780(48,780-15,000)	0.83
무용수	40,920(10,230×4)	20,672(35,672-15,000)	0.51
배우	40,920(10,230×4)	21,380(36,380-15,000)	0.52

만만치 않다. 내 블로그에 사연을 보내는 구독자들 중 이 중 한 가지 분야에 종사하는 이라면, 재무 상태가 좋지 않아도 놀랄 것이 없다. 그러나 정말로 놀라운 건, 의사나 변호사처럼 수입이 많은 것으로 알려진 직업을 가진 구독자들이 하소연하는 경우다. 도대체 의사가 왜 경제적인 곤란을 겪는다는 건가? 좀 더 들여다보자(참고로 미국에서 의과대학은 대학원 과정이라 지원하려면 4년제 일반대학교를 졸업해야 한다 - 옮긴이).

학위	총비용	최저 임금 이상의 급여 중간값	POT 점수
의사	학부: 40,920(10,230×4) 의과대학: 207,866 합계: 248,786	193,000 (208,000-15,000)	0.78
변호사	학부: 40,920(10,230×4) 로스쿨: 54,525(18,175×3) 합계: 95,445	104,250 (119,250-15,000)	1.09

이들 고소득 직업도 미술 계통의 직업보다 그다지 나을 것이 없다! 억대 연봉을 기대할 수 있는 것은 사실이지만, 자격증을 따는 데 들어가는 시간과 비싼 등록금을 생각하면 예상과 달라도 너무 다르다. 게다가 이들 등록금 수치는 캐나다 내국인을 기준으로 한 공립학교 등록금을 따진 것이다. 사립대학의 경우라면 결과는 더욱 심각해진다. 더구나 학교를 제때 졸업하지 못했을 때 소득을 올릴 수 있는 능력의 손실은 고려하지도 않은 것이다.

머리에서 뭔가 '번쩍'했다. 그때서야 비로소 의사들이 졸업한 지 10년이 지나도 여전히 경제적인 문제로 골머리를 앓고 있는 이유를 알 것 같았다.

POT 시스템을 들여다보면, 대단한 학위가 없어도 수익성 좋은 직업을 가질 수 있다는 사실을 알 수 있다. 캐나다 기준 배관공의 경우를 수학적으로 따져보자.

학위	총비용	최저 임금 이상의 급여 중간값	POT 점수
배관공	7,320(3,660×2)	37,590(52,590-15,000)	5.14

배관공은 2년제 전문대학교 학위만 있으면 되므로 매몰비용이 적고 급여 중간값은 비교적 높기 때문에, 들이는 비용에 비해 짭짤한 수입을 올릴 수 있다! 뿐만이 아니다. 배관공은 고정고객기반이 확실할 뿐 아니라(배관이 없는 건물은 없다), 하청을 줄 수 없다. 공급이 부족하고 수요가 많은 시카고나 뉴욕 같은 대도시에서는 1년에 7만 달러도 벌 수 있다!

누가 알았겠는가?

이 글을 읽을 독자들 대부분에게는 아득한 시절의 일이겠지만, 꼭 고등학교 졸업생이 아니더라도 직업을 바꿀 생각을 하고 있는 사람은 해볼 만한 계산이다.

이런 말에 스트레스를 받을 사람도 있을 것이다. 하지만 나는 여러분이 듣고 싶어 하는 이야기를 하려고 이 글을 쓰는 게 아니다. 나는 사실을 말하기 위해 이 글을 쓴다. 하지만 '열정을 따르지 말라, 아직은'이라는 말만은 명심하길 바란다. 좋아하는 일을 해서는 돈을 벌 수 없다는 말이 아니다. 여러분이 이 글을 읽게 된 것도 내가 작가가 됐기 때문이다. 그러나 여러분은 나의 나머지 충고부터 먼저 따라야 한다. 좋아하는 일을 하면서 돈이 따라오기를 바라는 것은 위험하다. 돈을 먼저 따라가야 한다. 그러면 나중에 좋아하는 것을 할 수 있다.

앞서 말했듯, 교육은 중요하다. 단 모든 학위가 똑같은 것은 아니다. 그러니 열정을 따를 생각은 말라, 아직은.

POT를 따르라.

그렇다. 나는 바로 그 열정에 다가서기 위해 이 부분을 썼다. 그리고 후회하지 않는다.

4장 요약

◆ 직업을 선택할 때 열정을 따르는 것은 좋은 생각이 아니다.

◆ 대신 수업료 대비 급여^{POT}를 근거로 직업을 골라야 한다.

  – POT 점수 $= \dfrac{\text{최저 임금 이상의 급여 중간값}}{\text{학위 취득에 들어가는 총 비용}}$

  – POT 수치가 높다는 것은 학위 취득에 들이는 비용이 수입에 큰 영향을 준다는 뜻이다.

MEMO

5장

흡혈귀 처치하기

앞서 말한 것처럼 나는 어린 시절의 환경 덕분에 많은 것을 깨닫고 배웠다. 특히 나의 문화적 배경에는 삶에 도움이 되는 유용한 것들이 많았다. 통계적으로 중국인들의 평균 저축률은 38%다. 미국의 3.9%나 일본의 2.8%에 비하면 '어마어마한' 비율이다. 어떻게 된 일일까? 중국인들이 다른 나라 사람들보다 검소해서일까?

이런 것이 궁금할 때 물어볼 사람은 늘 정해져 있다. 아버지다. 아버지는 공산당이 정권을 장악하기 전에도 관리들의 부패가 생활의 일부처럼 일상화되어 있었다고 말씀하셨다. 민원인의 부탁을 들어주거나 무언가를 빌려줄 때 공무원들은 정치적으로든 돈으로든 당연히 보상을 기대했다. 이 같은 관례는 아예 국민 정서로 굳어졌다. 그러니 누군가에게 신세를 진다는 것은 상대방에게 자신에 대한 지배권을 넘긴다는 뜻이었다(신세나 빚을 지면 구정 연휴 기간에 다 갚고 백지 상태에서 다시 시작해야 한다. 그러지 않으면 1년 내내 불미스러운 일에 시달리게 된다).

확실히 입증할 수 있는 건 아니지만 다른 설명도 있다. 무엇보다 중국인들은 역사적으로도 빚이라는 개념을 모르고 지냈다. 신용카드가 처음 발행된 것도 1985년이 되어서였다. 1950년에 신용카드가 등장한 서구사회와 비교해 보라. 어렸을 때 신용카드라는 말을 처음 들었지만 아주 낯선 단어라서 전혀 짐작을 할 수 없었다. 은행 대출이라는 말도 못 들어봤으니 모기지가 어떻게 돌아가는지도 당연히 몰랐다. 자전거나 시계처럼 목돈이 들어가는 물품이 필요할 때 부모님은 저축을 했다. 외상으로 사고 나중에 갚는다는 개념은 아예 머릿속에 있지도 않았다. 돈이 있으면 샀고, 없으면 못 샀다.

둘째로, 중국에는 사회안전망이 없으므로 늘 각자가 스스로 앞가림을 해야 했다. 교육? 건강관리? 은퇴? 모두 각자가 알아서 해야 할 일이었다.

마지막으로, 우리 부모님 세대는 갑작스러운 사고를 늘 염두에 두셨고, 큰일이 언제 어떤 식으로 닥칠지 모른다는 생각을 운명처럼 받아들였다. 그런 일이 벌어졌을 때 정부에 기대려고 한다면 소도 웃을 일이었다. 정부는 국민을 도우라고 있는 것이 아니다! 그들이 하는 일이라고는 국민들을 골탕 먹이고 곤경에 빠뜨릴 기발하고도 참신한 방법을 찾아내는 것이다. 이렇게 배운 탓에 나는 무슨 일이 있어도 빚을 지는 일만은 피해야 한다고 생각했다. 그리고 뭔가 필요한 게 있으면 정정당당히 돈을 벌어서 샀다. 그랬기에 신용카드도 대학교를 졸업한 이후에야 가질 수 있었다. 직장에서 친구와 동료가 빚을 내가며 버는 것 이상으로 돈을 쓰는 모습을 볼 때마다 나는 납득할 수 없었다. 그들은 화려한 기능이 추가된 신형 테슬라를 포기하고 구형 테슬라 모델을 택한 것만으로도 재무관리를 현명하게 하고 있다며 스스로 대견해했다.

그런 모습을 지켜보며 나는 빚이란 게 얼마나 무서운 파괴력을 갖는지 깨달았다. 빚은 시간과 돈의 고리를 끊는다. 그리고 그런 일이 일어날 때, 사람들은 재무 상태를 망가뜨릴 수 있는 나쁜 결정을 내리기 시작한다.

빚이 가져오는 불이익들

아인슈타인Einstein이 한 유명한 말이 있다. "복리는 세계 8대 불가사의다." 버는 대로 저축하면 돈이 돈을 벌고, 그렇게 번 돈이 훨씬 더 많은 돈을 번다. 시중의 재테크 관련 서적들은 하나같이 이 방법이 가장 좋다는 데 입을 모은다.

하지만 그것이 가장 좋은 방법이 아니라면? 오히려 가장 나쁜 방법이라면?

'$E=MC^2$'이라는 공식을 모르는 사람은 없다. 하지만 이탈리아의 수학자 루카 파치올리Luca Pacioli의 '72의 법칙Rule of 72'을 아는 사람은 많지 않을 것이다. 원리는 이렇다. 투자에 대한 수익률(예를 들어, 매년 6%)을 알면, 72를 그 수익률로 나눈다(72÷6=12). 그러면 투자한 돈을 2배로 늘리는 데 필요한 햇수가 나온다. 만약 연 6% 수익률로 1,000달러를 투자하면, 다른 돈을 한 푼 추가하지 않아도 12년 뒤에는 2,000달러가 되는 것이다. 통장에 있는 돈은 시간이 지나면서 계속 늘어난다. 내가 번 돈이 더 많은 돈을 벌고 그 돈이 다시 훨씬 더 많은 돈을 벌기 때문이다.

투자가에게는 72의 법칙이 고마운 친구다. 돈을 불려주니까. 반면, 빚이 있는 사람에겐 72의 법칙처럼 무서운 것도 없다. 가뜩이나 없는 돈을 빼앗아가니까. 신용카드의 경우 보통 이율이 20% 정도이므로 1,000달러를 빌려서 평면 TV를 살 경우, 불과 3.6년(72÷20)만에 빚이 '2배'가 된다. 그리고 다시 3.6년이 지나면 빚은 4배로 불어난다.

그래서 빚이 무서운 것이다. 빨리 빚을 처치하지 못하면 이 끔찍한 괴물은 점점 더 커져서 지나는 길에 있는 것을 닥치는 대로 먹어치울 것이다.

그 괴물이 커지게 내버려두지 말라. 할 수 있으면 지금이라도 괴물을 처치해야 한다.

미래의 당신 vs. 현재의 당신

빚이 위험한 또 다른 이유는 그 괴물이 실제 돈의 가치를 왜곡하기 때문이다.

중국에 살던 시절, 부모님은 돈이 없었기에 변변한 물건 하나도 살 수 없었다. 신용카드도 없었고 돈을 빌릴 만한 곳도 없었다. 돈이 없으니 아무것도 가질 수 없었다. 하지만 아는가? 돌이켜보면, 그것 이야말로 아주 괜찮은 제도였다. 요즘은 누구나 신용카드를 가질 수 있다. 그래서인지 사람들은 돈이 얼마나 귀중한 것인지 쉽게 잊는 다. 돈이 왜 귀중하냐고? 시간을 벌어주기 때문이다.

만약 우리 부모님이 100달러짜리 시계를 사기로 결정했다면, 두 분은 육체노동을 통해 그 돈을 벌 것이다. 일당이 44센트였으니, 그 정도의 돈을 벌려면 228일을 일해야 한다. 물론 먹지도 않고 입지도 않고 일당 모두를 고스란히 모았을 때 그렇다는 말이다. 그러니 TV를 사려면 적어도 1년을 일해야 한다.

그런데 빚은 전혀 다르다. 빚을 내면 TV도 '당장' 살 수 있다. 그 돈이 어디서 오는 건지는 모르지만. 시간이 지나면 갚아야 할 돈은 2배 이상이 될 것이다. 하지만 그것은 미래의 당신 문제다. 현재 당 신은 신형 TV를 즐기기에도 바쁠 테니까!

이처럼 빚은 돈과 시간의 고리를 끊음으로써 미래 당신의 신세를 망친다.

2019년 기준 미국인들의 빚은 13조 달러에 이른다. 캐나다인은 1조 8,000억 달러다. 당연한 일이다. 우리가 사들이는 물건의 가치 가 그것을 얻기 위해 일해야 하는 시간의 양과 연결되지 않을 때, 이 '수상한 돈'을 가져다 날리는 것은 아주 쉬운 일이다. 문제는 현재의 당신이 결국엔 미래의 당신이 된다는 것이다. 그때는 어떻게 할 것 인가?

무슨 수를 써서라도 큰 빚을 지지 않도록 해야 한다. 빚은 인간이

저지를 수 있는 실수 중 가장 고약한 경제적 패착이다. 말이 나왔으니 하는 말이지만, 우리 중 대부분은 이미 그런 수렁에 빠져 있고, 경제적 자유를 되찾기 위해 안간힘을 쓰고 있다. 그러면 어떻게 해야 하냐고?

아주 좋은 질문이다.

소비자 부채

여러 유형의 부채 중 가장 경계해야 할 악성 부채는 소비자 부채다. 소비자 부채는 우리의 피를 빨아먹는 흡혈귀와 같다. 피를 말릴 뿐만 아니라 한심하게 컴퓨터 앞에 매달려 필요도 없는 물건을 사들이게 만들어 결국 일도 그만두지 못하게 한다.

소비자 부채는 이율이 가장 높은 부채이므로 누구나 이 몹쓸 녀석부터 처치하려고 할 것이다. 소비자 부채는 무식하게 상대해 줘야한다. 이는 '당장' 해결하지 않으면 문제가 발생하는 일종의 비상사태다. 녀석의 심장에 박을 모루를 뾰족하게 갈기 위해서는 해야 할것이 몇 가지 있다.

1) 지출을 최대한 줄여라

소비자 부채는 이율이 가장 높기 때문에 72의 법칙에 따라 다른 어떤 부채보다 더 빠른 시간에 2배가 된다. 소비자 부채는 일종의 위기 상황으로 다뤄야 한다. 이율이 10~20%인 부채를 안고 있다면 아무리 많은 투자나 저축을 해도 소용이 없다. 이를 청산하는 것이 가장 먼저 해야 할 일이다. 부업을 얻거나 룸메이트를 들여도 좋다. 외식을 거절할 수 있다면 그렇게 하라.

2) 이율을 기반으로 대출을 정리하라

이율이 가장 높은 것부터 정리하라. 목에 붙은 흡혈귀가 여러 놈이라면 가장 이율이 높은 놈부터 떼어내라. 그런 놈은 가장 빨리 몸집을 키우기 때문에 피를 금방 말려 2배로 위험해진다.

우선 갖고 있는 모든 카드의 매달 최소결제액을 지급해 채무불이행 상태가 되지 않도록 하라(그렇지 않으면 문제가 더 커질 수 있다). 그 다음으로 가장 큰 모루(그러모을 수 있는 모든 현금)를 뾰족하게 갈아 가장 역겨운 놈(이율이 가장 높은 대출)의 심장에 꽂으라. 액수가 적은 부채를 갚으면 부담이 없겠지만, 시급한 것은 자존감을 지키는 일이 아니라 위험한 괴물부터 죽이는 것이다. 목표는 힘겹게 번 돈을 신용카드 회사에게 가능하면 조금만 빼앗기는 것이다. 그래야 투자할 곳(10장에서 이야기하겠다)에 투자함으로써 다디단 자유를 좀 더 일찍 맛볼 수 있다.

3) 부채를 차환하라

신용카드 회사들은 보통 카드끼리 잔고를 이체시켜 정해진 기간(보통은 1년)에 이율을 0%로 해주는 상품을 운영한다. 이렇게 하면 부채의 이율을 줄일 수 있다. 무조건 부채를 이전하라는 말이 아니다. 유예 기간 내에 갚을 수 있는 경우에만 그렇게 하라. 사실 신용카드 회사들은 여러분이 빌린 돈을 갚지 '않기를' 바란다. 그래야 이율이 치솟고 여러분을 궁지로 몰 수 있으니까. 그러니 정신 바짝 차리도록!

소비자 부채를 안고 있는 블로그의 구독자들이 투자법을 물어올 때, 나는 그들이 등에 흡혈귀를 붙인 채 마라톤을 하고 있다는 사실을 상기시켜준다. 그런 상태로는 아무리 달려도 소용이 없다. 1km만 더 가면 기운이 모두 빠질 것이다. 아무리 수익률이 좋아도 등에 지고 있는 부채의 이율이 그것을 순식간에 먹어치운다. 그러니 지출을 대폭 줄이고 흡혈귀부터 처치하라.

학자금 대출

이율로 볼 때, 두 번째로 무서운 괴물은 학자금 대출이다. 소비자 부채보다는 이율이 낮지만(10~20%가 아니라 4~8%), 그래도 파산을 면하기 어렵기는 마찬가지다. 아무리 달아나 숨어봐도 게임 '팩맨Pac Man'의 빨간 유령처럼 끈질기게 따라온다.

따라서 대학전공이나 직종을 선택하기 전에, 4장에서 언급한 POT 점수부터 이해하고 계산해 볼 필요가 있다. 만약 그럴 사정이 못 된다면? 빚에서 발을 빼는 데 도움이 될 만한 급여나 직업도 없이 빚에 무릎을 깊이 담근 상태로 이 글을 읽고 있다면? 그래도 방법이 없는 것은 아니다.

상환금 감액

학자금 대출은 대부분의 경우 주관 부서가 정부다. 그래서 몇 가지 유리한 점이 있다. 정부는 학생이 돈을 넉넉히 벌지 못하거나 예기치 않게 직장을 잃을 경우 매달 갚아야 하는 돈을 삭감해 준다. 물론 전액 삭감해 주는 것은 아니지만, 학생이 채무불이행자가 되는 것만은 면하게 해준다. 그렇지 않으면 상황이 걷잡을 수 없게 되기 때문이다.

사실 정부가 제공하는 상환금 감액 프로그램을 활용하는 것은 팩맨의 하얀 알약을 먹는 것과 같다. 유령을 완전히 쫓아내지는 못하지만 잠시 떼어놓을 수는 있는 것이다.

미국의 경우, 소득을 기준으로 하는 상환방식에는 보통 네 가지 유형이 있다.

REPAYE(개정원천징수)

REPAYE^{Revised Pay As You Earn}는 넷 중 신청하기가 가장 쉽고 가장 관대한 소득연계 상환 프로그램이다. REPAYE는 대출 시기와 관계없이 정부로부터 다이렉트론^{Direct Loan}을 받은 모든 졸업생에게 열려 있다. REPAYE에 등록하면 학사 학위 취득자는 20년, 석사 학위 취득자는 25년 뒤에 대출금을 탕감받을 수 있다.

REPAYE는 매달 가처분소득의 최대 10%까지 상환하면 된다. 가처분소득은 '세후 소득-연방빈곤기준의 150%'이다.

PAYE(소득에 따른 징수)

PAYE$^{\text{Pay as You Earn}}$는 좀 더 관료주의적 성격이 짙은, REPAYE의 구 버전이다. 일반적으로 2012년 이후에 대학교를 졸업한 사람만 해당된다(왜냐하면 그 전에 졸업했다면 2007년 10월 1일자로 학자금을 새로 대출하고 2011년 10월 1일 이후에 그 대출의 일부를 상환했을 테니까). REPAYE처럼 월 상환액은 가처분소득의 10%로 제한되고 20년 뒤에는 나머지를 탕감해 준다.

IBR(소득연계 상환)

IBR$^{\text{Income-Based Repayment}}$은 2014년 7월 1일 이후에 새로 대출한 경우에 한해 가처분소득의 10~15% 사이로 상환액을 제한한다. 2014년 7월 1일 이전에 대출된 금액에 대해서는 25년 이후에 잔액이 탕감되고, 이 날짜 이후에 대출된 금액에 대해서는 20년 후에 탕감된다.

ICR(수입 발생 시 상환)

ICR$^{\text{Income-Contingent Repayment}}$은 가처분소득의 20%로 제한하지만 가처분소득을 계산하는 방법이 조금 다르다. '가처분소득=세후 소득−100% 연방빈곤기준선'이다. 대출 잔액은 25년 후에 탕감된다.

하지만 이런 프로그램도 대출을 사라지게 만들진 못한다. 그저 학생이 대출금을 제때 상환할 수 없을 때 채무불이행자가 되지 않도록 해줄 뿐이다. 이들 프로그램은 20~25년 뒤에 대출금을 탕감받을 자격을 주지만, 이것도 묘책은 아니다. 그 이유는 나중에 논의하겠다. 각 프로그램은 대출 유형에 따라 자격 요건이 다르다. 따라서 대출기관에 연락하거나 학자금 대출 관련 정부 사이트에 접속하여 자신에게 맞는 프로그램을 선택해야 한다.

대출 탕감

대출금 탕감도 알아둘 필요가 있다. 상환 프로그램에 '탕감'이라는 선택지가 있다는 점을 고려하면 선뜻 서명할 수 있을 것 같겠지만, 꼭 그렇지는 않다. 미국의 경우 탕감받은 학자금 대출금은 과세소득에 첨가된다. 따라서 대출금은 사라질지 모르지만, 일정 금액은 국세청에 내야 할 빚으로 바뀐다. 그 세금고지서에 적힌 금액을 납부할 돈이 없다면, 국세청에 문의하여 국세청에서 시행하는 상환제도 중 하나를 택하거나, 파산을 통해 체납세금을 면제받아야 한다. 그렇게 하는 데 몇 해가 걸릴 수 있다. 그 망할 채무 관계를 완전히 정리할 때쯤이면 이미 50대에 접어들 것이다. 학자금 대출을 가리켜 영원히 따라다니는 빨간 유령이라고 하는 것도 그 때문이다.

멋진 예외가 있다. 공익대출금면제Public Service Loan Forgiveness 프로그램이다. 미국의 경우 비영리 기관이나 정부에서 일하면 소득연계상환 방식으로 10년 뒤에 모든 부채를 탕감해 주므로 사실상 빚은 사라진다. 간을 오그라들게 만드는 세금고지서도 없다. 빚이여, 안녕.

하지만 이상하게도 이 프로그램을 아는 사람이 거의 없다. 흔히들 자원봉사자에만 적용되는 혜택인 줄 알지만 사실 이 제도가 적용되는 직종은 의외로 많다. 교사는 보통 주정부를 위한 일을 하기 때문에 신청할 수 있다. 헬스케어 종사자들도 비영리 병원에서 일한다면 혜택을 받는다. 주립 대학의 교수들도 마찬가지다. 여러분이 다니는 회사가 어떤 식으로든 정부와 연관되어 있으면, 인적자원부에 확인하여 신청 자격이 있는지 알아보라.

리파이낸싱

마지막 방법은 리파이낸싱Refinancing이다. 리파이낸싱은 대출금을 공적 대출기관에서 개인 대출업체로 이전시켜 이율을 낮춰준다. 하지만 이때도 아주 신중해야 한다. 개인 업체로 이전하면 소득기반 상환 프로그램을 통해 상환 액수를 낮췄던 연방 대출 안전망이 사라지기 때문이다. 이 경우엔 파산해도 탕감되지 않는 면책불허가 대상이 된다! 또한 공익대출금면제를 통한 탕감 혜택도 받을 수 없다. 이런 이유로 나는 개인적으로 아주 확실한 직업을 갖지 않았을 경우엔 학자금 대출을 리파이낸싱하지 말라고 조언한다. 그리고 확실한 직업이 있더라도 1년 내에 갚을 수 있는 만큼만 리파이낸싱하는 것이 좋다. 예를 들어 통장이 두둑한 고소득 의사라면 당장 5만 달러를 갚은 다음 계속 갚아나갈 수 있다. 리파이낸싱은 대출금 전반에 대한 공익대출금면제 자격을 훼손시키지 않으면서 그해에 갚아야 할 이자를 줄이는 데 도움이 된다.

모기지

마지막으로, 결코 빼놓을 수 없는 모기지mortgage가 있다. 일반적으로 모기지는 사람들이 살면서 부담하게 되는 빚 중에 덩치가 가장 크고 흔한 빚이다. 사실 주택 문제는 너무 거창한 주제이므로 9장에서 본격적으로 설명하기로 하고 여기서는 몇 가지만 짚고 넘어가겠다.

모기지는 집을 담보로 하기 때문에 이율이 낮은 편이다. 소비자 부채는 보통 10~20%이고, 학자금 대출은 6~10%인데 반해, 모기지는 3% 정도다. 따라서 모기지를 갚을 돈이 있으면 그 돈을 다른 곳에 투자하는 것이 합리적이다. 아무리 보수적인 투자 포트폴리오라고 해도 연 6~7%의 이익을 기대할 수 있기 때문이다.

모기지 이율	전략
<4%	상환 액수를 최소로 줄이고 나머지는 투자
>4%	모기지를 먼저 갚거나 4% 미만으로 리파이낸싱

빚은 우리가 마음먹은 대로 살지 못하게 방해하는 장애다. 게다가 잠깐 사이에도 눈덩이처럼 불어난다. 가장 좋은 건 빚을 지지 않는 것이지만, 이미 빚이 있다면 앞서 소개한 여러 가지 도구를 이용하여 빠져나갈 수 있다. 모루 끝을 뾰족하게 갈아두라.

행운을 빈다.

5장 요약

◆ 빚은 복리의 위력을 내게 유리한 쪽이 아니라, 불리한 쪽으로 사용하는 것과 같다.

◆ 신용카드 빚은 가장 위험하므로 가능하면 빨리 갚아야 한다.
  – 지출을 최소화하라.
  – 이율이 높은 신용카드부터 먼저 갚으라.
  – 카드 잔고를 이율이 0%인 쪽으로 잠시 이전함으로써, 숨통을 틀 기회를 마련하라.

◆ 학자금 대출은 탕감하기 어려우므로 두 번째로 위험하다.
  – 부채의 유형에 따라 상환금 감액 프로그램을 신청하라.
  – 미국의 경우 비영리 기관이나 정부기관에서 일하면서 적절한 금액을 상환하면 공익대출금면제 프로그램을 통해 대출금 잔액을 탕감받을 수 있다.

  ◆모기지는 사람들이 세 번째로 많이 지게 되는 빚이다.
    – 모기지 이율이 4% 미만이면, 최소 금액만 상환하고 나머지를 투자하라.
    – 모기지 이율이 4% 이상이면, 투자를 미루고 모기지부터 갚으라.

MEMO

6장

구하러 오는 사람은
아무도 없다

미국과 캐나다의 유치원이나 어린이집에는 '스낵^{snack} 타임'이라는 게 있다. 이때는 아이들에게 간식과 휴식을 준다. 중국에는 '스맥^{smack} 타임'이 있었다. 벌을 주는 시간으로, 선생님이 잘못을 저지른 아이를 때리거나 꿀밤을 먹인다. 하긴 스맥 타임이 따로 있었던 건 아니다. 수시로 손찌검을 했으니까. 낮잠을 너무 많이 자도 찰싹, 똑바로 놀지 못해도 찰싹, 서로 싸워도 찰싹 때렸다. 세상에, 우리는 정말 맞기도 많이 맞았다!

"싸우지 말란 말이야!" 선생님은 세 살짜리 꼬마들의 머리를 수도 없이 쥐어박으면서 그렇게 소리 지르셨다. 이 문화를 야만스럽다고 치부하기 전에 중국에서는 서구처럼 아이를 키우기가 어렵다는 점을 이해해야 한다. 중국은 인구의 규모 때문에라도 서구식으로 아이들을 다룰 수 없다. 학교는 경쟁이 매우 치열하기에 아이들은 선생님이 시키는 대로 해야 하고 결과도 빨리 내야 한다.

아버지가 내게 '츠쿠吃苦'라는 개념을 강조하신 것도 이런 환경 때문이었다. 츠쿠란 직역하면 '쓴 맛을 본다'라는 말인데, '젊어 고생 사서 한다' 또는 '고생을 감내한다'란 뜻으로, 중국 문화에서 반드시 갖춰야 할 굳건함의 덕목이다. 고난이 닥쳐도 불평하지 않고 화를 내지 않으며 묵묵히 극복하면서 인격을 성숙시키는 것, 그것이 츠쿠에 담긴 인생의 의미다.

대기근 기간에 우리 아버지 세대들은 여주(열대원산 과일 중 하나로, 수세미와 비슷한 박과 식물 - 옮긴이)를 먹었다. 여주는 사실 너무 써서 먹을 수 없는 과일이었지만, 먹을 것이라고는 그것밖에 없었기에 배를 채우기 위해서 먹었던 것이다. 아버지는 지금도 가끔 여주를 드시며 쓴 맛의 의미를 되새기곤 하신다.

이처럼 중국인들은 신파 같은 사연을 하나씩 가지고 있다.

꼼지락거리고 몸을 비틀었다고 선생님께 맞을 때도 츠쿠, 낮잠을 자지 않는다는 이유로 선생님께 발로 차여도 츠쿠다. 그런 일을 당했다고 집에 와서 이른 적은 한 번도 없었지만, 아침에 유치원에 가기 싫다며 바짓가랑이를 붙들고 매달릴 때 아버지는 눈치채셨을 것이다. 30년이란 세월이 지난 뒤에야 아버지는 내게 그때 유치원을 그만두게 할 생각까지 했다고 털어놓으셨다. 그러나 아버지는 동정한다고 현실의 문제가 해결되는 건 아니라고 생각하셨다. 살다 보면 아무런 잘못도 없이 고초를 겪을 때도 있게 마련이다. 그러니 어떻게든 견디고 살아남는 법을 배워야 한다. 나를 구하러 오는 사람은 없다. 아버지가 나를 도와줄 생각을 전혀 하시지 않은 건 아니었을 것이다. 그럼에도 그는 내가 츠쿠를 배우길 바라셨다. 스스로 이겨내기를 원하셨던 것이다.

문제는, 내가 아시아인 특유의 강인한 정신력을 가졌음에도 불구하고 그다지 똑똑하거나 수학에 소질이 있지 않았다는 점이다. 나는 다른 아이들이 쉽게 알아듣는 기본적인 개념도 이해하려면 며칠을 생각해야 했다. 중학교 때는 틈만 나면 도서관에서 시간 가는 줄 모르고 책을 읽었지만, 친구들 70%가 통과하는 독해력 시험에서 낙제했다. 고등학교 때는 물리학과 컴퓨터를 제일 못했다. 이 두 과목의 첫 시험에서 창피하게도 겨우 60점을 받았다. 기계공학자인 아버지가 시간 나는 대로 틈틈이 가르쳐주시긴 했지만, 영어와 독해는 부모님도 어쩔 수 없었다. 결국 나는 밤늦게까지 셰익스피어를 독파하고 작문 교본을 공들여 읽었다.

나는 다른 아이들보다 10배 더 노력해야 한다는 사실을 알고 있었다. 그래서 여름을 포기하고 특강을 들었다. 그렇게 하다 보니 매학년 초가 될 때마다 공부할 분량이 조금씩 줄어들었다. 나는 더 많은 시간을 들여 배운 내용을 소화하기 위해 애썼다. 남는 시간은 연습문제를 풀며 교과서를 완전히 내 것으로 만들려고 노력했다. 고등학교를 졸업할 무렵, 60점 맞던 과목의 점수가 90점대로 올랐으니 망정이지, 그렇지 않았다면 악명 높은 워털루 대학교의 컴퓨터공학과에 들어갈 수 없었을 것이다. 물론 덕분에 공부할 분량은 말도 안 되게 불어났지만. 나는 실험실과 스터디룸과 도서관의 붙박이가 되었고, 한번 자리에 앉으면 12시간씩 학업에 매달리며 밤을 꼬박

새울 때도 있었다.

다행히 보람이 있었다.

고등학교 때 나는 높은 점수가 곧 성공에 이르는 급행열차의 승차권이라는 것을 알게 되었다. 그래서 대학교에 들어간 뒤로도 인턴십 과정에서 수당도 없는 초과 근무를 계속했다. 그러는 바람에 학과 점수는 좋지 않았어도, 남들보다 빨리 정식 직원으로 채용됐다. 사장은 시원치 않은 내 성적에는 별다른 관심이 없었다. 그가 나를 고용한 건 일을 대하는 나의 태도가 매우 비정상적이었기 때문이었다. 추가 업무가 들어올 때마다 나는 늘 외쳤다. "좋아, 한번 붙어보자고!"

단, 오해하지 마시라. 열심히 일해서 성공했다고 자랑하려는 게 아니다. 한참 뒤에야 깨달은 사실이지만, 내가 열심히 일했던 것은 두려움 때문이었다. 이번이 평생 단 한 번의 기회일 것 같아 절대로 놓칠 수 없었다. 또한 아버지에게 부담을 안기게 될까 두려웠다. 아버지는 캐나다에서도 중국에 있는 대가족을 부양하고 계셨는데, 내가 잘못되면 우리 가족 모두 어느 순간 다시 가난한 시절로 되돌아갈지도 몰랐다. 그렇게 되면 가난에서 벗어나기 위해 발버둥 쳤던 아버지의 희생이 물거품이 될 터였다.

영화 〈아폴로 13호 *Apollo 13*〉에서 관제센터 본부장 역을 맡았던 배우 에드 해리스 Ed Harris는 회고한다.

"실패는 선택지가 아니었다."

결핍 의식 vs. 특권 의식

내 주변 아이들의 진로는 나와 전혀 달랐다. 그들은 여름 캠프에 가고 졸업 기념으로 자동차나 유럽행 티켓을 선물로 받았지만, 대학교를 졸업한 후에는 실업자 신세로 부모님 집 지하에 빌붙어 생활했다. 그들을 보면서 나는 당황했다. 가난하게 시작한 나는 중산층으로 올라섰는데, 중산층에서 시작한 그들은 적어도 나보다 나아야 되는 것 아닌가?

어째서 그들이 그런 결과를 맞게 되었는지 곰곰이 생각해 봤다. 나중에 알게 됐지만, 그들에게는 실패에 대한 뿌리 깊은 두려움이 전혀 없었다. 어떤 식으로 삶을 개척해 나갈 것이냐고 물으면, 그들은 이렇게 말했다. "몰라. 어떻게든 되겠지", "일은 내 체질이 아닌 것 같아." 그들의 선택지에는 분명 '실패'도 들어 있었다.

나는 결핍이 당연한 환경에서 태어났다. 하지만 앞서도 말했듯이 결핍은 전화위복의 계기가 되었다. 상황이 계속 안 좋아지리라는 걸 알았기에, 나는 결핍 의식을 통해 돈이 귀중하다는 것을 알았고, 안정적이고 자유로운 삶을 바란다면 어떻게든 돈을 벌어야 한다는 사실을 절감했다.

내 또래 밀레니엄 세대를 흉볼 생각은 없다. 우리는 그렇지 않아도 아주 오랫동안 '미미미 제너레이션Me Me Me Generation'이라고 불리며 따가운 눈총을 받았고, 특혜를 권리로 착각한다는 핀잔도 많이 들었다. 이런 비난은 우리가 막 사회생활을 시작하던 바로 그 시기에 벌어진 경제 붕괴를 고려하지 않은 터무니없는 일반화의 오류다.

하지만 나조차도 때로는 내 친구들과 다른 행성에서 사는 것 같을 때가 있다. 개발도상국에는 가난한 사람들을 위한 사회안전망이라는 게 없다. 하지만 지금 이곳에는 기댈 시스템이 있다. 이건 분명 대단한 특혜다. 하지만 특혜를 권리로 아는 특권 의식 Entitlement Mindset 이 더 이상 통하지 않을 때, 사람들은 도움에 의존하게 된다. 도움을 주는 사람은 주로 부모이지만.

미국 뉴 햄프셔 대학교 경제경영학 교수 폴 하비 Paul Harvey 에 따르면, 특권 의식이 강한 사람들이 좌절감을 느끼는 가장 큰 이유는 기대치가 충족되지 않기 때문이다. 자신이 특별하다고 믿으면서 그래서 자신만의 열정을 찾아내어 그것을 완벽한 직업으로 삼으면 그만이라고 생각하는 순간, 재앙이 시작된다. 사실 세상은 당신에게 빚진 것이 없다. 세상이 필요로 하는 기술을 개발해 낼 때만 당신은 특별해질 수 있다. 그러기 위해서는 집중력과 용기와 장기적인 노력이 필요하다. 도중에 다른 사람들로부터 도움을 받을 수는 있지만 우리 자신을 구하는 것은 결국, 우리 자신이다.

스스로 구하라

나는 스물두 살이 되어서야 수영을 배웠다. 그리고 서른 살에 은퇴한 후 스쿠버다이빙 자격증을 딴 나는, 이제 태국과 캄보디아, 카리브 해, 갈라파고스 등지를 다니며 다이빙을 하고 있다. 그런 나를 본 친구들은 모두 놀라워했다. 얼마 전까지만 해도 내가 물을 몹시 무서워했다는 걸 아니까 말이다.

　내가 살았던 중국의 작은 마을에는 수영장이라는 게 아예 없었다. 캐나다에서도 몇 번 물에 빠져죽을 뻔한 후 죽어도 수영은 하지 않을 거라 혼자 다짐했다. 물에 대한 두려움을 이겨보겠다고 결심한 것은 어른이 되고 나서였다. 몇 번의 망설임 끝에 큰맘 먹고 YMCA에 등록했다. 처음에는 어린 시절 아버지가 보내주신 소중한 생일카드를 품듯 킥보드를 가슴에 꼭 안고 놓지 않았다. 그런데 어느 날, 조교가 내 손에서 킥보드를 매정하게 낚아챘다.

　"배가 난파돼 바다에 빠졌을 때도 어디선가 킥보드가 요정처럼 나타나길 바랄 건가요?"

　틀린 말은 아니었다. 언제까지나 킥보드에만 매달릴 수는 없었다. 그리고 해냈다. 헤엄치는 법을 터득한 건 내가 해낸 일 중 가장 자부심을 가질 만한 업적이다.

　일이 틀어질 때 반드시 대비책이 있다는 보장은 없다. 직장에서 내 자리가 불안해지고 순식간에 연금이 날아갈 상황에 처했을 때, 정부나 회사가 대책을 마련해 주기만을 기다리며 손놓고 있을 수는 없다. 내 블로그의 구독자들 중에는 어려운 상황을 이렇게 저렇게 벗어난 경험담을 보내오는 이들이 많다. 그중에는 누군가로부터 꾸준히 도움을 받은 사람도 있고 혼자 분투한 사람도 있다. 하지만 결국은 모두 자신의 힘으로 헤쳐 나왔다. 가령 이런 경우다.

　캐나다 앨버트에 사는 수전은 블루칼라인 부모 밑에서 성장했다. 그녀의 아버지는 온 가족이 어렵게 번 돈을 사업에 투자해 날린 후, 실의에 빠져 술만 마셨다. 가난에 시달리다 못한 나머지 가족들은 아버지를 외면했다. 그녀는 암담했지만 당황하지 않았다. 4년제 대학에 갈 형편이 안 돼서 전문대학에 진학한 그녀는 아르바이트로 등록금을 마련했으며, 2년 만에 학위를 받았다. 졸업 후 운송회사에 취직한 그녀의 연봉은 3만 5,000달러였다. 나중에 프로그래머 자격증을 취득해 소프트웨어 개발자가 된 후에는 연봉 4만 5,000달러를 받았다. 수전은 거기서 멈추지 않았다. 그녀는 그곳에서 7년을 근무한 후 다시 자격증을 취득해 '프로젝트 관리 전문가^{Project Management Professional, PMP}'라는 직함을 경력에 추가했고, 덕분에 연봉 10만 달러를 받는 컨설턴트가 될 수 있었다. 수전은 자신의 불리한 사회적 배경에 아랑곳하지 않고 12년 뒤 자신의 분야에서 억대 연봉을 받게 된 것이다.

멜리사는 어린 시절 시카고의 보호시설을 전전했다. 종종 굶을 때도 있어 건강을 제대로 챙기지 못했다. 학교 성적은 좋았지만 대학을 꿈꿀 수 있는 형편이 아니었다. 하지만 포기하지 못한 건 멜리사의 선생님들이었다. 선생님들은 그녀가 대입자격시험인 SAT와 ACT를 볼 수 있도록 대신 전형료를 내주었고, 그녀가 조기 대학 프로그램^{early college program}에 등록할 수 있게 도왔다. 멜리사는 무려 5개의 학사학위와 1개의 박사학위를 받았고, 현재 공공부문에서 억대 연봉을 받으며 일한다.

닉은 텍사스 댈러스에서 자랐다. 아버지는 유능한 영업사원으로 돈을 많이 벌었지만 빚도 많았다. 닉은 웬만한 아이들은 꿈도 꿀 수 없는 멋진 환경에서 자랐는데, 막상 그가 대학에 가야 할 때쯤 아버지가 갑자기 직장을 잃었다. 등록금으로 내야 할 돈은 주택 구입과

가사도우미, 몇 대의 BMW에 모두 들어간 터였다. 난생처음으로 스스로 살 길을 찾아야 했던 그는 쉬지 않고 아르바이트를 하며 열심히 일해 대학 재학 중에 대출받은 학자금을 상당 부분 갚았다. 전망이 밝은 석유공학을 전공한 덕분에 닉은 졸업 후 1년이 채 되기 전에 나머지 대출금을 모두 갚을 수 있었다. 그는 아버지가 자신에게 돈을 물려주지 않은 것이 무엇보다 다행스러운 일이었다고 내게 말했다. 아버지를 닮아 돈을 물 쓰듯 한 그의 형제자매들은 많은 빚을 졌지만, 닉은 은퇴한 후 해외에 살면서 세계 여행을 다닐 만큼 확고한 포트폴리오를 구축했다.

자신만의 안전망을 구축하라

결핍 의식은 돈을 소중히 여기라고 가르친다. 특권 의식은 개인이 져야 할 책임감을 가볍게 만든다. 하지만 우리 모두는 일시해고나 아웃소싱 같은 의외의 불가항력으로부터 자신을 보호하는 법을 배워야 한다.

누구나 자구책을 마련할 수 있는 능력을 갖춰야 한다. 그러기 위해서는 자신만의 안전망을 구축해야 한다. 안전망은 우리에게 음식을 제공하고, 옷을 주며, 가끔 멋진 휴가를 떠날 비용까지 조달해 준다. 직장이나 정부의 신세를 지지 않아도 된다. 알겠지만, 직장이나 정부는 예전처럼 신뢰할 만한 대상이 아니다. 우리 자신이 안전망이 되면, 결핍 의식으로 시작하든 특권 의식으로 시작하든 문제가 되지 않는다. 어느 쪽이든 우리가 이긴다.

나는 대학을 졸업한 지 9년이 지나서야 이러한 사실을 깨달았다. 그때까지는 잘못된 시작과 후회스러운 결과와 실수가 반복되는 파란만장한 여정이었다. 새 직장으로 출근한 첫날, 나는 이제 고생은 끝났다고 생각했다. 이제부터는 만사가 순조로울 것이다, 지겨웠던 츠쿠 시절도 과거지사다 하며 말이다.

하지만 결론부터 말하자면, 상상도 못했던 난관이 막 시작되고 있었다.

2부

중산층에서
도약하는 법

7장

전직 핸드백광의
고백

나는 지금 결핍 의식과 그 영향에 대해 이야기하고 있다. 하지만 사실 내가 언제나 돈 관리를 잘했던 것은 아니다. 나처럼 개발도상국에서 가난하게 지내다가 선진국으로 이민을 온 사람들은, 내가 '이민자의 금전적 반발 효과Immigrant Money Rebound Effect'라고 이름 붙인 현상을 겪는다.

우선 우리가 살고 있는 세상이 풍요롭다는 사실을 알게 되면서 충격을 받는다. "맙소사, 이거 코카콜라 캔이잖아!" 둘째, 열심히 일해서 중산층이 되어도 그 돈을 정부가 몰수해 가지 않는다는 사실에 놀란다. "이 돈을 내 마음대로 쓸 수 있다고?" 세 번째, 서구식 과소비로 들어가는 자기파괴적인 성향을 마주하게 된다. "전부 사버리고 말 테야!"

첫 번째 풀타임 직장을 얻은 후, 나는 여자들 사이에서는 핸드백이 부의 상징이라는 사실을 처음 알았다. 동료 하나가 루이비통^{Louis Vuitton}을 들고 시위하듯 사무실을 누비면, 같은 여성 동료들은 그를 마치 영국의 여왕처럼 받들었고 상표가 또렷한 그 전리품을 쓰다듬으며 감탄사를 연발했다.

핸드백은 '성공'의 징표였다. 나도 성공했으니 하나 가져야겠다고, 아니 가질 '자격이 있다'고 생각했다. 브랜드는 코치^{Coach}로 정했다. 나는 곧 코치 전문가가 되어, 위조품을 구분하는 요령도 터득했다. 일련번호만 보고도 핸드백이 제조된 곳을 구분해 냈다. 머잖아 스무 발짝 떨어진 곳에서도 사람들 팔에 걸린 핸드백의 원산지와 모델을 금방 식별할 수 있게 되었다.

나는 거의 강박적이 되었다. 코치 핸드백을 하나 살 때마다 그 안에 얼굴을 통째로 들이밀고 숨을 크게 들이켰다. 분명히 말하지만, 절대로 미친 것은 아니었다. '흐음~ 신상 핸드백의 향기라니!'

어느 날 컴퓨터 앞에 앉아 모니터를 뚫어져라 보고 있는데 브라이스가 퇴근해 집으로 들어왔다. 나는 그에게 이리 와보라고 손짓했다. "이거 진짜 페넬로페야, 자카드 패브릭에 올 브라스 하드웨어라고!" 그는 마치 머리가 둘 달린 괴물을 보듯 나를 뚫어지게 바라보더니 말했다. "도대체 무슨 소리를 하는 거야?" 나는 물러서지 않았다. "이것 좀 봐봐!" 모니터 속에서는 열여덟 살짜리 아가씨가 박스에서 갓난아기를 꺼내 안 듯 조심스럽게 코치 페넬로페 가죽 사첼백을 꺼내며 황홀한 표정을 짓고 있었다. "그게 다야?" 브라이스는 어이없다는 듯 물었다. "그냥 박스에서 핸드백을 꺼내는 거잖아." 나는 대꾸하지 않았다. 이미 신용카드 정보를 입력하기 바빴으니까.

지금에서야 하는 말이지만, 그때 내 상태는 심각했다. 쇼핑은 쾌락을 유발하는 호르몬 '도파민'의 분비를 촉진시키는 가장 쉽고도 빠른 방법이다. 도파민은 맛있는 것을 먹거나 섹스를 하거나 마약을 하거나 뭔가 자랑스러운 일을 해냈을 때 분비되는 화학물질이다. 나는 완전히 낚였다. 아무 생각 없이 지갑만 열면 됐다. 지루한 일을 참을 필요도, 기술을 제대로 익히지 못해 절망할 필요도 없었다. 인간관계에 기복이 있어도 상관없었다. 달리 어떤 것을 '할' 필요가 없었다(이런 일이 일어나는 신경학적 이유는 8장에서 자세히 다루겠다). 간단히 말해서, 코치 핸드백을 사는 동안만큼은 영락없는 실험실의 쥐였다. 두뇌와 연결된 전극의 빨간 버튼이 눌릴 때마다 쾌감 수용체가 켜진 것이다. 아주 쉬웠다.

불과 몇 주 동안, 나는 핸드백을 다섯 개나 샀다. 하나를 살 때마다 새롭게 장만한 핸드백 덕분에 며칠을 들뜬 기분으로 지냈다. 하지만 그런 종류의 행복은 오래가지 않았다. 금방 싫증이 난 나는 새 핸드백을 다시 탐색했다. 새로운 표적을 찾는 헌팅은 사람을 도취시켰지만, 좋은 기분을 지속시키지는 못했다. 내가 아는 많은 이민자들이 나와 비슷한 경험을 했다. 굶주린 사람이 골든코럴 Golden Corral(뷔페 체인점)로 차를 모는 것과 같다. 그들은 배가 터질 정도로 먹는다. 주체가 되지 않는다. 나도 거의 그 수준이었다.

어느 날 나는 또 다른 핸드백을 살피고 있었다. 그때 눈의 초점에서 벗어난 한쪽 구석에 무언가가 보였다. 마시다 만 코카콜라였다. 캔을 집어 드는데, 초인종이 울렸다. 나는 캔을 팽개치듯 내려놓고 택배기사로부터 신상 핸드백을 받은 뒤 서둘러 확인했다.

순간, 마음 한구석이 무너져 내렸다. 이 나라에 처음 왔을 때 내게 코카콜라는 무엇과도 바꿀 수 없는 소중한 보물이었다. 20년이 지난 지금 나는 그 소중했던 코카콜라를 없어도 그만인 물건으로 취급하고 있었다. 순전히 비어 있는 가방 하나 때문에.

그렇게 변한 내 모습이 싫었다. 나는 새 가방을 내려놓고 막 결제를 마친, 다음 핸드백의 주문을 취소했다. 그다음 그놈의 코카콜라를 마지막 한 방울까지 마셨다.

과거는 중요하지 않다

지금까지 내가 들었던 인생 충고 중에 최고는, 마리오 칼라프Mario Khalaf의 것이다. 마리오는 브라이스가 다니는 컴퓨터 칩 디자인 회사의 새 매니저였다. 브라이스는 그와의 첫 만남을 위해 캘리포니아 산호세로 갔다. 마리오는 실리콘밸리에서 '특이한 사람'으로 통했다. 사내에선 골치 아픈 문제가 생길 때마다 사람들이 그를 찾았기에 '해결사'라고도 불렸다. 브라이스는 비행기에서 생각했다. '어떤 사람일까? 그가 무슨 제안을 할까? 혹시 사이코패스는 아닐까?'(놀랄지 모르지만 고위 관리직에서는 흔한 증세다) 흠은 있게 마련이지 않은가? 사슬의 높은 곳으로 올라가면 분노를 터뜨릴 대상을 찾을 수밖에. 하지만 영업부부터 고객지원팀, 법인팀, 기술부에 이르기까지 사내 모든 사람 중에서 마리오를 싫어하는 이는 하나도 없는 것 같왔다. 이들 네 부서는 의견이 맞는 구석이 전혀 없는데도 말이다!

어쨌든 문제의 발단은 어떤 큰손 고객이었다. 그는 3억 달러짜리 계약을 파기하겠다고 위협했다. 자신이 경영하는 회사의 서버가 다운됐는데 그것이 이 회사의 제품 때문이라는 것이다. 모두가 허둥대면서 쓸데없는 회의를 소집하고 화살을 피하기 위해 남 탓만 하고 있었다. 야단법석이었지만 실제로 문제를 해결하는 데는 아무도 관심이 없는 것 같았다. 마리오가 도착한 것은 그때였다.

"이것 보세요. 누구의 잘못인지는 중요하지 않아요. 나는 그런 데는 관심이 없습니다. 그렇다면, 이제 뭘 해야 할까요?"

모두 입을 닫았다. 책임 소재를 따지지 않겠다고? 의외의 선언에 사람들은 어안이 벙벙했다. 정치적 득실을 부지런히 따지던 그들의 머리는 서서히 엔지니어링 모드로 바뀌어갔다. 누군가가 지나간 실수를 들춰내려 할 때마다, 마리오는 그 사람의 입을 막았다. CEO도 예외는 아니었다. 그는 모든 사람의 시선을 앞으로만 향하게 했다. 위기가 서서히 끝나갈 무렵, 서로의 목에 칼을 들이대던 사람들은 등을 두드려주며 격려했다.

브라이스가 그의 일처리 방식에 감탄하자, 마리오는 답했다. "전쟁 통에서 자랐거든요." 그는 1970년대부터 2000년대 초까지 레바논에서 살았다. 레바논의 역사는 끔찍한 내란과 지긋지긋할 정도로 일상화된 전쟁의 반복이었다. 사람들이 밀집한 시장에서 폭탄이 터지고 건물이 날아갈 때 지난 일을 따지고 있을 여유가 있겠는가? "우리가 왜 하필 오늘 이 시장에 왔지?", "이 동네에서 살자고 한 사람이 누구야?" 같은 질문은 의미가 없다. 선택은 두 가지뿐이다.

1) 양동이에 물을 담아 들고 달려가 불을 끈다.

2) 그저 사람들이 죽어가는 모습을 지켜본다.

마리오의 가족은 다행히 미국으로 이주했다. 이제 그가 다뤄야 할 유일한 폭탄은 다양한 의견을 가진 사람들의 갈등이었지만, 전쟁통에서 겪었던 경험이 뼛속 깊이 스며들어 그의 삶을 바꾸어놓는 한마디로 남았다. "과거는 중요하지 않다. 이제 무얼 할 것인가?"

자신의 재무 형편에 대한 구독자들의 후회는 변명에서 특히 두드러진다. "빚이 너무 많아요.", "전공을 잘못 택했어요.", "바꾸기엔 너무 늦었어요." 무슨 말인지 안다. 실수한 거다. 그런데 실수는 나도 한다. 우리는 인간이니까. 그러나 성공하는 사람이 남들과 다른 점은 마리오처럼 일어나지도 않은 불상사를 미리 가정해 놓고 걱정하는 데 시간을 허비하지 않는다는 점이다. 그들은 해결책을 찾는 데 시간을 들인다. 자신이 얼마나 추락했는지는 걱정하지 않는다. 그저 앞만 보고 올라갈 뿐이다. 빚이 있더라도, POT 점수가 낮은 전공을 택했더라도, 옴짝달싹하기 힘든 처지에 있더라도, 이 말만 반복하라.

"과거는 중요하지 않다. 이제 무엇을 해야 할까?"

이제 무엇을 할 것인가

내 친구 조의 아버지는 태국에서 전자제품 소매 사업으로 성공했고, 어머니는 대학 교수였다. 하지만 조가 겨우 열두 살일 때 아버지의 사업이 결국 실패로 끝났고, 그의 가족은 새 출발을 위해 미국으로 이주했다. 여행가방 세 개가 그들의 짐 전부였다. 모두들 영어가 서툴렀기에 최저임금만 주는 자리도 얻기가 쉽지 않았다. 조의 아버지는 심야 시간대에 주유소에서 일하고 피자를 배달하는 등 잡다한 일을 전전했다. 가족 5명이 한 방에서 잤다. 더 이상 나빠질 수 없을 만큼 최악의 궁지에 몰린 것은 조의 아버지가 피자 배달을 나갔을 때였다.

고객이 돈을 내지 않자 조의 아버지는 피자를 줄 수 없다고 버텼고, 고객이 야구방망이를 휘두른 것이다. 처음에 조의 아버지는 병원에 가지 않겠다고 고집을 피웠다. 의료보험이 없었기 때문이다. 그러나 통증이 너무 심해진 나머지 있는 돈을 전부 털어 부러진 팔을 수술할 수밖에 없었다. 그것이 끝이 아니었다. 한 팔에 깁스를 하게 된 조의 아버지는 더 이상 운전을 할 수 없게 되었고, 결국 부모님 두 분 모두 실업자가 되었다.

그들은 자포자기하고 태국으로 돌아가기로 마음먹었다. 그러던 어느 날, 그들의 운명이 뒤바뀌는 순간이 왔다. 조의 어머니가 우연히 매물로 나온 식당을 본 것이다. 집에서 차로 45분 거리에 있는 곳이었다. 식당을 내놓은 사람은 이혼 소송으로 현금이 급해져, 원래 제시했던 1만 6,500달러를 9,000달러로 깎아주었다. 평소 검소하게 산 조의 부모님은 다행히 계약금 5,000달러를 지급할 수 있었다.

식당 경험은 전무했지만 그들은 일단 부딪혀 보기로 했다. 조의 아버지는 요리를 배웠고 어머니는 계산대를 맡았다. 아이들은 저녁과 주말에 일손을 보탰다. 옹색한 식당이었지만 이를 통해 두 부부는 아이들을 모두 대학에 보낼 수 있었다. 태국에서 겪었던 실패를 생각하면 망설이다 돌아설 수도 있었다. 그러나 조의 아버지는 그렇게 하지 않았다. 그의 머릿속에는 코앞에 닥친 기회를 잡는 것 외에 다른 생각이 없었다.

빌의 경우도 마찬가지다. 2002년에 빌은 그저 파티를 좋아하는 스물한 살의 대학생이었다. 남자들이 즐기는 마약이란 마약에는 모두 손을 댔던 그는 아예 친구들에게 마약을 공급하기 시작했다. 어느 날 파티에서 마약을 흡입한 후 몽롱한 상태로 집에 도착한 그는 잠에 빠져들었다. 다음날, 빌은 약이 덜 깬 상태에서 눈을 떴고 수업에 늦지 말라고 당부하기 위해 친구에게 전화를 했다. 그런데 전화를 받은 건 그의 룸메이트였다. 그는 소리쳤다. "애가 죽었어! 죽었다고!" 나중에 밝혀진 사실이지만, 그가 전날 밤 파티에 가져갔던 마약에는 펜타닐fentanyl(마약성 진통제 혹은 마취 보조제)이 섞여 있었다. 일정량 이상을 섭취할 경우 호흡 곤란을 일으키는 물질이었다. 물론 빌은 그 마약에 펜타닐이 든 줄 몰랐지만, 어쨌든 그 때문에 친구가 자다가 죽고 만 것이다. "당장 도망가!"

그는 복도로 뛰쳐나갔지만 멀리 가지는 못했다. 복도 끝에서 다가오는 2명의 경찰관에 의해 빌은 수갑이 채워져 연행되었다. 그리고 '규제약물 공급으로 인한 과실치사' 혐의로 기소되어 10년 형을 언도받았다. 그의 부주의로 그날 여러 사람의 삶이 파탄 났고 두 가정이 망가졌다. 빌은 이제 끝났다고 생각했다. 감옥에서 풀려나면 서른한 살인데, 대학교 학위도 없는 서른한 살짜리 전과자에게 무슨 미래가 있겠는가?

그러나 그는 포기하지 않았다. 10년 형을 채우고 2012년에 출소한 빌은 밑바닥부터 시작했다. 복학한 후 상자를 쌓는 시급 9달러짜리 일을 구했고, 나중에는 스포츠웨어를 팔기 시작했다. 번번이 코앞에서 많은 문이 닫혔지만 굴하지 않고 도전한 끝에, 결국 한 달에 1,000달러를 벌게 되었고 그다음에는 1,500달러를 벌었다. 지금까지 순자산 25만 달러를 모은 그는, 이제 다른 사람에게 재테크를 가르치며 자신의 블로그 '웰스 웰 돈Wealth Well Done'에 실패를 딛고 회생하는 법을 소개하고 있다.

빌을 보면 세상에 극복할 수 없는 일은 없는 것 같다. 감옥에서 경찰을 탓하고 자신의 운을 비관하고 사회에 책임을 전가하며 세월을 썩힐 수도 있었지만, 그는 그렇게 하지 않았다. 엄청난 실수를 저질렀지만 뼈아픈 교훈을 되새기며 더욱 강인해졌다. 그는 마리오식 접근법의 전형이다.

전공을 잘못 택했거나 학위를 받지 못했는가? 알량한 월급에 매달려 근근이 버티고 있는가? 그렇다고 해서 세상이 끝난 것은 아니다. 그때야말로 소매를 걷어붙일 때다. 당신이 마음대로 할 수 있는 유일한 것은 지금 할 일을 하는 것이다.

빠져나갈 길은 어디에나 있다. 이것 한 가지만 기억하면 된다.

지난 일은 중요하지 않다. 이제 무엇을 할 것인가?

8장

도파민의 거짓말

한동안 핸드백에 홀렸던 것은 분명 실수였다. 그러나 후회하지는 않는다. 실수를 통해 나는 중요한 것을 배웠고 덕분에 돈과 행복에 관한 생각을 완전히 바꿨으니까.

첫 번째 핸드백을 살 때, 나는 몇 시간씩 유튜브를 뒤지며 꼼꼼히 따졌다. 라임그린 색이 은은한 페넬로페 쇼퍼백을 받아든 순간, 한껏 흥분해서는 심장이 터질 것만 같았다. 페넬로페 쇼퍼백은 처음 품에 안아보는 팬시 제품으로, 내가 중산층에 발을 들여놓았다는 것을 공식적으로 인정해 주는 물증이었다. 나는 잠도 안 자고 밤새 그 패브릭 냄새를 맡고 가죽을 어루만지면서 "내 보물! 어쩌고저쩌고"를 중얼거렸다. 더 자세히 쓰면 얼빠진 속내가 훤히 드러날 것 같으니 이쯤 하자.

그렇게 처음 구입한 물건으로 나는 합법적인 행복감을 맛보았다. 하지만 두 번째 구입한 금빛 애슐리 캐리올^{Ashley Carry-All}은 그렇지 않았다. 당황스러웠다. 검색하는 데 들인 시간도, 투자한 금액도 같았는데, 결과는 같지 않았다. 처음 같은 쾌감을 느낄 수 없었다. 다섯 번째 가방을 구입했던 때의 기분은 기억조차 나지 않는다. 얼마간의 시간이 흐르고 그 핸드백들이 전부 시시하다고 여겨졌을 때, 나는 결국 하나만 두고 모두 팔거나 남에게 줘버렸다.

나도 모르는 사이 '쾌락의 쳇바퀴'를 돌리고 있었던 것이다.

무언가 특별한 것을 구입하거나 연봉이 올랐을 때 기분이 좋은 건, 그로 인해 생활이 긍정적으로 바뀌었다는 생각이 들기 때문이다. 마찬가지로 타이어에 펑크가 나거나 건강이 나빠지는 등 안 좋은 일이 생길 때는 그런 일이 유발할 부정적인 변화에 실망하며 괴롭게 된다. 하지만 시간이 지나면, 우리는 변화된 기준에 익숙해져 원래 수준의 행복을 되찾는다. 심리학자 필립 브릭먼^{Philip Brickman}과 댄 코츠^{Dan Coates}, 로니 제노프-불먼^{Ronnie Janoff-Bulman}은 1978년에 실시한 한 연구에서 이런 현상에 처음 주목했다. 그들은 복권 당첨자들과 최근에 사고를 당해 하반신이 마비된 사람들을 대상으로 두 집단의 행복 수준을 추적했다. 예상대로 복권 당첨자들은 통제집단보다 행복의 체감도가 훨씬 더 높았고, 하반신 마비 환자들은 그에 비해 훨씬 낮았다. 그러나 시간이 지나면서 두 집단은 각각 자신이 처한 환경에 적응해 갔고, 1년 뒤 측정한 그들의 행복 지수는 운명이 바뀌기 전과 같은 수준으로 돌아와 있었다.

행복은 상대적이다.

이것을 이해하면 명품 핸드백을 구입했을 때 얻는 '수확체감의 법칙'이 우리 삶 모든 분야에 적용된다는 사실을 깨닫게 된다. 1970년대 뉴욕타임스 베스트셀러 《돈 사용설명서 *Your Money or Your Life*》의 저자 비키 로빈 Vicki Robin은 그녀의 이름을 온 세상에 알리게 되는 재테크 세미나를 개설했다. 비키는 청중들에게 그들이 실제로 버는 돈의 액수와 행복해지는 데 필요하다고 생각되는 돈의 액수를 적게 했다. 일반적으로 사람들은 그들이 현재 버는 돈의 2배가 있어야 행복할 것 같다고 답했다. 3만 달러를 벌든 10만 달러를 벌든 실제 소득은 중요하지 않았다. 그들이 생각하는 행복을 보장해 주는 임계치는 그들이 현재 받는 소득과 상대적이었다.

그렇다면 우리는 현재의 처지에 절대로 만족할 수 없는 것일까? 겉으로 보기엔 그럴 것 같다. 하지만 자세히 살펴보니 '쾌락의 쳇바퀴'에는 단순한 심리 현상 이상의 무언가가 있었다. 그것은 생화학적 반응이었다.

뇌를 탓하라

뇌는 복잡한 기계다. 신경과학자들은 최근에야 인간의 뇌를 조금씩 알아가기 시작했다. 그들이 나름 자신 있게 파악하고 있는 부분은 뇌의 보상체계 일부인 중변연계경로 mesolimbic pathway다. 갈망, 배고픔, 욕망, 쾌락 같은 감정을 유발하는 경로가 여기에 포함된다. 중변연계경로 덕분에 우리는 배고플 때 음식을 찾고 목마를 때 물을 마신다. 중변연계경로는 또한 필요한 것을 소유하게 될 때 나타나는 긍정적인 느낌을 강화한다.

중변연계경로는 도파민을 분비한다. 쾌락물질인 도파민은 중변연계경로를 통과하는 주요 신경전달물질이다. 좋은 일이 일어나면 도파민이 분비되면서 쾌감이 일어난다. 적어도 우리는 그렇게 생각한다. 하지만 실상은 좀 더 복잡하다. 중변연계경로에는 또 '아쿰벤스핵nucleus accumbens'이라는 도파민을 처리하는 보상체계가 있다. 아쿰벤스핵은 도파민에 민감한 신경경로를 수용하고 있다. 이 아쿰벤스핵이 바로 쾌락과 행복으로 가는 실질적 관문이다. 이런 차이 때문에 '더 많은 도파민=더 많은 행복'이라는 공식이 반드시 맞는 것은 아니다.

2006년 독일의 신경학자들은 아쿰벤스핵에 관한 실험을 진행했다. 이 실험을 통해 그들은 '쾌락의 쳇바퀴' 원리를 밝혀냈다. 그들은 피험자에게 원이나 삼각형 같은 단순한 물체를 식별하는 게임을 하게 했다. 그들이 이기면 1유로를 주고 지면 아무것도 주지 않았다. 게임을 시작하기 전 그들은 실험진으로부터 자신이 이길 확률이 얼마인지 들었다.

어쨌든 돈을 따기만 하면 그들 모두 좋아했을 것 같은가? 아니었다. 이길 확률이 100%라고 들은 이들은 게임에서 이겨 돈을 따도 fMRI상의 아쿰벤스핵 도파민 수용체에 아무런 반응도 나타나지 않았다. 반대로 이길 확률이 25% 정도로 낮다고 들은 이들이 돈을 땄을 때는 fMRI상 같은 도파민 수용체의 활동이 크게 활성화되었다. 그리고 이길 확률이 75% 정도로 높다고 들은 이들이 돈을 따지 못했을 때는 fMRI상 도파민 활동이 감소했다.

아쿰벤스핵은 긍정적인 자극뿐 아니라 그런 자극에 대한 기대에도 확실한 반응을 보인 것이다. 다시 말해, 쾌락의 기반은 뇌의 절대적 도파민 수치가 아니라 오히려 아쿰벤스핵이 예측한 도파민 수치에 대한 상대적 수치였다.

쾌락은 상대적이다. 절대적이지 않다.

코카인도 역시!

이 실험 결과는 〈보상 가능성에 대한 선형함수로서의 예측 오류는 인간의 아쿰벤스핵에서 정해진다*Prediction Error as a Linear Function of Reward Probability Is Coded in Human Nucleus Accumbens*〉라는 제목의 학술논문으로 발표됐다. 전직 엔지니어이자 현직 작가로서, 나는 이처럼 쉽게 이해할 수 없는 제목이 마음에 들기도 하지만 한편으로는 정나미가 떨어진다. 과학 전문용어가 따분하긴 하지만, 이 실험은 재무 문제와 관련해 인간 뇌의 보상체계를 연구한 몇 안 되는 시도다.

사실 중독과 관련된 연구 때문에 학자들도 인간의 중변연계경로에 관해서는 어느 정도 파악하고 있는 편이다. 특히 마약 중독의 원인을 파악하고 이를 해결하기 위해 미 마약단속국DEA과 질병관리센터CDC, 세계보건기구WHO 등이 지원하고 있는 코카인 연구들이 그렇다. 그러면 코카인은 어떤가?

코카인과 암페타민, 그 밖의 여러 가지 마약은 도파민의 재흡수와 재섭취를 방해하여 중변연계경로를 제압하고 쾌락중추를 과도

하게 자극하여 착란 상태로 몰고 간다. 그러나 아쿰벤스핵이 개입되면서 우리의 뇌는 기준을 새로 설정한다. 코카인을 섭취할 때 쾌감이 전처럼 강하지 않은 것도 그 때문이다. 기준선이 다시 조정된 것이다. 전과 같은 황홀감을 느끼려면 더 많은 코카인이 필요하다. 다음에 일어날 수 있는 일은 두 가지다. 첫째, 줄어든 약효에 시들어진 반응을 감수하다가 아예 복용을 그만둔다. 둘째, 용량을 2배로 늘린다. 중독자라면 처음의 황홀감을 좇는 것이 무엇인지 알 것이다.

쾌락의 쳇바퀴도 같은 방식으로 작동한다. 고가품에 돈을 쓸 때마다 약간의 황홀경을 맛본다. 아쿰벤스핵이 좋은 쪽으로의 변화를 감지하기 때문이다. 그러나 비싼 핸드백이나 TV, 엑스박스^{Xbox}를 구입해도 시간이 조금 지나면 금방 익숙해진다. 이후 비슷한 품목을 새로 구입할 때마다 얻게 되는 쾌락은 꾸준히 감소한다. 자극이 똑같다 해도 뇌의 기대가 증가했기 때문이다.

모든 소비의 결과가 같은 건 아니다

꼭 필요한 것도 아닌 물건에 너무 많은 돈을 쓰는 사람을 비난할 수밖에 없는 것도 이 때문이다. 실망했다면 미안하다. 하지만 여기서 배워야 할 것은 당신이 생각하는 것과는 조금 다를 것이다.

내게 일어났던 일을 이해한 뒤로 나는 이처럼 줄어드는 행복의 효과가 경험이 아닌 소유물에만 적용된다는 사실을 깨달았다. 어린 시절을 시골의 작은 마을에서만 지낸 탓인지 모르지만, 나는 여행을 유별나게 좋아한다. 브라이스와 나는 직장을 다닐 때 1년에 두 번 정도 계획을 세워서 유럽이나 카리브 해로 날아갔다. 휴가비는 평균 2,500달러 안팎이었다. 여행은 매번 멋졌다. 우리는 여행 안내서를 읽고 영화 〈사랑의 레시피*No Reservations*〉를 보며 다음 휴가를 기다렸다. 여행을 다녀온 뒤에도 현지에서 찍은 사진을 보고, 그때 적은 메모를 읽으면서, 희미하지만 기분 좋은 추억을 되살렸다. 그때마다 다녀오길 잘했다는 생각이 들었다. 잡다한 물건을 사들이는 데 돈을 쓸 때처럼 쾌락의 강도가 크게 줄지 않았다. 그래서 계속 여행을 했다.

나의 친구와 가족들도 그랬다. 물건을 많이 가질수록 그들은 더 우울해하며 스트레스를 받았다. 거꾸로 물건을 덜 소유하고 여행이나 새로운 기술을 배우는 데 더 많은 돈을 투자할수록 더 행복해하고 만족해했다. 소유는 처음엔 도파민의 폭발을 가져다주지만 아쿰벤스핵이 그런 느낌에 적응하고 나면 만족감이 시들해져, 결국 처음의 황홀감을 찾아 헤매게 만든다. 반면 돈과 시간을 경험에 쓰는 사람은 쓰는 돈에 비해 훨씬 더 멋진 기분을 맛보게 된다.

물건을 소유할 때는 종종 눈덩이 효과가 나타난다. 내게는 미술품을 수집하는 친구가 하나 있다. 그의 투자는 작품에 그치지 않는다. 그는 큰돈을 들여 액자를 구입하고, 작품을 걸어놓을 벽을 보강하는 데 돈을 쓰며, 작품의 의도를 살리기 위해 특수조명까지 설치하는 것도 모자라 보험까지 들며 계속 돈을 쏟아붓는다. 이 같은 예를 들자면 끝도 없다. 그리고 돈 들어갈 일이 생길 때마다 그는 자신을 '봉으로 아는' 집요한 장사꾼에게 분통을 터뜨린다.

모든 소비가 똑같은 결과를 낳는 것은 아니다. 돈이 아주 쪼들리는 형편만 아니라면, 집세나 식료품비, 난방비, 전기요금 등의 일상적인 비용은 별다른 행복이나 불행을 가져다주지 않는다. 이런 것들은 그저 삶의 배경을 이루는 기본적인 비용일 뿐이다.

소유물이든 경험이든, 소비는 삶에 새로운 것을 가져다줄 때 행복을 증가시킨다. 그것이 바로, '돈 쓰는' 재미다. 물건을 소유할 때는 그런 재미가 일시적이지만 경험할 때는 그렇지 않다.

행복을 손상시키는 소비도 있다. 보험이나 관리비처럼 무언가를 소유했을 때 따라붙는 소비. 홍수로 물이 찬 지하실이나 펑크 난 타이어에 돈을 쓰면서 기분 좋을 사람은 없다. 예상치 못한 비용이다.

어린 시절 나는 물건을 많이 소유하는 것이 행복의 조건이라고 생각했다. 콜라 캔 하나가 내게 그렇게 엄청난 행복을 가져다주었으니, 콜라 캔이 30개라면 행복도 30배가 되지 않겠는가! 하지만 그때 누군가가 정말로 내게 30개의 콜라 캔을 주었다면, 나는 뜻밖의 횡재에 겁을 먹고 우리 집 닭장 밑을 파기 시작했을 것이다. 그리고 현관을 지키고 앉아 누가 나와 내 가족을 죽이고 숨겨둔 그 보물들을 훔쳐가지 않을까 안절부절하면서 지나가는 사람들을 수상한 눈초리로 살폈을 것이다.

이것이 바로 소유의 문제다. 처음에는 소름이 돋을 정도로 기뻐도 갈수록 시큰둥해진다. 소유한 물건이 고가일 때는 곧바로 걱정거리로 변한다. 망가지기라도 하면 돈을 들여서 고쳐야 한다. 닭 한 마리가 내 코카콜라 캔을 쪼아 구멍을 낸다면 나는 녀석의 목을 비틀어버렸을 것이다. 그러면 캔 하나와 닭 한 마리가 사라진다. 원래대로 해놓으려면 비용이 든다. 소유물이 돈 쓰는 재미를 예상치 않은 비용으로 바꾸는 것이다.

미술품을 수집하는 내 친구만 해도 그렇다. 첫 작품을 손에 넣었을 때 그는 너무 행복해서 가슴이 벅차올랐다. 그러나 시간이 흐르면서 그 행복감은 시들해졌다. 그의 아쿰벤스핵이 적응했기 때문이다.

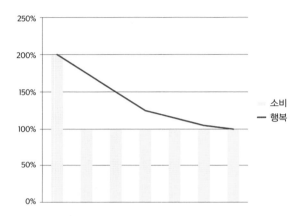

값비싼 물건으로 인해 보험료와 유지비가 들어갔지만, 그런 비용이 그를 행복하게 해주지 않았다. 오히려 정반대의 효과만 냈다.

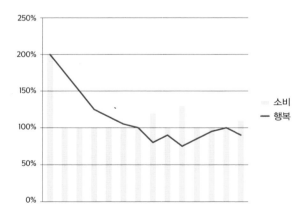

반면, 경험에 돈을 쓸 때는 그렇지 않다. 경험이 매번 다르므로 행복감이 매번 올라간다. 뿐만 아니라, 그 경험이 끝난다고 해도 소유한 물건이 없기 때문에 그 경험을 보호할 일도 없다. 그러니 돈 쓰는 재미가 예기치 않은 비용으로 바뀌는 일도 없다. 오히려 소비와 행복의 패턴은 다음처럼 된다.

소비를 줄일 때 발생하는 일

이를 깨닫는 순간, 머릿속에서 어떤 가능성의 빛이 '반짝' 떠올랐다. 모든 소비가 똑같은 결과를 만드는 것이 아니라면, 소비를 줄인다고 해서 무조건 마음이 상하는 것도 아니지 않을까? 어떤 소비가 행복을 증가시키지 않는다면, 그런 소비를 제거해도 별다른 문제가 없지 않을까? 어떤 소비가 행복을 줄인다면, 그런 소비를 없애면 더 행복해지지 않을까?

예산 책정은 다이어트와 비슷하다. 소비를 줄이면 행복도 줄어든다. 그러나 식사량을 줄여 몸이 가벼워지면 행복감은 오히려 커진다. 소비를 줄인다고 꼭 손해를 보는 것은 아니다.

어느 여름, 캐나다 토론토의 지하철을 운영하는 토론토교통국Toronto Transit Commission 직원들이 파업을 결의했다. 토론토의 지하철은 몇 주 동안 멈췄고 TV에서는 성난 시민들이 성토하는 모습이 자주 등장했다. 나는 택시비에 매일 돈을 쓰기보다 일터까지 조깅을 하기로 마음먹었다. 생각만큼 많은 시간이 소요되지 않았고 힘들지도 않았다. 자연스럽게 몸무게가 줄어 헬스클럽 회원권도 취소했다. 결국 지하철이 운행을 재개한 뒤로도 계속 조깅으로 출근한 덕분에 그해 여름 매달 200달러 가까이를 절약했다. 건강도 아주 좋아졌다. 통장의 두둑한 잔고를 보는 즐거움은 덤이었다.

2장에서 이야기한 벽장 연습을 생각해 보라. 우리는 한 달 동안 꺼내 입은 옷을 따로 분류하여 옷의 사용빈도를 추적했다. 근데 만약 당신의 옷장에 불이 났다면 어떻겠는가? 왼쪽에 있는 옷들이 탔다면? 속상하긴 해도 어차피 자주 입는 옷이 아니니 일상생활에는 별다른 영향을 받지 않을 것이다. 하지만 오른쪽에 있던 옷이 전부 탔다면? 그 옷들은 자주 입는 옷이었기에 어떤 옷을 입을지 고를 때마다 재가 돼버린 그 옷들이 생각날 것이다.

모든 소비가 똑같은 결과를 가져오는 건 아니다. 마찬가지로 모든 지출 삭감이 똑같은 결과를 가져오는 것도 아니다. 어떤 삭감은 큰 상심을 안기지만, 또 어떤 삭감은 아무런 상처도 주지 않는다.

내게 맞는 예산

한 가지 고백할 것이 있다. 나는 개인적으로 재테크 관련 서적을 좋아하지 않는다. 그런 책들은 대개 돈을 함부로 쓰지 못하게 해, 매일 아침 커피 한 잔을 사 마실 때도 죄책감을 느끼게 만든다. 커피 한 잔에 지출할 3.5달러를 다른 곳에 투자하면 30년 뒤에는 10만 달러가 될 것 아닌가!

젠장. 수학을 못 믿는 것은 아니지만 그건 사실 너무 쉽게 싸잡아 말하는 무책임한 충고다. 커피에 전혀 관심이 없는 사람도 있다(내가 그렇다). 그러나 커피라면 사족을 못 쓰는 사람도 있다. 그들은 커피 한 잔으로 하루가 즐거워진다. 나는 쓰촨성 출신이다. 그곳에는 모든 음식에 고추기름을 뿌린다. 누군가가 나더러 매운 음식이 수명을 단축시킨다고 말한다면 나는 이렇게 대꾸할 것이다. "좋아하는 음식도 못 먹으면서 오래 살면 뭐해?"

예산 책정의 핵심은 누군가가 정해놓은 틀을 흉내 내는 것이 아니라, 자신에게 맞는 예산을 찾아내는 것이다.

1단계: 행복감을 주지 않는 소비 항목을 제거한다

우선, 줄이기 쉬운 항목을 찾아라. 월별 소비를 따져보고 삶의 질에 큰 영향을 주지 않으면서 쉽게 제거할 수 있는 지출을 찾아보라. 은행수수료가 좋은 사례다. 수수료가 없는 온라인 은행이나 신용조합에 구좌를 개설하면 된다(그러면 기분도 아주 좋아진다).

일단 해보라. 하다 보면 미처 인지하지 못했던 소비 항목이 눈에 띌 것이다. 내 말을 듣고 나의 친구 한 명은 더 이상 소유하지 않는 웹사이트를 호스팅하는 데 자신이 여전히 돈을 내고 있다는 사실을 알아냈다.

여기, 당장 삭제할 수 있는 소비 항목이 몇 가지 있다.

- 은행수수료
- 더 이상 이용하지 않는 것에 대한 구독료
- 시청하지 않는 채널에 대한 케이블 패키지 비용
- 일반전화(아직도 사용하는 사람이 있나?)

2단계: 불편해도 곧 익숙해질 소비 항목을 제거한다

없으면 당장은 불편하겠지만 차차 익숙하게 될 항목은 없는지 찾아보라. 나는 조깅으로 출근하는 방법을 찾아냈다. 집에서 요리하거나 자전거로 출근하거나 신제품 대신 중고제품을 구입하는 것도 생각할 수 있다. 적응하는 데 시간이 필요하겠지만, 아쿰벤스핵이 개입하기 시작하면 행복 지수가 원래대로 돌아올 것이다.

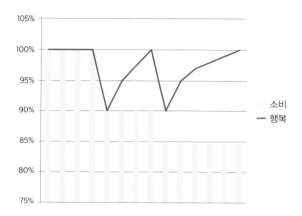

전반적인 삶의 질에 두고두고 영향을 미칠 거라 생각될 때만 줄일 수 있는 소비 항목이 있다. 어떤 이유로 매운 쓰촨 음식을 먹지 못하게 된다면, 나의 행복 지수는 이런 식이 될 것이다.

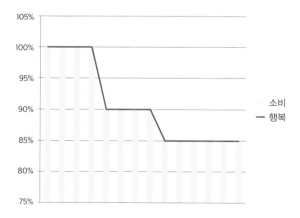

개인적으로 줄일 수 있는 소비를 찾아내는 것이 예산을 제대로 책정하는 비결이다. '커피를 마시지 않으면 되지!' 같은 건 바보 같은 결정이다. 소비는 개인적인 이유로 이루어지는 행위라서 다른 사람이 아무리 뭐라고 해도 정답이 없다. 시간적 여유를 가지고 시도해 보되, 금단 현상이 너무 심하다면 당장 그만두어야 한다.

여기에 해당되는 것들이 몇 가지 있다.

- 직장에서 점심 사기
- 외식하기
- 친구들과 밖에서 어울리기
- 헬스클럽

3단계: 고가의 소유물 중 계속 돈이 들어가는 소비 항목을 제거한다

여기서는 값이 나가는 물건들을 꼼꼼히 들여다봐야 한다. 보험료나 주유비 등 유지비가 많이 들어가는 자동차 같은 항목들은 체크해볼 필요가 있다. 그래야 예상치 못한 비용을 줄이거나 없앨 수 있다.

차량 유지비를 절약하고 싶지만 갑작스러운 고장이나 사고 때문에 쉽지 않다고 하소연하는 사람들이 많다. 자세히 들여다보면, 차에 대한 지나친 의존도가 문제다. 차는 주차장을 벗어나는 순간 가치가 삭감된다. 움직이는 만큼 돈을 잡아먹는다. 라디에이터라도 망가지면 몇 달 동안 고생해서 모아둔 돈을 한꺼번에 털어 넣어야 한다.

차를 없애라는 말이 아니다. 차에 들어가는 비용을 좌우하는 것은 차량의 소유 여부가 아니라 주행 거리다. 운행을 덜 하면 연료비와 유지비가 덜 들고 보험료도 내려간다. 자전거나 대중교통을 이용하는 등 차의 주행 거리를 줄일 방법을 찾을 수 있다면 차를 없애지 않고도 예상치 않은 비용을 대부분 줄일 수 있다. 게다가 건강도 좋아지고 환경에도 기여할 수 있지 않은가. 원래 목표는 다음과 같았는데,

다음처럼 바뀌는 것이다.

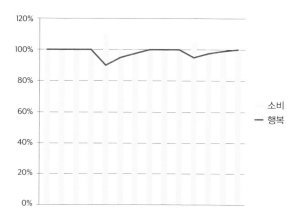

차 외에도 예상치 못한 비용을 발생시키는 흔한 소유물 중 하나는 집이다. 집은 같은 문제에서 다뤄야 할 두 번째로 중요한 사안이지만, 주제 자체가 크기에 9장에서 자세히 다루겠다. 간단히 말해, 사람들은 집이 언제든 제 가치를 인정받는 소유물이라는 점을 내세우면서 집에 들어가는 예상치 않은 비용을 정당화한다. 그래서 집을 소유하면 투자적 관점에서 비용이 상쇄되지만, 임대로 살면 결국 돈을 버리게 되는 거라고 말한다. 이러한 주장이 얼마나 터무니없는지는 다음 장에서 밝히겠다.

4단계: 돈 쓰는 재미를 안겨줄 소비 항목을 마련한다

이 단계에 이를 즈음이면, 없어도 크게 불편하지 않은 소비 항목을 찾아냈을 것이다. 또한 없어선 안 되는 것들도 알게 되어 이들은 다시 소비 항목에 포함시켰을 것이다. 그리고 3단계에서 당신은 자동차 같은 고가 물건을 살펴보면서 그에 대한 의존도를 줄이거나 완전히 없앴을 것이다.

그렇다면 이제 좀 즐겨보자. 지금까지 줄인 비용을 모두 합해 보라. 그다음 그중 일부를 돈 쓰는 재미를 느낄 수 있는 용도로 떼어놓으라. 구체적인 항목까지 결정할 필요는 없다. 그 돈은 하고 싶은 일이 있으면 그게 무엇이든 사용해도 되는 '즐거운 돈fun money'이다. 나와 브라이스의 경우 보통 여행비가 되지만, 다른 것도 얼마든지 될 수 있다. 콘서트에 가고 싶은가? 얼마든지 가라! 스쿠버다이빙을 하고 싶은가? 물론이다! 주말을 라스베이거스에서 보내고 싶다고? 중요한 것부터 먼저 해둔다면 못 할 것이 무엇이겠는가? 나는 물건을 갖는 것보다는 경험을 얻는 데 돈 쓰는 재미를 느껴 행복감을 지속시키라고 권하고 싶지만, 결정은 각자가 할 일이다. 어찌 됐든 돈 쓰는 재미를 느끼기 위해 떼어놓은 돈이 비용을 줄여서 절약한 돈의 액수보다 적다면, 돈을 절약하면서 행복감을 높이는 데 성공한 것이다!

뇌를 이해하고, 예산을 세워라

예산을 세우려고 하면 당장 골치부터 아프지만, 이제는 그럴 필요가 없다. 예산 책정은 단순히 소비를 줄이는 문제가 아니다. 그 전에 먼저 뇌에 관한 두 가지 진실을 알아두어야 한다.

- 소비를 통해 만족을 끌어내는 방식은 뇌가 결정한다.
- 인간의 뇌는 사람마다 다르다.

최적의 예산을 찾는 과정은 사람마다 다르다. 내가 세운 예산은 당신에게 맞지 않을 것이며, 그 반대의 경우도 마찬가지다. 그러나 도파민과 행복과 소비의 연결고리를 이해하고 이번 장에서 설명하는 단계를 따른다면, 다음과 같은 예산, 즉 너무 많은 것을 소유하는 바람에 높아진 기본비용과 예상치 못한 비용으로 인해 전전긍긍하게 만드는 전형적인 소비자의 다음과 같은 패턴을,

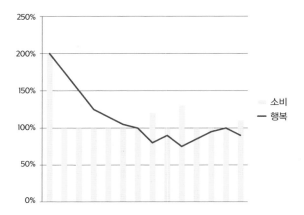

아래처럼 바꿀 수 있다. 여기 보이는 것은 기본비용이 낮고 예상치 못한 비용이 없어서 돈 쓰는 재미와 함께 행복한 삶을 꾸려가게 만들어주는 예산이다.

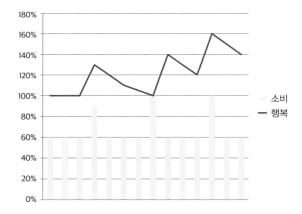

이렇게 생활하다 보면 돈을 도파민으로 바꿀 수 있는 효과적인 방법을 찾게 될 것이다. 당신이 나와 크게 다르지 않은 유형이라면,

그렇게 함으로써 놀라운 해방감을 맛보고 생각했던 것보다 더 많은 돈으로 더 건강하고 더 행복한 삶을 누리게 될 것이다.

이제 논란의 여지가 있긴 하지만, 집을 소유하는 것이 왜 어리석은 짓인지에 관해 다음 장에서 이야기해 보자.

8장 요약

◆ 돈을 쓰는 행위는 중독성이 강하다. 우리의 뇌가 기대를 높이기에 소비가 반복될수록 같은 비용으로는 같은 양의 도파민을 얻을 수 없기 때문이다.

◆ 소비에는 세 가지 유형이 있다.

기본비용: 집세나 공과금 등 익숙한 일상적 비용. 이런 것들은 행복을 늘리지도 줄이지도 않는다.

예상치 못한 비용: 잘못된 무언가를 바로잡는 데 들어가는, 계획에 없던 비용. 행복을 줄이는 비용이다.

재미로 쓰는 돈: 가끔 쓰는 돈이지만, 행복감을 더해주는 비용이다.

◆ 예산을 책정하는 방식은 사람마다 다르다. 소비 항목 중 비용을 줄일 경우 크게 불편한 것과 그렇지 않은 것을 실험을 통해 직접 확인해야 한다.

◆ 나 자신에게 맞는 예산을 찾는 법

1단계: 행복감을 주지 않는 소비 항목을 제거한다.

2단계: 불편해도 곧 익숙해질 소비 항목을 제거한다.

3단계: 고가의 소유물 중 계속 돈이 들어가는 소비 항목을 제거한다.

4단계: 돈 쓰는 재미를 안겨줄 소비 항목을 마련한다.

MEMO

9장

집은 투자 대상이
아니다

앞에서 어린 시절 이야기를 많이 했다. 독자들 중에는 내가 중국에서 엄청난 고초를 겪었다고 생각할 사람도 있을 것이다. 당시 중국의 체제를 가혹하고 억압적인 통치 수단으로 묘사할 생각은 없었다. 다만 물질적인 제약을 많이 받다 보면, 돈이나 재산에 관해 좀처럼 납득할 수 없는 강박관념이 생길 수밖에 없다. 주택 문제를 대하는 중국인의 태도에서도 그런 특징을 발견할 수 있다.

굶주림이나 정치적 불안정으로 당장의 평화가 깨지게 되면, 돈을 다루는 방식이 보수적이 된다. 무엇 하나도 낭비할 수 없게 되고, 약간의 여유라도 생기면 저축하게 된다. 우리는 빚을 무서워한다. 그리고 이런 태도 덕분에 우리 가족은 새로운 사회와 문화에 쉽게 적응할 수 있었다.

다만 집 문제에 관한 한 이런 것들은 아무 소용이 없었다. 중국 문화에서 집은 재산상의 신분을 나타내는 가장 대표적인 상징이고, 힘들게 번 돈을 한 번에 쏟아붓게 만드는 유일한 투자 대상이다. 또한 집은 빚도 사양하지 않게 만드는 유일한 상품이기도 하다. 고작 1달러를 아끼려고 화장지에서 쿠폰을 오려내는 데 시간을 보내면서, 입찰 경쟁의 열기에 휩쓸려 제대로 따져보지도 않고 분양 아파트에 수십만 달러를 투척하는 친구들을 여럿 보았다.

이런 강박 증세에는 '적당'이라는 개념이 없다. 빚을 싫어하는 태도나 최소한의 생계비로 살아갈 수 있는 생활력, 교육에 대한 열의 등은 우리처럼 수많은 이민자 가족을 빈곤에서 벗어날 수 있게 돕는 강력한 도구다. 그러나 그렇게 살아도 이민자 가족들이 정말로 부자가 되는 경우는 드물다. 그 이유는 집 때문이다.

하루 44센트로 몇 년을 버티면서 살아남은 우리 부모님은 내가 학교를 졸업한 지 고작 몇 주 지났을 때부터 언제 집을 장만할 거냐고 묻기 시작했다(그리고 지금도 지치지 않고 계속 묻고 계시다). 당시엔 집을 구입하는 것이 잘하는 것인지 어쩐지 몰랐던 나는 처음 풀타임 직장을 갖게 된 후부터 브라이스와 함께 집을 보러 다니기 시작했다.

주택 시장의 공포

지금까지 살아오면서 나는 법적으로 시비를 걸 수 없는 몇 가지 끔찍한 경험을 했다. 툭하면 머리를 쥐어박던 유치원 선생님도 그중 하나였고, 누군가가 총기를 소지했다는 정보 하나로 학교에 붙들려 있어야 했던 일도 그랬다. 그러나 그것들은 집을 구하러 다니던 경험에 비하면 끔찍할 것도 없었다.

나는 동전 한 푼도 귀하게 여기며 살아왔다. 그런 나에게 부동산 업자들은 구경하는 데 10분도 채 걸리지 않는 모델하우스를 보여주며 수십만 달러를 쓰라고 종용했다. 그때 나는 그런 상상하기도 어려운 액수의 돈을 벌 만큼 오래 일하지도 않았다. 무엇보다 내키지 않은 건 그들이 소개한 집이었다. 그 집은 그만한 돈을 들일 만큼 좋아 보이지 않았던 것이다.

"내년쯤 갑자기 지붕을 수리할 일이 생기면, 돈이 얼마나 들까요?" 나는 한 부동산 중개업자에게 물었다. "글쎄요, 1만 달러쯤? 그 이상일지도 모르고요." "그러면 어떤 보증 계약 같은 게 있나요?" 그는 '킥' 웃으며 대답했다. "그런 건 없는데요."

무엇보다 놀라운 건 사람들이 이런 말도 안 되는 조건을 너무나 당연하게 받아들인다는 점이었다. 스마트폰 하나를 구입해도 1년 보증이 없이는 절대 사지 않는 내 친구나 동료 들도, 30년 동안 갚아야 할 만큼 큰 액수의 빚을 내는 계약서에 서명할 때는 보증에 관해 아예 묻지도 않았다. 집 배관을 접착테이프로 덕지덕지 감아야 할 일이 벌어지지 않는다는 보증이라도 있는가?

말했듯, 우리 부모님도 전혀 다르지 않았다. "그렇게 까다롭게 굴지 마라." 우리 어머니는 전단지를 들이밀며 이렇게 말씀하시곤 했다. "엄마와 아빠가 봐둔 집이 하나 있다." 잃어버린 집 열쇠 하나를 맞추는 데 30달러가 들었다고 매를 들었던 분이 내가 80만 달러를 쓰지 않는다고 성화라니!

나의 불쾌감은 내가 '흉가'라고 딱지를 붙인 집 때문에 극에 달했다. 우리 동네에는 금세라도 귀신이 나올 것같이 보이는 집이 하나 있었다. 그 집 앞에는 정부가 띄운 비밀 드론에 얽힌 음모가 세세히 적힌 간판 몇 개가 세워져 있었고, 창문 곳곳에는 누군가 붉은 색 페인트로 칠해놓은 'UFO'라는 글씨가 있었다. 게다가 그 집 주변 곳곳에는 성인의 키 정도 깊이의 해괴한 웅덩이가 있었다. 그 앞을 지나야 할 때마다 나는 발걸음을 재촉하며 생각했다. '와, 이 집 오늘밤 뉴스에 나오겠는걸!'

그런데 어느 날 그 집 앞마당에 '집을 팝니다!'라고 적힌 간판이 놓인 것이다. "이런 집을 누가 산다는 거지?" 브라이스에게 물었다. "마루 밑에 시체라도 묻었을 것 같은데!" 아무도 돌보지 않아 벽과 지붕도 허물어지기 일보 직전이었다. 그런데 놀랍게도 며칠 후 표지판에 스티커가 하나 붙었다. "팔렸음." 그 집은 50만 달러였다.

나는 누군가가 진짜 멍청한 짓을 했다고 생각했다. 하지만 알고 보니 꿍꿍이가 있었다. 그 집을 구입한 사람은 리모델링 업자였다. 직원 하나를 데리고 이사를 들어온 그는 몇 주에 걸쳐 리모델링이랍시고 건성건성 집에 손을 대더니, 겉으로만 그럴싸하게 만든 그 집을 다시 매물로 내놓았다.

며칠 뒤에 스티커가 다시 붙었다. "팔렸음." 80만 달러였다.

어이가 없었다. 터무니없는 값이었다. 게다가 완전 사기였다.

집에 투자하는 것이 한심한 이유

집 문제에는 인간의 이성을 마비시키는 무언가가 있다. 우리 부모님처럼 합리적인 분들도 집이라면 빚더미에 올라가는 걸 아무렇지 않게 여긴다. 두 분을 탓할 수만은 없다. 결국 교활한 것은 마케팅이니까.

- 월세로 거주하는 것은 돈을 버리는 짓이다.
- 집을 구입하는 것은 자신에게 투자하는 것이다.
- 집은 권력이다.
- 땅을 넓힐 수는 없다.
- 집값은 늘 올라간다!

우리는 이와 같은 말을 귀가 닳도록 들어왔다. 그럴듯해 보인다. 그래서 집을 소유하는 것이야말로 성인이 되는 데 반드시 필요한 통과의례라고 생각하게 되는 것이다. 그러나 '귀신이 나올 것 같은 집'이 팔리는 과정을 지켜본 이후로, 나는 집 문제를 보다 꼼꼼히 따져보기 시작했다. 내게 가장 큰 충격을 안긴 건 수학적인 차원이었다. 집을 잠깐 샀다가 되파는 게 아닌, 제대로 소유하는 데는 어마어마한 돈이 든다(내가 소개할 통계는 미국에서 가져온 것이지만 캐나다도 크게 다르지 않다).

준비되었는가? 계산을 해보자.

미 통계청에 따르면, 보통 수준의 미국 가족의 경우 한 집에서 약

9년을 거주한다. 이들 가족이 거주하는 집의 엄청난 순가치는 유지된다. 집은 항상 가치가 오르기만 하는 훌륭한 투자 대상이라는 가정하에서 그렇다.

그 9년이라는 기간 동안 이 보통 수준의 미국 가족에게 어떤 일이 일어나는지 살펴보자. 지금까지의 사례로 미루어볼 때 주택의 가치는 물가상승률에 비례해 움직인다. 하지만 우리 실험의 목적에 맞게 주택시장이 크게 활성화된다고 치고 주택의 가치가 주식시장과 같은 비율로 올라간다고 가정하자. 그러면 평균 연 6%의 상승률이다. 따라서 50만 달러를 주고 구입한 집이라면 9년 뒤에는 84만 4,739달러로 상승하여, 순이익이 총 34만 4,739달러에 이른다. 집을 팔 때쯤이면 한몫 두둑이 건질 수 있을 것이라는 기대감에 생각만 해도 황홀해진다. 멋지지 않은가?

그런데 꼭 그런 것은 아니다. 문제는 집을 소유하고 나면 이를 구입하는 데 들인 비용보다 훨씬 더 많은 돈이 들어간다는 점이다. 집은 살 때도 돈이 들고 팔 때도 돈이 든다. 대출금도 갚아야 하고, 매년 감정하고 보험에 들고 유지하는 데도 돈이 든다. 이론적으로는 누구나 이런 사실을 안다. 그런데도 사람들은 주택을 계약할 때 이런 항목들은 따지지 않는다. 어떻게 그럴 수 있는가?

따져야 할 것이 한두 가지가 아니다. 우선 매입과 관련된 수수료가 있다. 해당 등기소에 가서 등기부를 조회할 때 매입자는 수수료를 내야 한다. 미국의 경우 100달러 정도다. 구매한 주택의 등기를 위해서는 등기수수료 150달러를 내야 한다. 주에 따라서 이 절차에 변호사가 필요한 곳이 있다. 변호사 비용은 약 1,000달러다. 지금까지 1,250달러가 들어갔다. 이 정도면 뭐 대수롭지 않아 보인다. 이제 〈쥬라기 공원*Jurassic Park*〉에서 새뮤얼 잭슨이 했던 유명한 말을 들려줘야겠다. "정신들 바짝 차리셔*Hold on to your butts*." 먼저 보험을 들어야 한다. 주마다 도시마다 다르지만 보통은 집값의 0.5%를 매년 납입해야 한다. 보험료는 해마다 내야 하기 때문에 9년이면 2만 2,500달러(50만 달러×0.5%×9)다. 그리고 재산세가 있다. 미국에서 연평균 재산세는 약 1%로 4만 5,000달러(50만 달러×1%×9)다.

이제 감이 잡히기 시작하는가? 하지만 아직 멀었다. 집에는 유지비가 들어간다. 지붕이 망가지고, 배관이 터지고, 남북전쟁 당시 군인들의 유령이 지하실에 나타난다. 공인중개사들은 매년 집값의 1~3%를 유지비로 떼어두라고 권한다. 적게 잡아도 4만 5,000달러(50만 달러×1%×9)는 예상해야 한다.

9년의 거주 기간이 지나면, 보통 수준의 미국 가족은 집을 팔려고 내놓는다. 팔 때도 역시 돈이 든다. 우선 공인중개사에게 수수료를 지급해야 한다. 미국의 중개료는 보통 6%로, 당초 구매가가 아니라 최종 판매가를 기준으로 계산한다. 84만 4,739달러의 6%이면 5만 684달러다. 또한 양도소득세가 있다. 양도세는 시에 내는데 콜로라도(0.01%)처럼 거의 부담이 없는 곳부터 피츠버그(4%)처럼 터무니없이 많은 곳까지 각양각색이다. 전국 평균은 1.2%인데, 84만 4,739달러의 1.2%이면 1만 137달러다. 그리고 망할 변호사 비용 1,000달러가 있다. 그 돈도 또 내야 한다(해당 수치는 미국 기준이며, 한국은 다르다).

이 모든 수치를 생각하면 머리가 어지럽겠지만, 당신만 그런 것은 아니니 이해하기 바란다. 지금까지 내용을 요약하자면 다음과 같다.

항목	비용(달러)	비고
등기부 조회	100	
등기수수료	150	
변호사 수수료	2,000	1,000×2
보험료	2만 2,500	50만×0.5%×9
유지비	4만 5,000	50만×1%×9
재산세	4만 5,000	50만×1%×9
부동산 중개료	5만 684	84만 4,739×6%
양도소득세	1만 137	84만 4,739×1.2%
총비용	17만 5,571	

이 가족은 집을 소유했다는 이유만으로 총 17만 5,571달러라는 거금을 물어야 한다. 그런데 예상했던 이득이 34만 4,739달러라고? 그 중 51%는 집이 먹어치웠다!

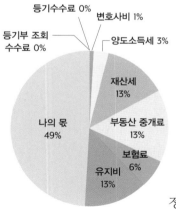

여러분 몫의 파이는 집으로 인한 전체 수익의 49%에 불과하다.

이렇게 생각할지도 모르겠다. '흠, 나쁘지 않군. 그래도 여전히 억 단위 수익이니까.' 이것 보시라. 여기서 나는 이 가족이 현금이 가득 든 가방을 들고 가서 이 집을 샀다고 가정했다. 알다시피 실제로 그렇게 하는 사람은 거의 없다. 보통은 모기지 형태로 돈을 빌린다. 그러니 그 점을 계산에 넣어야 한다. 대개 처음 집을 마련할 때 계약금 10%를 내고, 나머지는 동네 은행에서 모기지를 얻어 충당한다. 미국의 경우 2018년 기준 세법이 개정되면서 표준공제액이 오름에 따라 이 가족은 대출금이 60만 달러 미만일 경우에 받을 수 있는 세금 감면 혜택을 받지 못한다. 따라서 9년 동안 이들 보통 수준의 미국 가족은 16만 2,033달러의 이자를 은행에 내야 한다! 이 돈은 절대로 되돌아오지 않는 돈이다. 그러니 이 이자를 우리의 비용에 더해야 한다.

우리의 전형적인 미국 가족은 내 집 마련이라는 기쁨을 누리기 위해 결국 33만 7,604달러를 지급했다! 그들이 손에 넣으리라고 기대했던 수익의 98%다!

남은 것은 파이 꼭대기에 있는 작은 조각이다. 2%.

그리고 명심할 것이 있다. 이 모든 것은 주식시장의 수익률이 연 6%라고 매우 낙관적으로 평가한 가정을 근거로 한 계산이다. 주택가치에 대한 평가액을 더 낮게 잡는다면 사실상 이들은 돈을 잃는 셈이 된다. 부동산으로 순자산의 대부분을 보존하는 보통 가족이 절대로 많은 돈을 모으지 못하는 것이 바로 이 때문이다. 대부분은 주택의 가치가 올라가기 때문에 일이 잘 풀리고 있다고 생각한다. 하지만 모든 과외비용이 이득의 대부분을 상쇄한다는 사실을

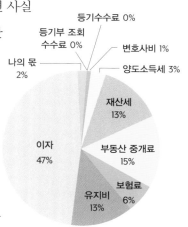

등기수수료 0%
등기부 조회 수수료 0%
변호사비 1%
나의 몫 2%
양도소득세 3%
재산세 13%
이자 47%
부동산 중개료 15%
보험료 6%
유지비 13%

그들은 결코 눈치채지 못한다.

집은 대단한 투자다. 부동산 중개업자와 정부, 보험회사와 은행에게는 그렇다. 소유주를 제외한 모든 사람에게 말이다.

집주인에게는? 형편없는 투자 대상이다.

분명히 말하지만, 나는 실 거주지를 이야기하는 중이다. 다시 말해 여러분이 구매해서 이사 들어가 실제로 사는 집의 얘기다. 그렇지 않고 세입자에게 임대하기 위해 매입하는 집이라면 괜찮은 투자 대상이 될 수 있다. 그러나 임대는 이 책의 주제를 벗어난 다른 문제이므로 그 얘기는 하지 않겠다. 그런 주제라면 다른 자료도 차고 넘친다. 그러니 궁금하면 그런 책을 읽기 바란다.

150의 법칙

이제 질문을 던져야 한다. 거주할 집을 구매하는 것이 과연 합리적인가?

수학적으로 보면 답은 아닌 것 같다. 그러나 우리는 어디에선가 살아야 한다(그리고 만약 집을 구매할 경우 모기지 이자가 한 달에 1달러밖에 안 되는데 반해, 월세가 100만 달러라면 아무리 별도의 비용이 든다고 해도 구매하는 것이 이치에 맞을 것이다). 사람들이 월세로 살기로 했다가 구입하는 쪽으로 결정을 바꾸게 되는 지점은 어디인가?

매달 내야 할 모기지 이자와 월세가 같을 경우 중개사들은 집주인한테 지급해야 할 돈으로 집을 구입해 스스로에게 지급하는 게

낫다고 말할 것이다. 그러나 이는 앞서 말한 집을 보유할 때 드는 각종 비용을 무시한 권고다. 우리는 보통 수준의 미국인 가족이 집을 구입하고 소유하고 보험에 들고 되파는 데 드는 비용과 9년 동안 납부해야 할 모기지 비용이 거의 같다는 걸 알았다. 우리는 또한 30년짜리 모기지 이자를 납부하는 첫 9년 동안, 전체 갚아야 할 돈의 약 50%가 이자로 나가고 나머지는 원금을 갚는 데 들어간다는 사실도 알았다. 집을 구입하는 것이 옳은 판단인지 알려면, 이자를 계산하고 집을 보유하는 데 들어가는 별도의 비용을 더한 다음, 그것을 월세로 거주 시 절약할 수 있는 금액과 비교해 봐야 한다.

여기서 150의 법칙이 나온다. 집을 소유하는 데 드는 별도의 비용이 9년 동안 일반적인 대출이자와 대략 비슷하고 그동안의 이자는 납부액의 약 50%이기 때문에, 매달 내는 모기지 납부액에 150%를 곱하면 그것이 매달 '실제로' 집에 들어가는 비용이다. 이 150의 법칙에 의한 월별 비용이 월세 비용보다 많으면, 월세로 거주하는 편이 합리적이다. 그 비용이 월세 비용보다 적으면 구입하는 것이 이치에 맞다. 다시 말해, 절대로 집을 사지 말라는 것이 아니라 사기 전에 계산기를 두들겨보라는 것이다.

당시 내가 집을 보러 다닐 때는 150의 법칙으로 계산한 수치가 월세로 내야 할 돈보다 훨씬 높았다(방 한 칸짜리 아파트를 월세 850달러에 빌렸다). 그래서 계산기를 두들겨본 후 주택시장을 사양하고 내 돈을 챙겼다.

부자들은 돈으로 무엇을 하는가?

수학은 분명 의미가 있다. 하지만 일단 계산해 보기 시작하면 예기치 않았던 골칫거리들이 쏟아져 나온다. 다른 사람들처럼 통장에 든 돈을 집을 사는 데 몽땅 털어 넣지 않는다면, 그 돈으로 무엇을 해야 할까? 내가 자란 환경이나 당시 처지에서는 그 어떤 힌트도 얻을 수 없었다. 잠깐이긴 했지만 나는 어떻게 해야 할지 몰라 당황했다. 식비와 월세를 제하고 남는 돈을 어떻게 관리해야 하는가? 그 점에서는 부모님도 마찬가지였다. 돈을 불리는 방법을 잘 알고 있는 사람이 필요했다. 그래서 부자들이 어떻게 하는지 살펴보기로 했다.

부자들의 돈 사용법을 알아내기 위해 나는 책을 읽었다. 도서관에 눌러앉아 관련 서적들을 샅샅이 조사했고, 〈포브스*Forbes*〉와 〈월스트리트저널*Wall Street Journal*〉을 읽었다. 그렇게 시작된 부자들을 향한 흠모는 거의 10년간 이어졌고 결국 나 자신이 그 부자의 반열에 들어서는 것으로 정점을 찍었다.

하지만 부자들을 연구하면서 모순되는 정보가 너무 많다는 걸 알게 됐다. 누군가는 집을 사야 한다고 했고 누군가는 임대해서 거주하라고 조언했다. 누군가는 사업을 했고 누군가는 주식에 투자했다. 이처럼 정신없는 정보의 홍수 탓에 불필요한 정보를 걸러내고 부로 이어지는 길을 알아내는 데 몇 해가 걸렸다.

그리고 마침내 길을 하나 찾아냈다. 역시 수학적으로 증명할 수 있는 길이었다. 이 책의 처음 세 장을 가난 속에서 돈에 관해 배운 교훈을 이야기하는 데 할애했지만, 이제 부자들에게서 배운 돈에 관한 교훈으로 이야기의 중심을 돌려야겠다.

첫 번째 교훈은 로버트 기요사키Robert Kiyosaki에게서 배웠다. 《부자 아빠 가난한 아빠Rich Dad Poor Dad》에서 그는 이렇게 주장했다(여기서는 문구를 조금 바꾸겠다).

> 가난한 사람들은 물건을 산다. 중산층은 집을 산다. 부자는 투자를 한다.

부자는 투자를 한다. 중산층만 돼도 기분이 좋겠지만, 투자법을 배워 손해 볼 건 없지 않은가? 그런 생각이 들었다. 나는 거래하던 은행에 전화를 걸어 바로 다음날 약속을 잡았다.

◆ 집을 소유하는 데는 많은 돈이 든다.

◆ 모기지 말고도 집을 구매하고 소유하는 데 들어가는 비용까지 계산하면, 집으로 얻는 수익의 대부분이 상쇄된다.

◆ 주택을 소유할 때 들어가는 비용을 보다 정확히 계산하려면 150의 법칙을 활용하라.
 – 매달 모기지 납부액에 150%를 곱하라.
 – 150의 법칙에 따라 월별 비용이 월세보다 많으면, 세입자로 거주하라. 반대라면 집을 구입하라. 어찌 됐든, 집을 구입하기 전에 반드시 계산기를 두들겨보라.

   ◆ 가난한 사람들은 물건을 산다. 중산층은 집을 산다. 부자는 투자를 한다.

MEMO

10장

진짜 은행 강도

이런 상상을 해보자. 당신은 지금 동네 은행 창구에 앉아 은행직원과 은퇴자금을 어떻게 투자하면 좋을지 의논하고 있다. 그때 무장을 한 일당이 들이닥친다. 모두 트렌치코트를 입고 마스크를 착용하고 있지만, 그중 한 명은 척 봐도 배우 키아누 리브스^{Keanu Reeves}가 틀림없다. 그러면 자연스럽게 이런 생각을 하게 될 것이다. '아, 촬영을 하는 모양이군.'

"헤이, 당신! 당장 지갑 내놔!" 키아누가 한 사람을 지목해 말하면서 로비를 휘젓고 재주를 넘는다. 이런 장면을 여러 번 봐왔기에 이들이 은행 강도 역할을 하고 있다는 걸 짐작하겠지만, 사실 반전은 따로 있다. 이들은 강도가 아니다. 진짜 강도는 당신 앞에 앉아서 다정한 말투로 투자를 설득하는 그 은행직원이다. 키아누는 당신의 지갑만 노린다. 그들에게 지갑을 뺏긴다면 제값 주고 산 브랜드 지갑도 아깝고, 신용카드와 신분증을 새로 발급받는 불편도 겪게 될 것이다. 하지만 은행이 노리는 건 당신의 예금이다. 그중 1%를 원한다. 매년. 그리고 영원히!

진짜 강도는 은행직원이다.

수수료의 힘

정식으로 직장을 구해서 이제 막 일을 시작한 젊은이에게 가장 힘겨운 일은 무엇일까? 바로, 어른이 되는 기술을 구현하는 것이다. 거주할 집을 찾고, 각종 공과금을 내고, 스스로 요리를 하는 일 같은 것 말이다. 사실 나의 경우, 첫 월급을 받았을 때 '내가 번 돈은 오로지 나의 돈이며 그 돈은 내가 지켜야 하는 내 것'이라는 걸 알게 된 후 엄청난 충격을 받았다. 그리고 이 같은 충격에 적응하는 것이 가장 힘들었다. 내가 일을 해서 번 돈은 코카콜라를 사고 또 사도 남을 만큼의 돈이었다. 너무 신났다.

대학을 갓 졸업했을 때 나의 돈 관리법은 단순했다. 월급은 내 통장으로 들어왔고, 나는 그 돈을 쓰는 게 아까워서 음식과 집세 등 꼭 필요한 것에만 썼다. 6개월이 지나 '계약직'이라는 딱지를 떼고 정식 직원이 된 후엔, '고용주지원 은퇴계좌(12장에서 다루겠다)' 같은 멋진 제도가 있다는 걸 알았다. 나에게도 분명 자격이 있었다. 게다가 고용주 매칭 프로그램이 있어서 추가로 적립되는 돈이 있다는 설명을 듣고, 그 자리에서 서명했다. 당장 그 돈을 어떻게 투자할지 정해야 했다. 그렇게 나는 은행직원과 마주앉았다.

그의 입에서 나오는 말은 솔직히 믿음이 가지 않았다. 그는 내게 그 은행에서 운용하는 뮤추얼펀드를 끈질기게 추천했지만, 아주 기본적인 질문에도 그는 대답하지 않았다.

"그러니까 이 펀드를 주식에 투자한다고요?"

"그렇습니다."

"어떤 주식에요?"

"그건 펀드 매니저가 알아서 결정할 겁니다."

"펀드 매니저는 무엇을 근거로 어떤 주식을 택하죠?"

"그들만의 전용 알고리즘proprietary algorithm이 있습니다."

"그 알고리즘을 볼 수 있을까요?"

"안타깝게도 안 됩니다. 그들의 고유 권한이니까요."

"좋아요…."

나는 뒤로 물러나 등받이에 몸을 기댔다. 머릿속에선 공습경보 같은 사이렌이 울렸다.

"그 매니저가 제대로 하리라는 걸 어떻게 알죠?"

"글쎄요. 뮤추얼펀드를 운용하는 사람들은 아주 치밀하거든요."

"그건 제 질문에 대한 답이 아니죠."

"제가 어떻게 하기를 바라세요?"

"그 사람을 만나게 해주세요."

그 은행직원은 피식 웃었다.

"그건 곤란합니다."

"그러니까 이런 말이군요."

나는 겉옷을 집어 들며 말했다.

"당신은 지금 날더러 알지도 못하고 만날 수도 없는 사람에게 내 돈을 믿고 맡기라고 하고 있어요. 전혀 납득할 수 없는 비밀 알고리즘을 내세우면서 말이죠."

"하지만…,"

그 직원은 오늘 건수를 올리기는 틀렸다는 사실을 직감하고 나를 따라 일어섰다.

"그런 일을 문제 삼는 고객님은 거의 없습니다."

나는 뒤도 돌아보지 않고 은행에서 나왔다.

엔지니어라는 직업이 좋은 것은 재무적인 결정을 내리기 전에 수학적인 부분을 따지고 또 따지는 것이 습관화되어 있다는 점이다. 그래서 나는 어떤 상품이 수수료가 높은지, 왜 은행직원이 계속해서 의심하는 나 같은 고객에게 그런 상품을 강요하는지 알고 있었다. 그날 그 직원이 내게 팔려고 했던 뮤추얼펀드는 수수료가 가장 높은 상품이었다. 뿐만 아니라, 그 펀드는 그 은행에서 각각의 펀드 매니저들이 운용하는 여러 가지 펀드를 하나로 묶어 놓은 슈퍼펀드였다! 그러니 슈퍼펀드의 매니저나 나와 마주 앉았던 영업사원은 배당금이나 수수료를 따로 받을 것이다.

내가 그의 말을 들었다면, 그 은행의 얼마나 많은 직원이 내 돈을 빼먹었을까?

백분율이 달러를 이길 때

그 시기에 나는 경제적 빈곤층이나 중산층과 부유층, 즉 부자들의 사고방식에서 가장 큰 차이가 드러나는 부분이 무엇인지 알게 됐다. 빈곤층과 중산층에 속한 이들은 교육을 받거나 급여가 많은 일자리를 얻는 등의 수단으로 재산을 늘리는 데 몰두한다. 반면 부유층에 속한 부자들은 재산이 스스로 증식하도록 만드는 데 몰두한다. 부자는 벌 수 있는 돈을 액수로 말하지 않고 순자산에 대한 비율로 말한다. 이를테면, 가난한 사람은 "나는 시간당 6달러밖에 못 벌어!"라고 말하지만, 부자는 "나는 작년에 3%밖에 벌지 못했어!"라면서 탄식한다.

가난한 사람에게는 백분율이 의미가 없다. 없는 돈에 10%를 보탠다고 달라질 게 무언가. 극단적으로 말해 0달러의 10%는 0달러일 뿐이다. 대부분의 투자자는 당신이나 나 같은 사람이다. 기껏해야 몇천 달러로 시작한 저축액을 어떻게든 늘리기 위해 애쓴다. 하지만 몇 %포인트 차이는 의미가 없다. 1,000달러의 1%라고 해봐야, 1년에 10달러밖에 더 되는가? 그게 무슨 대수라고. 그러나 뮤추얼펀드를 운용하는 사람들에게 1%는 큰돈이다.

내가 무작위로 고른 한 사모펀드의 운용수수료^{Management Expense} ^{Ratio, MER}는 1.7%였다. 즉 그들은 당신의 돈을 어떤 주식이나 채권에 투자할지 선택한 대가로 그 투자 순자산 가치의 1.7%를 떼어간다. 고객 개인의 입장에서는 1.7%가 별거 아닌 것처럼 보이겠지만, 그게 함정이다. 그런 무감각이야말로 은행이 바라는 고객의 반응이다.

이 글을 쓰고 있는 현시점, 이 펀드는 7억 달러의 자산을 운용하고 있다. 7억 달러의 1.7%이면 매년 1,200만 달러에 가까운 돈이다. 그런데 매번 이 1,200만 달러를 그들에게 건네주는 사람은 말한다.

"1.7%가 무슨 대수라고."

비율은 중요하다. 비율은 내가 부자의 일원이 되는 데 도움을 준 부자들에게서 배운 첫 번째 교훈이었다.

정확히 무엇에 돈을 쓰는가?

투자를 처음 배울 때, 나는 그것이 개별 종목을 고르는 문제라고 생각했다. 애플 주식을 10달러에 사서 엄청나게 오른 현재의 시장 가로 파는 것이다. 그러나 이는 경마장 트랙을 달리는 말에 베팅하는 것과 다를 바 없다. 나는 도박을 하지 않는다. 앞으로도 하지 않을 것이다. 이 같은 악습이 사람들의 삶을 얼마나 황폐하게 만드는지 수도 없이 보았기 때문이다. 아버지는 도박이야말로 돈을 가장 크게 날리는 중독 중 하나라고 하셨다. 술은 정신을 잃게 만들지만 도박은 평생 모은 돈을 한순간에 날리게도 만든다. 이러한 이유로 주식 종목을 고르는 건 나와 전혀 맞지 않았다.

그때 알게 된 것이 인덱스 투자다. 사실 이 방식은 《부자 교육》의 저자이자 'JL콜린스NH JLCollinsNH.com'의 설립자인 짐 콜린스로부터 처음 들었다. 나중에 그를 직접 만나게 되었을 때 나는 좋은 정보를 줘서 고맙다고 인사했다. 인덱스 투자는 나에게 있어 최초의 합리적인 투자였다.

우리 같은 보통사람들은 매일 아침 일어나 세수하고 이를 닦고 직장에 간다. 무슨 일이든 노동을 통해 우리의 고용주에게 돈을 벌어주는 것이다. 내가 다니는 회사를 위해 내가 하는 일이 다른 사람이 그들의 회사를 위해 하는 일보다 더 가치 있고 더 많은 돈을 벌게 한다고 확언할 수 있는 사람은 없다. 확실한 건 누가 벌든 그 회사들이 돈을 번다는 사실이다. 인덱스 투자엔 어떤 회사의 주가가 올라가거나 떨어질지 예상하려는 시도가 필요 없다. 주식시장 전체의 성장을 기반으로 베팅하는 것이기 때문이다.

이 부분이 대단히 마음에 들었다. 경마장에서 나는 어떤 말이 경주에서 이길지 또는 질지 전혀 알지 못한다. 그래서 특정한 말에 베팅하지 않는다. 그렇다면 경마장에 베팅하는 건 어떨까? 바로 그것이다. 어떤 말이 이기든 지든 경마장은 돈을 벌지 않는가.

인덱스 투자를 하면 경마장에 베팅할 수 있다.

망할 수 없는 투자

투자를 할 때 사람들이 가장 무서워하는 건 무엇일까? 투자금 전부가 허공으로 사라지는 것이다. 나도 그랬다. 내 주식을 책임지고 있는 사람이 파산할 종목만 고를까 봐 두려웠다. 인덱스 투자는 그런 걱정을 할 필요가 없다. 모든 기업을 소유하기 때문에 지수가 0이 될 수 없는 것이다. 개별 종목으로 보면 어떤 기업이 파산할지 모르지만, 모든 기업이 동시에 파산하지 않는 한 인덱스펀드 지수는 절대 0이 되지 않는다(실제로 그런 일이 벌어진다면 아마 외계인이 침공했을 것이다).

또한 인덱스 투자는 주식시장의 시가총액에서 주요 비중을 차지하는 주식을 소유한다는 점에서 훌륭한 내장용 바로미터를 갖추는 셈이다. 다시 말해, 어떤 기업의 가치가 올라가면 그 지수는 그 회사 주식의 비중을 늘린다. 그 반대도 성립한다. 이는 주식시장 전체에 대한 평가를 내릴 수 있는 가장 직관적인 방법이다. 주식시장의 500대 기업을 추종하는 S&P 500 같은 주요 지수들이 이런 식으로 구성되는 것도 이 때문이다. 따라서 A 기업이 멋진 신형 스마트폰을 출시하여 주가가 솟구치면 지수는 자동적으로 그 회사 주식의 비중을 늘린다. 그러다 B 기업이 스마트폰 시장에 뛰어들어 A 기업의 주식이 폭락하면 지수는 A 기업 주식의 비중을 줄인다. S&P 500의 경우, 어떤 기업의 가치가 500번째에서 501번째로 떨어지면, 그 기업은 지수에서 완전히 떨어져나간다.

짐 콜린스는 이를 '자정self-cleansing' 메커니즘이라는 멋진 말로 정의했는데, 지수의 작동 원리를 정확히 드러내는 용어다. 즉 지수를 소유한다는 건, 규모가 크고 건강한 기업들만 소유하고 악성 기업들의 주식은 그 가치가 0이 되기 전에 처분한다는 뜻이다.

수수료가 낮은 투자

액티브 뮤추얼펀드에서 가장 허탈한 부분은 아무도 종목을 택하는 방식을 설명해 주지 않는다는 사실이다. 그들은 '전용 알고리즘'이나 '하이 알파와 로 베타high alpha and low beta(수익성이 높고 변동성은 낮은 주식 - 옮긴이)' 같은 용어를 남발하면서도, 펀드 매니저가 그날그날의 성과를 고객에게 말해주지 않는다. 그랬다가는 아마 직장을 잃을 테니까.

인덱스 투자의 장점은 방법이 단순하다는 것이다. 인덱스펀드는 누구나 직접 운용할 수 있다. 주식시장에 있는 모든 기업을 스프레드시트에 넣고 시가총액에 따라 분류하여 500대 기업을 고르면 된다. 그뿐이다. 아주 간단히 만들 수 있다. 이렇게 간단하니까 수수료를 지급해야 할 펀드 매니저도 없다.

미국의 경우, 액티브 뮤추얼펀드는 연간 1% 이상의 운용수수료, 즉 MER을 부과한다. 캐나다는 더 높아서 보통 2% 정도다. 그러나 미국 주식시장에 상장된 모든 주식의 시가총액을 추종하는 전형적인 인덱스펀드인 NYSE의 VTI는 0.04%의 운용수수료만 부과한다! 이는 액티브 뮤추얼펀드의 25분의 1밖에 안 되는 수수료다.

운용수수료에 관해서는 연말에 명세서를 받지 못한다는 것도 수상한 부분이다. 만약 받게 된다면 이렇게 말하게 될 것이다. "잠깐, 1,000달러를 내라고? 왜?" 그런 뒤 은행에 전화를 걸어 화를 내지 않겠는가? 하지만 그럴 일은 없다. 그 수수료는 매달 당신이 투자한 돈에서 이미 조용히 빠져나갔으니까. 수수료에 대한 영수증이 날아오는 것도 아니고 명세서에 표시되는 것도 아니다. 그 수수료는 거래 기록에 묻혀 있다. 그들은 매달 당신의 호주머니에서 얼마간의 돈을 조용히 빼가면서 당신이 눈치채지 못하길 바란다. 운용되고 있는 펀드를 인덱스펀드와 비교해 보지 않는 한 알 수도 없다.

다음의 그래프는 2013년부터 2018년까지 5년간 S&P 500 주가의 변동 추세를 나타낸 것이다.

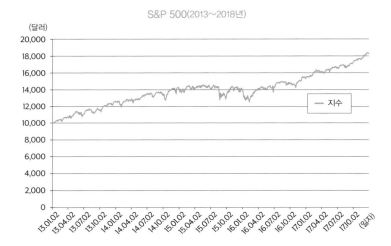

S&P 500(2013~2018년)

이제 이 지수에 1%의 운용수수료를 덧붙일 경우 어떻게 되는지
한번 보자.

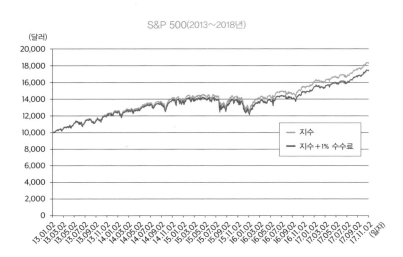

S&P 500(2013~2018년)

그 1%를 실제로 합산해 보자. 2013년 초에 1만 달러를 투자했다면 5년 뒤에는 900달러, 즉 최초 투자액의 거의 10%를 포기하는 셈이다! 그 돈이면 얼마나 많은 코카콜라를 살 수 있겠는가. 시간이 갈수록 수수료의 영향은 더욱 나빠진다. 당장은 1%가 대수롭지 않게 보이지만, 25년이 지나 은퇴할 때가 되었을 때는 빠져나간 돈이 이미 눈덩이처럼 불어나 있을 것이다.

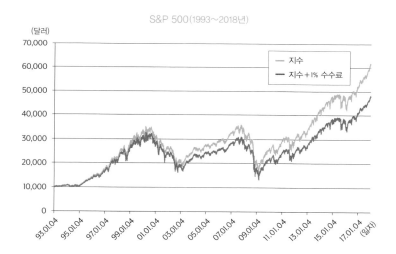

S&P 500(1993~2018년)

1만 달러를 투자했을 경우, 25년 뒤엔 수수료의 총 합계가 1만 3,500달러가 된다! 이 정도면 코카콜라로 따질 수 있는 돈이 아니다. 최초 투자액보다 많은 액수이니까!

좋은 실적

그리고 정말로 분통 터지는 부분이 있다. 이처럼 높은 수수료를 부과하는 이런 액티브펀드는 실적도 좋지 않다. 우리가 페인트공에게 수천 달러를 지급하는 건 우리 집이 완벽한 페인트칠로 멋지게 변화할 것이라 기대하기 때문이다. 자동차 정비공에게 수천 달러를 주고 차를 맡길 때는 고장 난 차가 멀쩡하게 수리될 것이라 기대한다. 뮤추얼펀드 매니저에게 적잖은 수수료를 지급하면서까지 내 돈을 맡기는 건 그들이 내게 돈을 벌어주길 기대하는 것이 아닌가? 하지만 그들이 꼭 돈을 벌어주는 건 아니다. 벌어주기는커녕 손해를 끼치는 일도 허다하다. 한심한 건, 수익을 내든 손해를 끼치든 그들은 수수료를 꼭꼭 챙긴다는 것이다.

잠깐 생각해 보라. 당신이 의자를 만드는 회사에 취직했다. 그런데 근무 첫날 실수로 불을 내는 바람에 의자 몇 개를 태웠다. 새로운 의자를 만들어내기는커녕 있는 의자마저 태워먹은 것이다. 그런데도 급여를 받을 수 있을까? 아니다. 그 직업을 유지할 자격이 있을까? 힘들 것이다. 하지만 펀드 매니저들은 대부분 그런 식으로 계약을 하고 일한다. 일을 잘하든 못하든 그들은 급여를 받는 것이다. 바로 당신으로부터.

이 모든 수수료를 내고 당신이 얻는 것은 무엇인가? 별것 없다. 아마 주식시장보다 높은 수익을 내기 위해 고민하는 모든 액티브펀드 매니저라면, 50% 정도는 지수보다 좋은 실적을 내고 나머지 50%는 지수에 못 미치는 실적을 거둘 거라 예상할지 모른다. 하지만 그렇지 않다. 운용수수료 때문이다. 액티브펀드 매니저는 공짜로 일하는 게 아니다. 따라서 자신의 수수료를 벌려면 1~2% 이상 더 지수를 이겨야 한다는 뜻이다.

1년 단위로 수수료를 제하고도 지수를 이긴 액티브펀드 매니저가 얼마나 되는지 알고 싶은가?

겨우 15%다.

그렇다. 액티브펀드 매니저 중 15%만이 수수료를 제하고 난 이후에 그들의 기준지수를 간신히 이긴다. 다만 그들 중 이 15%에 들어간 매니저가 누구인지 알아낼 수 있는 방법은 없다. 따라서 액티브 뮤추얼펀드 중 이익을 실현할 수 있는 펀드를 고를 수 있는 그럴 듯한 방법도 없다. 펀드 매니저가 여러분을 만나주지 않는다면 특히 그렇다.

그리고 나는 깨달았다. 결론은 아주 간단하다는 것을. 인덱스펀드 투자가 액티브 뮤추얼펀드의 85%를 이긴다.

월스트리트에서 돈을 훔치는 법

은행직원이 진땀을 흘리는 모습을 보고 싶다면 이렇게 해보라. 은행으로 들어가 담당 직원을 찾아 당신의 예금을 인덱스펀드에 넣어달라고 부탁하는 것이다. 이보다 재미있는 일은 없다.

내가 그렇게 한 것은 인덱스펀드가 액티브펀드보다 더 좋은 실적을 내는 이유를 잘 알고 있기 때문이었다. 나는 공부를 끝냈다. 관련 문헌과 연구 자료를 확실히 살폈고, 통계를 알았다. 나는 그 영업사원이 인덱스펀드로 벌게 될 수수료도 조사했다. 정확히 0달러였다. 그래서 내 눈앞에 벌어질 즐거운 광경을 기대하고 있었다.

세상에, 내가 그걸 알아내다니! 그 영업사원은 내가 중대한 실수를 하고 있다는 걸 알려주려고 이를 입증할 만한 이야기를 줄줄이 늘어놓았다. 그리고 나는 그의 말이 틀렸다는 사실을 실제로 입증해주는 도표들을 그의 책상 위에 내밀었다. 결국 그는 뻔한 거짓말에 매달렸다. 이 계좌로는 이런 유형의 투자를 할 수 없다고 버틴 것이다. 하지만 내가 그의 상사와 통화하게 해달라고 하자 체념했다. 그렇게 나는 내 계좌를 정리하여 인덱스펀드에 투자했다.

정리하자면, 이렇다. 월스트리트는 인덱스펀드를 싫어한다. 하늘 높은 줄 모르고 치솟은 그 번쩍이는 유리 건물 안에는 거대한 무리의 주식 트레이더가 있다. 그들 뒤에는 수천 명의 애널리스트가 버티고 있다. 그들은 늦게까지 일하면서 모든 상장기업에 관한 보도자료와 재무제표를 살핀다. 그들은 이 정보를 뉴욕증권거래소 매장에 있는 트레이더에게 예상지 형태로 전달한다. 그 정보가 어떤 회사의 주식이 실제 가치보다 낮게 거래되고 있다는 사실을 암시하면, 트레이더들은 매수 주문을 낸다. 반대로 정보가 실제 가치보다 높게 거래되고 있다는 사실을 암시하면 매도 주문을 낸다.

물론 실제는 이보다 훨씬 복잡하다. 하지만 간단히 말해, 그날의 장을 마감할 때 월스트리트가 하는 일은 한 회사의 주식이 어느 정도 가치가 있는지 가격을 매긴 다음 불일치를 찾아내어 돈을 버는 것이다. 이런 모든 활동의 결과는 각 주식의 가격이 하루하루 달라지는 결과로 나타나고, 아울러 전체 주식시장의 전반적인 움직임으로 나타난다. 이러한 움직임으로 인해 시간이 갈수록 회사의 주가는 그 회사의 진짜 가치를 반영하게 된다.

하지만 이 많은 사람에게 그런 일을 하게 만들려면 누군가가 그들에게 월급을 주어야 한다. 그래서 등장하는 것이 액티브 뮤추얼펀드다. 펀드에서 운용되는 모든 자산에 1%의 수수료를 부과하게끔 규정해 놓고 투자자들이 1~2% 정도는 우습게 여기도록 속이는 것이다. 월스트리트는 트레이더들이 주가의 추이를 제대로 추측하든 못하든 돈을 벌게 만들어놓은 것이다. 매니저와 그들의 직원은 일을 제대로 하든 못하든 당신의 돈으로 월급을 받는다.

하지만 인덱스펀드에 투자하는 것은 다르다. 주식시장 전체에 베팅하면, 트레이더들이 그 지수에 있는 모든 개별 주식을 조사하고 가격을 매기기 위해 애쓰는 모든 작업 결과를 손쉽게 이용하는 셈이다. 게다가 펀드 매니저가 없으므로 그들이나 그들을 보조하는 일단의 무리들에게 월급을 줄 일도 없다.

인덱스 투자를 하면 월스트리트로부터 돈을 '되돌려' 받는다.

그날 나는 조금 생소한 만족감을 안고서 은행 문을 나섰다. 내가 그 은행직원의 사무실에 앉아 있을 때, 그는 내 돈을 빼내기 위해 갖은 수단을 쓴 강도였다.

하지만 은행을 나올 때는 내가 강도가 됐다.

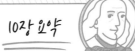

10장 요약

◆ 인덱스 투자는 개별 승자를 선택하지 않고, 모든 기업에 투자한다.

- 지수가 0으로 폭락하는 일은 없다.
- 인덱스펀드는 수수료가 적다.
- 인덱스펀드는 액티브 뮤추얼펀드의 85%를 이긴다.

MEMO

11장

폭락장에서
살아남는 법

살아온 이야기를 많이 했다. 해놓고 보니 내가 그 모든 난관을 혼자 헤쳐 왔고 모든 방법을 홀로 터득한 것처럼 되어버렸다. 사실 내 옆에는 남편 브라이스가 늘 함께 있었다. 우리는 대학에서 실험 파트너로 만났고(얼빠진 범생이들!), 그후로는 경제와 재무 문제에서 '어른 노릇'을 하기 위해 그 으스스하고 부담스러운 세계를 함께 헤쳐 나갔다. 지금 브라이스 이야기를 꺼내는 건, 내가 그동안 배운 지식을 총동원해 벌인 어리석은 행동의 결과로 절망에 빠졌을 때, 수렁에서 구해준 것이 그였기 때문이다. 한 번도 아니고 두 번씩이나.

인덱스 투자를 해야 한다는 사실은 알았지만, 올바른 펀드를 선택하는 것과 포트폴리오를 구성하는 건 다른 문제였다. 펀드를 선택하는 것이 벽돌 더미에서 가장 좋은 놈들을 고르는 것이라면, 포트폴리오를 구성하는 것은 고른 벽돌로 집을 짓는 것이다. 가진 돈 전부를 한 가지 지수(S&P 500)에 투자해야 하나? 토론토 증권거래소와 MSCI EAFE 같은 국제지수로 분산시켜야 하나? 채권은? 밤마다 우리의 통장은 처분만 기다리고 있었다. 전부 현금이었다. 그럼에도 난 이러지도 저러지도 못한 채 엉거주춤 눈치만 보고 있었다.

당시 브라이스는 토론토 대학에서 공학석사 과정을 밟고 있었고 경제학도 수강했다. 공급망 관리를 제대로 하지 못하면 자원이 고갈되거나 쓸모없어질 수도 있는데, 마침 아주 중요한 순간 그의 눈에 논문 하나가 들어왔다. 1950년대 경제학자 해리 마코위츠^{Harry Markowitz}가 개발한 현대 포트폴리오 이론^{Modern Portfolio Theory}이었다. 마코위츠는 이 논문으로 노벨상을 수상했다.

현대 포트폴리오 이론이란?

현대 포트폴리오 이론에 의하면, 자산은 두 가지 측정치로 요약된다. 기대수익률과 변동성이다. 백분율로 나타내는 기대수익률은 자산에 대한 연간 예상수익률이다. 표준편차로 측정되는 변동성은 일정 기간 자산이 움직이는 변동폭이다. 표준편차가 클수록, 자산의 변동성이 커진다.

두 가지 자산을 예로 들어보자. 하나는 S&P 500으로 대표되는 주식이고, 다른 하나는 채권이다. 이 두 가지 자산의 위험과 수익을 수치로 구성하면, 다음과 같다.

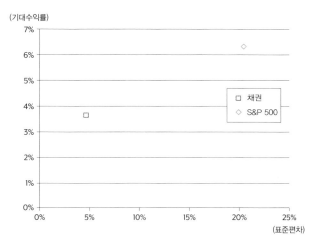

세로축은 기대수익률이고 가로축은 표준편차다. 오른쪽 위의 S&P 500을 보면 수익률도 높고 변동성도 크다는 것을 알 수 있지만, 왼쪽 아래의 채권은 수익률도 낮고 변동성도 작다.

이 두 점의 시세 변화를 표로 비교해 보자.

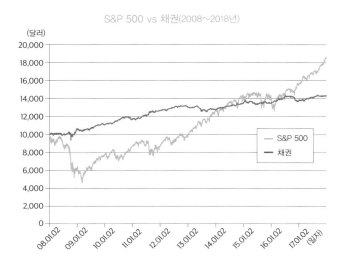

S&P 500 vs 채권(2008~2018년)

푸른 선은 S&P 500 지수이고 회색 선은 채권 지수다. 표에서 두 가지 사실이 분명히 드러난다. 첫째, 시간이 갈수록 S&P 500이 채권을 능가한다. 주식의 높은 기대수익률이 효과를 발휘한 것이다. 둘째, S&P 500이 채권 지수보다 훨씬 더 요란하게 움직인다. 이는 주식의 변동성, 즉 표준편차가 더 크기 때문에 나타난 결과다.

이제 이 두 자산을 혼합하여 포트폴리오를 구성할 때 어떻게 되는지 보자. 먼저 '주식 100%, 채권 0%'의 포트폴리오로 시작하여 나중에는 '주식 0%, 채권 100%'가 될 때까지 배분 비율을 계속 바꿔갈 것이다.

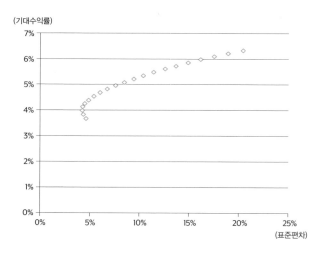

이것이 현대 포트폴리오 이론이 말하는 '효율적 투자선efficient frontier' 이다. 우리의 시세표에서 이들 포트폴리오를 살펴보면 다음처럼 될 것이다.

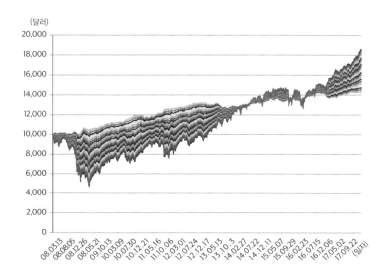

(달러)

이것이 현대 포트폴리오 이론의 두 번째 핵심이다. 모든 자산은 기대수익률과 변동성의 관점에서 점수를 매길 수 있고, 투자자는 각 자산군에 돈을 배분하는 비율을 조정해 변동성의 정도를 통제할 수 있다. 주식에 배분된 비율이 높을수록 장기 수익률은 높지만 그 과정에서 요란한 진폭을 감당해야 한다. 반면 채권에 배분된 비율이 높을수록 장기 수익률은 낮지만 안정적으로 운영할 수 있다.

포트폴리오를 구성하는 방법

이렇게 터득한 현대 포트폴리오 이론을 인덱스 투자에 결합시키는 순간, 나는 "아하!" 하면서 무릎을 쳤다. 드디어 부자들의 사고방식을 이해하게 된 것이다. 인덱스 투자는 주식시장에 안전하게 접근해 내 자산이 '0'으로 떨어지는 것을 막고, 장기 실적에 방해가 되는 불쾌한 운용수수료를 피하는 방식이었다. 현대 포트폴리오 이론 덕분에 우리에게 맞는 투자 포트폴리오를 구성하고 실제로 따를 수 있는 청사진을 손에 넣게 되었다. 정리해 보자.

1단계: 주식 배분율을 선택한다

먼저 결정해야 할 것은 주식 대 채권의 보유 비율이다. 이를 정하려면 먼저 주식 배분율이 높을수록 장기 수익률은 높지만 요철이 심한 길을 가야 한다는 사실을 인지하고 있어야 한다.

일반적인 투자 조언에 따르면, 채권의 비율은 나이에 맞춰야 한다. 다음의 표처럼 말이다.

나이(세)	채권(%)	주식(%)
20	20	80
30	30	70
40	40	60
50	50	50
60	60	40
70	70	30
80	80	20
90	90	10
100	100	0

젊을 때는 당장 큰돈이 필요하지 않으므로 변동성에 신경 쓰지 않아도 된다. 그보다 더 중요한 것은 주식의 높은 기대수익률에서 나오는 복합 효과다. 그러나 60대나 70대에 접어들면 돈에 의지할 일이 많아지므로 안정성에 더 신경을 써야 한다. 그래서 변동성이 작은 것이 더 중요하다. 또한 젊을 때는 자산 포트폴리오의 크기 자체가 작다. 가령 자산이 5만 달러 정도라면 가치가 50% 폭락해도 감당할 수 없을 정도의 손해를 보진 않지만, 나이가 들어 자산이 50만 달러 정도인데 같은 비율로 폭락한다면 큰 타격을 입게 되는 것이다.

이런 주장 모두 이론적으로 견고하고 일리가 있다. 다만 문제가 하나 있다. 투자를 처음 배울 때는 경험이 없고 겁도 많다. 채권 비율을 나이에 맞추는 방법은 가령 20대의 경우 앞으로 투자할 기회가 많으므로 자산이 50% 하락해도 괜찮다고 가정한 것이다.

그런데 그렇지 않은 사람도 있다. 나 같은 경우다.

브라이스는 나이에 채권 비율을 맞추라는 조언에 따라, 주식 80%, 채권 20%의 배분을 제안했다. 하지만 나는 훨씬 더 보수적인 입장을 취해 각각 50%씩 하자고 맞섰다. 그리고 타협 끝에 최초의 목표 배분을 주식 60%, 채권 40%로 정했다. 어느 정도 안심할 수준에 이르면 그때 가서 나이를 근거로 하는 배분에 맞추려는 의도였다.

나중에 알게 된 사실이지만, '주식 60%, 채권 40%' 비율은 첫 출발로는 매우 훌륭한 결정이었다. 이유는 차차 설명하기로 하고 다음 단계로 가보자.

2단계: 추종할 지수들을 선택한다

주식과 채권의 배분율을 정했다면, 다음 단계는 추종할 지수들을 선택하는 것이다. 미국인이라면 당연히 S&P 500이라고 생각할 것이다. 그렇다면 '자국 투자 편중^{Home Country Bias}'이라는 개념을 소개하고 싶다.

자국 투자 편중이란, 이미 충분히 입증된 투자 성향으로 투자자들이 국내 시장에 더 많은 비중을 두는 현상을 뜻한다. 사람들은 '모두' 자신을 중심으로 생각하게 마련이다. 여러 연구 결과에 따르면, 전 세계 투자자들은 자국에 투자하는 쪽을 선호하므로 주식 배분의 약 75%를 자국 주식으로 보유한다. 웬만하면 친숙한 시장에 투자하려 하는 건 어찌 보면 당연하다. 무엇보다 미국에서 뉴스를 들으면, 주로 다우존스나 S&P 500의 일일 시황을 접하게 되고, 토론토의 TSX나 런던의 FTSE 100 소식은 좀처럼 듣기 어렵다.

미국은 의심의 여지가 없는 세계 최대 경제대국이다. 그리고 미국인들이 보유하는 주식은 대부분 미국 주식일 것이다. 다만 그렇다고 해서 다른 나라를 무시해도 좋다는 뜻은 아니다(그 이유는 잠시 뒤에 설명하겠다). 다행히 미국과 캐나다 외의 선진국을 대상으로 하는 MSCI EAFE 지수라는 것이 있다. MSCI^{Morgan Stanley Capital International}는 이 지수를 작성해 발표하는 회사이고, EAFE는 '유럽, 오스트랄라시아, 극동^{Europe, Australasia, and the Far East}'의 머리글자를 딴 것이다. MSCI EAFE도 S&P 500처럼 북아메리카 이외의 선진국 시가총액가중방식으로 훌륭히 기능을 하는데, 1969년에 시작된 이 지수는 이 지역에서는 가장 오래된 국제주식시장 지수다.

세계의 기업들을 시가총액으로 분류하는 FTSE 글로벌 올캡 지수 FTSE Global All Cap Index 같은 국제 기업들의 지수를 살펴보면, 미국 시장이 약 50%를 차지한다는 것을 알 수 있다. 따라서 균형 투자로 위험을 줄이고 싶다면, 다른 나라와 미국 경제의 상대적 가중치를 비교하여 주식을 택하는 것이 좋다.

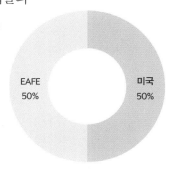

미국이 아닌 곳에 거주하고 있는 사람의 경우, 자국 투자 편중을 피하는 것이 중요하다. 제2차 세계대전 이후로 미국이 세계의 경제 발전소였다는 사실엔 논란의 여지가 없다. 따라서 미국인이 그들의 국내 경제를 지나치게 중시하여 잘못된 판단을 내린다고 해도, 그들의 자산 포트폴리오가 크게 잘못되는 일은 없을 것이다. 누가 뭐래도 미국은 1등이다. 인색하게 봐도 넘버 2는 된다. 어느 쪽이든 상관없다. 그러나 경제적으로 규모가 작은 나라에 거주하는 경우, 자산을 국내 주식에 과도하게 치중하면 크게 잘못될 수 있다. 그러니 애국심이 발동한다고 해도 투자할 때는 냉정하게 생각해 봐야 한다.

나는 나의 제2 조국을 사랑한다. 캐나다에는 코카콜라 캔이 무한정 많고 나의 가족을 괴롭히는 공산당이 하나도 없다. 얼마나 다행인가! 하지만 재무 문제라면, 캐나다 인구가 3,500만 명 정도라는 사실을 잊지 말아야 한다. 미국은 캘리포니아의 인구만 4,000만 명이다. 캐나다 경제를 모두 합쳐도 미국의 주 하나 크기밖에 되지 않는 것이다! 그러니 좀 더 현실적으로 생각할 필요가 있다. 캐나다에 모든 재산을 투자하는 일은 완전히 멍청한 짓이다. 다른 나라와 비교할 때 너무 작으니까. 그렇다고 캐나다를 완전히 무시하면 안 된다. 국내 주식에 투자할 때 받을 수 있는 세금 혜택이 있기 때문이다 (이에 대해서는 13장에서 다루겠다).

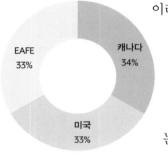

이러한 고민 끝에 최종적으로 우리가 선택한 자산과 배분 비중은 옆의 그래프와 같았다. 우리는 이를 우리의 자산 포트폴리오를 운영할 때 따를 가이드라인으로 삼았다. 그렇게 한 이유는 다음 두 가지 때문이다.

- 우리가 보유한 주식 중 대부분을 캐나다 밖에 두고 싶었다.
- 미국의 비중을 정할 때는 세계 속 미국의 경제적 가중치를 근거로 삼았다.

파이의 어느 한 조각이 다른 조각보다 낫다고 생각되면, 얼마든지 이쪽에서 몇 % 떼어내어 저쪽에 붙여도 좋다. 당신의 생각이 옳다면 이길 것이다. 혹여 틀린다고 해도 엄청난 문제가 생기지는 않을 것이다.

3단계: 투자 펀드를 택한다

추종할 지수와 가중치를 결정했다면, 이제 투자할 펀드를 고를 차례다. 우리가 투자를 시작했을 때는 뮤추얼펀드 외에는 달리 좋은 게 없었지만, 요즘은 선택의 폭이 아주 넓다. 특히 나는 상장지수펀드 exchange-traded fund, 즉 ETF를 강조하고 싶다.

ETF는 주식이나 채권을 한 바구니에 모아 투자한다는 점에서 뮤추얼펀드와 비슷하지만, 주식시장에 상장되어 거래된다는 점에서 뮤추얼펀드와 다르다. 여기에는 두 가지 이점이 있다.

1. ETF는 비용이 덜 든다. 고객이 뮤추얼펀드 유닛을 사거나 팔 때, 주문을 처리하는 것은 뮤추얼펀드 회사의 직원이다. 반면 ETF는 주식 거래 절차를 컴퓨터가 자동으로 처리하기 때문에 수수료가 훨씬 적다.
2. ETF는 누구나 살 수 있다. 보통 어떤 은행의 뮤추얼펀드를 사려면 그 은행에 투자해야 한다. 그러면 은행은 고객의 계좌에 다양한 종류의 수수료를 부과하는 등 갖가지 방법을 동원해 고객의 돈을 빼내간다. 하지만 ETF의 경우 피델리티 Fidelity 나 뱅가드 Vanguard, 퀘스트레이드 Questrade (캐나다) 같은 위탁계좌를 통해 거래할 수 있다.

그러나 ETF에도 불리한 점이 하나 있다. 뮤추얼펀드는 보통 건당 수수료를 부과하지는 않는데, ETF는 위탁 회사에 따라 그렇게 할 때가 있다. 위탁 회사들이 건당 5~20달러의 수수료를 부과하는데 반해, 뮤추얼펀드는 1년에 한 번 산정하는 것이다. 투자를 시작했을 당시, 나는 급여를 받을 때마다(2주마다) 그 돈을 포트폴리오로 옮겼기에 매수 주문이 많았는데, 그렇게 되면 수수료가 많이 나오기 때문에 결국 인덱스 뮤추얼펀드를 선택했다.

그러나 요즘은 ETF 거래를 무료로 해주는 위탁계좌가 많다. 따라서 굳이 뮤추얼펀드를 이용할 이유가 없다. 그렇다면 어떤 ETF를 구매해야 할까? 원하는 지수를 추종하는 것 중 가장 싼 것을 구매하면 된다. 나처럼 인덱스 투자를 하면 수완이 좋다는 펀드 매니저를 찾아다니는 일은 하지 않아도 된다. 어떤 지수를 추종할지는 각자가 결정할 일이다. 그러니 수수료가 가장 적으면서 가장 좋은 인덱스 ETF를 찾으면 된다. 참고로 2018년 기준 몇 가지 인기 있는 지수와 이들을 추종하는 ETF를 소개하겠다.

지수	ETF 명칭	기호	MER(%)
S&P 500	Vanguard Total Stock Market	VTI	0.04
TSX	BMO S&P/ TSX Capped Composite Index	ZCN	0.05
MSCI EAFE	Vanguard FTSE Developed Markets	VEA	0.07
미국 채권	Vanguard Total Bond Market	BND	0.05
캐나다 채권	BMO Aggregate Bond Index	ZAG	0.09

당신이 다니는 회사의 401(k) 플랜이 표에 나온 ETF를 제공하지 않을 수도 있다. 상관없다. 401(k)에서 제공한 목록에서 수수료가

가장 낮은 인덱스 ETF나 뮤추얼펀드를 고르면 된다. 나중에 은퇴하거나 직장을 바꿀 때는 모든 것을 자가관리 트레디셔널 IRA로 옮긴 다음, 자신이 원하는 것으로 바꿀 수 있다. 자세한 내용은 13장에서 다룰 것이다.

나의 첫 번째 포트폴리오

이렇게 브라이스와 나는 첫 번째 아파트에서 경력 2년 차를 맞았다. 방 여기저기 특히 컴퓨터 주변에는 출력한 도표와 서류 들이 어지럽게 흩어져 있었다. 공부는 끝났고 포트폴리오가 구성됐으며 투자 펀드가 선정되었다. 그동안 우리 두 사람이 모은 10만 달러(약 1억 1,600만 원)가 위탁계좌에 버티고 앉아 출격

명령만 기다리고 있었다. 우리는 옆처럼 포트폴리오를 정했다.

주식 60%, 채권 40%의 배분으로, 주식은 캐나다와 미국과 EAFE를 같은 비율로 나누었다.

"이렇게 가는 거야?" 브라이스가 물었다.

"응. 그, 그런 것 가, 같은데……."

나는 말을 더듬었다.

가슴이 뛰었다. 드디어 '부자들의 방식'을 실천에 옮기는 순간이었다. 통장에 모인 푼돈을 보며 흐뭇해하던 안일한 태도를 버리고, 돈을 불리는 법을 배워보기로 마음을 돌린 것이다. 장난감을 만들

기 위해 의료폐기물 더미나 뒤지던 꼬마 소녀가 주식시장을 기웃거리고 있었다. 그런데 쪽박 차면 어떻게 하지? 좀 더 잘 살아보겠다고 발버둥 치며 서구로 건너온 아버지가 치러야 했던 희생을 내가 물거품으로 만드는 건 아닐까?

하지만 경솔하게 내린 결정이 아니라며 나 자신을 다독였다. 신문 구석구석까지 외우다시피 읽었고, 여러 연구 자료를 독파했으며, 무엇보다 그 기반은 수학이었다. 주저하면서도 고개를 끄덕이는 나를 보며, 브라이스는 매수 주문을 넣고 결제 버튼을 눌렀다.

그리고 거의 동시에 우리의 포트폴리오는 상승했다.

겨우 10달러였지만, 처음으로 나는 돈이 돈을 버는 장면을 목격했다. 어린 시절 내게 돈은 오로지 생존을 위한 도구였는데, 이제 부자들이 돈을 버는 방식을 파악하게 된 것이다. 부자가 더 부자가 되는 방법이었다.

그다음 몇 주는 그야말로 '돈 나와라, 뚝딱!'이었다. 급여를 받을 때마다 우리는 포트폴리오에 우리가 넣을 수 있는 최대의 금액을 넣었고, 돈은 계속 불어났다. 순식간에 100달러, 그다음은 500달러 그리고 1,000달러가 올랐다! 믿을 수 없었다. 돈을 버는 게 이렇게 쉬운 일이었다니! 내가 왜 그렇게 겁을 냈지? 이런 마법을 모르고 지낸 세월이 너무 아까웠다. 하지만 나는 젊었고 이 같은 캐시카우를 몰고 푸른 초원을 누빌 시간은 얼마든지 있었다.

그날 밤 침대에 누웠을 때, 브라이스가 기분이 어떠냐고 물었다.

"날아갈 것 같아!"

해냈다는 생각에 마음이 뿌듯했다. 이제 비밀을 터득했으니 부자가 되는 건 시간 문제였다. 상한선은 없었다. 아버지가 날 얼마나 자랑스러워하실까?

불을 끄기 전, 시계를 봤다. 막 자정을 넘기고 있었다. 2008년 9월 1일이었다.

엄청난 위기

"제에에에에에에엔장!!!!"

"왜 그래? 무슨 일 있어?" 직장에서 막 돌아온 브라이스가 한 손으로 문을 닫으며 물었다.

"큰일 났어! 주식시장 봤어?"

다우 지수가 300포인트 폭락했고, 신문들은 '서브프라임 모기지 위기'인지 뭔지 하며 아우성이었다. 나는 그게 뭔지도 몰랐다. 그래도 돈이 빠져나가고 있는 것만큼은 분명했다. 포트폴리오의 약 20%가 빠져나간 것이다(정확한 수치는 부록 B에 실어놓았다).

"내려가는 날도 있는 거지." 브라이스가 어깨를 으쓱했다. "곧 괜찮아질 거야."

나는 신문을 집어 그의 얼굴에 들이댔다.

"이건 그냥 내려가는 날이 아니야! 뭔가 크게 잘못되고 있다고!"

"알았어. 진정해, 진정하라고." 브라이스가 내 어깨를 토닥이며 말을 이었다. "잊지 마. 일단 투자를 하면 한순간도 변동성에서 자유로울 수 없어. 올라갈 때도 있고 내려갈 때도…,"

"모르는 소리 좀 하지 마!" 나는 결국 소리를 지르고 말았다. "당신은 망해도 부모님들이 달려와 구해주시겠지. 나는 달라. 쪽박 차면 우리 부모님까지 망하는 거야, 나는."

이제 와서 완벽한 척하지는 않겠다. 아니 나는 완벽과는 거리가 먼 사람이다. 나는 비관주의자이고 자신감이라고는 눈곱만큼도 없으며 쉽게 겁에 질린다. 이 세 가지 성격이 그 순간 한꺼번에 드러났다. 그때 나를 구해준 것은 영원한 낙관주의자 브라이스였다. 벌써 두 번째였다. 아직까지도 말하지 않았지만, 그날 그가 집에 돌아왔던 순간 나는 '전부 매도' 버튼에 손가락을 올려놓고 있었다. 하지만 브라이스는 팔지 말라고 간곡하게 나를 설득했고 결국 포기했다.

그 탓에 이후 몇 달 동안은 한시도 마음 편히 지내지 못했다. 2주 뒤에 리먼 브러더스Lehman Brothers가 파산선고를 했고, 금융위기가 전 세계를 소용돌이로 빠뜨리고 있었다. TSX와 다우 지수는 꾸준히 떨어져 1,000포인트 넘게 빠졌다. 단 하루에 1,000달러를 잃던 순간을 나는 결코 잊을 수 없을 것이다. 그건 중국 시절 우리 동네 사람들 전체가 벌었던 돈보다 더 많은 액수였다!

브라이스는 아침에 눈을 뜨면 내 베개부터 살폈다. 스트레스로 밤사이 빠진 내 머리카락을 숨기기 위해서였다. 내게는 그런 그의 행동이 더 스트레스였다.

"이제 우리 어떻게 하지?" 평생 모은 돈이 둑 터진 봇물처럼 빠져나가는 것을 지켜보던 어느 날 잠자리에서 내가 물었다.

"어떻게 해야 할지는 이미 알고 있잖아." 그는 대답했다. "다시 공부하는 거지."

4단계: 리밸런싱

현대 포트폴리오 이론으로 가는 네 번째 단계가 있다. 이 부분은 얼핏 단순해 보이지만 알고 보면 미세한 부분에서 중요한 차이가 있다. 바로 그 미묘한 차이가 금융위기 기간에 우리를 구해주었다. 그 이야기는 다음과 같다.

현대 포트폴리오 이론에 따르면, 자산 배분 비율을 정한 후 시간이 지남에 따라 그 보유량이 바뀌는 과정을 계속 점검해야 한다. 그리고 목표 비율에서 많이 벗어나기 시작하면 리밸런싱(포트폴리오 조정)해야 한다. 예를 들어, 내 최초의 포트폴리오가 처음 정했던 목표에서 다음 그래프처럼 이탈했다면, 현대 포트폴리오 이론은 아래의 표처럼 행동하라고 지시했을 것이다.

EAFE 지수 21%
채권 33%
미국 지수 22%
캐나다 지수 22%

자산	행동	비율(%)
캐나다 지수	매도	2
미국 지수	매도	2
EAFE 지수	매도	1
채권	매수	5

언뜻 보면 대수로울 것도 없는 아주 간단한 리밸런싱이다. 하지

만 이렇게 하면 아주 현명하게 투자 전략을 구사할 수 있다. 무엇보다 돈을 완전히 잃어버리는 불상사를 피할 수 있다. 주식시장의 지수는 일정 구간에서 올라갈 수도 있고 내려갈 수도 있지만, 길게 보면 어김없이 올라가게 되어 있다. S&P 500의 실적은 개장 이후로 아래의 그래프처럼 전개되어 왔다.

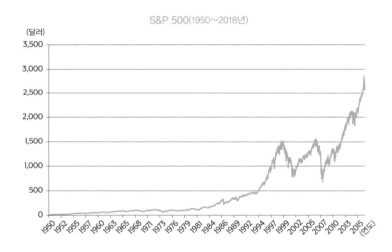

S&P 500(1950~2018년)

1950년 이후로 냉전, 쿠바 미사일 위기, 9.11 등 굵직한 사건이나 위기가 수도 없이 이어졌다. 하지만 시장은 곤두박질쳤다가도 매번 지수를 회복했다. 그러니 인덱스 투자를 한 뒤 하락장에 묶인 상태에서 돈을 돌려받고 싶다면 그저 기다리는 것 외에 달리 방법이 없다. 하나 마나 한 소리인 줄은 나도 안다. 계속 떨어질 것 같으면 본능적으로 팔게 되는 것이 정상이다. 하지만 가장 현명한 방법은 끝까지 버티는 것이다. 2008년 그날 브라이스는 바로 그러한 사실을 알고 있었다. 돈을 영원히 날리는 유일한 방법은, 하락세에서 팔아 회복할 기회를 두 번 다시 갖지 못하는 것이다. 리밸런싱은 이런 일을 막아준다. 자산을 파는 것은 배분된 자산이 목표치보다 '위에' 있을 때뿐이다. 다시 말해, 수치가 오른 자산만 팔 수 있다. 내려간 것들은 팔면 안 된다.

둘째, 리밸런싱은 현명한 투자를 강요한다. 이야기했듯 자산은 올랐을 때만 팔 수 있다. 뒤집어 말하면 목표치보다 아래 있는 자산만 살 수 있다. 내려간 자산만 살 수 있다는 말이다. 낮을 때 사고 높을 때 팔아라. 주식시장에서 돈을 버는 공식이다.

마지막으로 리밸런싱은 탐욕과 공포라는 두 가지 주요 투자 정서를 무시하게 만든다. 이 말이 이해되지 않는다면 시장이 폭락할 때 어떻게 되는지 살펴보면 된다. 2008년 위기 때,

주식시장은 거의 며칠마다 500~700포인트씩 빠지는 속 뒤집어지는 상황이 연출됐다. 자산 대부분이 주식에 들어가 있었기 때문에 내 포트폴리오 결과는 저조할 수밖에 없었다. 하지만 자산 배분을 리밸런싱하자 옆처럼 바뀌었다.

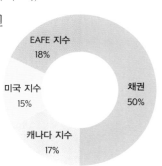

파이의 전체 크기는 작아졌지만, 나의 채권 배분율은 올라가고 있었다! 금융위기 기간에는 돈이 위험한 쪽(주식)에서 안전한 쪽(채권)으로 흐르기 때문이다. 신문의 헤드라인엔 온통 경고뿐이고 포트폴리오의 파이는 자꾸 줄어들고 있었기에, 내 속에서는 전부 팔아치우고 숲속으로 피신하여 다시는 투자할 생각

을 말라고 소리치고 있었다. 하지만 현대 포트폴리오 이론은 다른 소리를 했다. 불길에 휩싸이지 않은 자산(채권)만 팔고 시장이 계속 주저앉아도 주식을 더 사들이라고 말이다.

당시에는 몰랐지만, 바로 그것이 그때 취해야 할 행동이었다.

리밸런싱의 한계

단, 더 이야기하기 전에 리밸런싱에 몇 가지 한계가 있다는 점을 경고해야겠다.

우선 현대 포트폴리오 이론은 포트폴리오에 주식뿐 아니라 채권도 어느 정도 함께 있을 때만 효과가 있다. 한 쪽에 너무 치우쳐 있으면 이 시스템은 쉽게 무너진다. 예를 들어, 우리가 겪은 것과 같은 폭락장세가 계속될 때 내가 주식만 100% 보유하고 있었다면 리밸런싱은 효과를 낼 수 없었을 것이다. 주식시장이 폭락할 때 오를 수 있는 다른 보완 자산이 없기 때문이다. 그러니 나의 배분이 바뀔 수 없고 리밸런싱을 할 만한 요인도 없다. 이러한 이유로 나는 아무리 공격적인 투자자라고 해도 주식 비중을 80% 이상 가져가지 말라고 조언하는 편이다.

둘째로 현대 포트폴리오 이론은 모든 자산이 인덱스펀드에 있을 경우에 가장 효율적으로 운용할 수 있다. 포트폴리오에 한 가지 주식만 있다면 어려움에 빠질 수 있다. 인덱스펀드는 0이 될 수 없지만, 개별 종목은 0이 될 가능성이 있어서다. 그리고 그런 일이 일어날 경우 가진 게 주식뿐이므로 리밸런싱은 그 회사가 파산하여 당신이 평생 모은 돈을 모두 삼킬 때까지 다른 모든 자산을 팔아 그 주식을 더 많이 사게끔 유도할 것이다. 따라서 현대 포트폴리오 이론으로 관리할 때는 절대 개별 종목으로 포트폴리오를 구성하면 안 된다!

폭락장에서 살아남기

포트폴리오가 무너지는 것을 지켜보는 동안 내 본능은 더 이상 손실을 내지 말고 어서 빠져나가라고 재촉했다. 하지만 연구 결과와 남편 브라이스는 오히려 더 사들이라고 말했다.

수학과 브라이스의 말을 들어서 손해 본 적은 없었기에 그 말을 따랐다. 2주마다 브라이스와 나는 급여 중 식비와 집세를 제외한 나머지를 추락하고 있는 주식시장에 모두 털어 넣었다. 어느 날에는 인덱스펀드를 1,000달러 매수하자마자 그 자리에서 1,000달러가 빠져나간 적도 있었다.

"이런 망할! 내 돈이 어디로 간 거야?" 나는 화면에 대고 소리를 질렀다.

돈을 태워버린 기분이었지만, 사실상 나의 인덱스 지분은 계속 올라가고 있었다. 내가 공포의 안개에 갇혀 실상을 제대로 보지 못했을 뿐이다.

시장이 바닥을 치고 반등을 시작한 것은 2009년 3월이었다. 주식시장은 최고점에서 최저점까지 거의 50% 떨어졌다. 하지만 우리의 포트폴리오 중 주식시장에 투자한 지분은 60%였기 때문에 그것의 약 절반인 20~25%만 하락한 셈이었다.

흥미로운 부분은 따로 있었다.

주식시장이 하락하던 때도 우리는 계속 인덱스펀드를 사들였기에 우리가 보유한 인덱스펀드는 처음 시작했을 때보다 몸집이 불어나 있었다. 그것도 액면가보다 엄청 낮은 가격으로 산 것이다. 그래서 하강국면보다 상승국면에서 훨씬 강세를 보였다.

2012년 4월, S&P 500이 위기 이전의 수준을 회복했다. 3년 반만이었다.

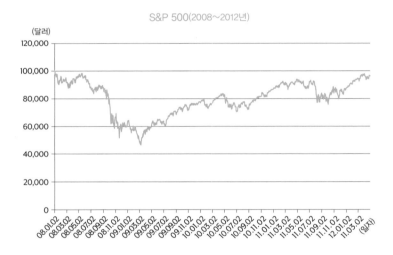

S&P 500(2008~2012년)

우리의 자산이 위기 이전의 수준을 회복하는 데 걸린 기간은 다음과 같다.

S&P 500 vs. 우리의 포트폴리오(2008~2009년)

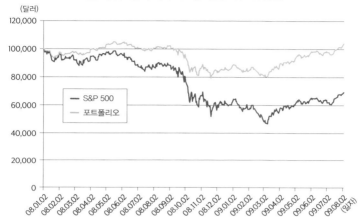

(달러)

- S&P 500
- 포트폴리오

뉴스는 여전히 무너진 세계 경제 질서를 두고 아우성을 치고 있었지만, 금융위기에 빠진 지 불과 2년 만에 우리는 우리 돈을 고스란히 되찾았다. 월스트리트는 혼란스러웠지만 우리는 단 한 푼도 잃지 않고 다시 기력을 회복했다. 인덱스 투자와 현대 포트폴리오 이론을 토대로 우리는 프로 헤지펀드 매니저들이 판을 치는 게임에서 그들을 가볍게 눌렀다.

그날 퇴근한 브라이스는 문을 열고 들어오면서 청색과 은색이 섞인 치어리더들의 응원도구 폼폼 두 개를 흔들어댔다.

"왜 그래? 무슨 좋은 일 있어?" 내가 어리둥절한 표정을 짓자 그가 통장을 들이밀었다. 원금이 완전히 돌아와 있었다.

"와…," 한동안 말을 잇지 못했다. "적중했네!"

11장 요약

◆ 현대 포트폴리오 이론은 자산을 두 가지 측정치, 즉 기대수익률과 변동성으로 요약한다.

◆ 포트폴리오를 설계하고 유지하려면 다음을 따르라.
  – 자신에게 맞는 자산 배분을 택하라. 나의 경우 주식 60%, 채권 40%였다.
  – 추종할 지수를 택하라.
  – 그 지수를 추종할 투자 펀드를 택하라.
  – 투자한 자산의 가치가 요동칠 때는 목표 배분에 맞춰 리밸런싱하라.

MEMO

12장

세금은 7 난한
사람들이나 내는 것

우리 아버지는 좀처럼 흥분하는 법이 없다. 그것이 지독한 가난과 목숨을 위협하는 공산주의자들에게 품위 있게 맞서는 그만의 노하우였다. 내게는 그런 품위가 없다. 눈치챘겠지만 나는 화를 잘 낸다. 처음 사회생활을 시작했을 때는 태어날 때부터 부자였던 사람을 볼 때마다 부아가 치밀었다.

가난하게 자란 사람이라면 부자를 미워하면서도 흠모하는 나의 이런 이중적 태도를 이해할 수 있을 것이다. 부자들을 혐오하면서도 그들처럼 되고 싶었다. 성공한 그들의 위세에 기가 죽곤 했지만 그들이 조금이라도 부요한 티를 내면 화가 났다. 무엇보다 짜증나는 건, 부자들이 우리와 다른 규칙으로 게임을 한다는 사실이었다. 가난한 형편에서 자란 사람은 입에 풀칠이라도 하기 위해 궂은일도 마다하지 않는데, 그들은 느긋하게 앉아 돈을 굴린다. 우리는 열심히 일해 꼬박꼬박 세금을 내는데, 그들은 좀처럼 세금을 내지 않는다. 워런 버핏Warren Buffett도 그가 자신의 비서보다 낮은 세율을 적용받고 있단 사실에 개탄했다. 이번 장의 제목은 리어나 헴슬리Leona Helmsley에게 영감을 받았다. 상상을 초월할 정도로 오만하기 짝이 없었던 이 뉴욕의 부동산 거물은 유명한 말을 남겼다. "우리는 세금을 내지 않는다. 세금은 힘없는 사람들이나 내는 것이다."

미국과 캐나다처럼 누진세 제도를 채택하는 나라에서는 버는 돈의 액수를 근거로 세금을 물린다. 가난한 사람들은 한 푼이 아쉬운 상황이라 세금을 거의 내지 않고, 중산층은 여유가 있으니 조금 더 세금을 내며, 부자들은 태워버려도 남을 만큼 돈이 많으니 제일 많은 세금을 낸다. 아니, 적어도 그렇게 생각하도록 우리는 세뇌되었다. 그런데 실상은 그렇지 않다. 가난한 사람은 세금을 거의 내지 않는다. 중산층은 더 낸다. 그리고 부자들은 세금을 적게 낸다. 로비스트를 이용하는 등 갖은 편법을 써서 가능한 한 줄이는 것이다. 세금의 모자란 부분은 나머지 우리 같은 사람들이 메운다. 미국의 소득 불평등이 갈수록 심화되는 데도 이런 요인이 한몫한다. 돈이 많을수록 이용할 수 있는 편법도 더 많다. 그 결과 부자들은 세금을 덜 낸다. 또 그 결과 부자들은 더 많은 돈을 번다. 악순환이다. 아, 그리고 어쨌든 그 방법들은 편법이긴 해도 완전히 합법이다.

나는 제도를 악용하는 이런 부자 악당들에 대한 분노를 숨기지 않고 틈만 나면 그들에게 저주를 퍼부었다. 이처럼 너무 자주 화를 내는 내게 질렸는지, 어느 날 브라이스가 손을 내저으며 한마디 했다. "당신이 어떻게 할 수 없는 일에 툴툴대지 말고 그 비밀을 좀 훔쳐다 자신을 위해 써보지 그래?"

그 한마디 말에, 나는 그런 짓을 그만두었다. 브라이스의 말이 맞다. 허점을 역이용하는 사람들에게 저주를 퍼부어봐야 그들이 그런 짓을 그만둘 리 없다. 무엇보다 그들이 계속 그런 짓을 하고 나는 계속 욕만 한다면, 그들과 나의 격차가 계속 벌어질 것이다. 하지만 내가 그들의 비밀을 훔친다면? 혹시 따라잡을 수도 있지 않을까?

나는 그렇게 했다. 그때 이후 투자를 통해 수십만 달러를 벌어들임에 따라 3년 넘도록 백만장자로 살고 있지만, 나는 단 한 푼의 세금도 내지 않았다. 어떻게 그것이 가능했냐고?

간단히 말하면, 과세 측면에서 볼 때 근로소득보다 투자소득이 훨씬 더 유리하기 때문이다. 투자자가 더욱 부자가 되고 근로자는 더욱 착취당하게 되는 것도 이 때문이다. 그리고 분명한 건, 밖에서 들여다보는 것보다 안에서 내다보는 것이 훨씬 더 재미있다는 것이다.

여러분도 그 기분을 직접 느껴보길 바란다.

조세회피와 과세이연

내가 배운 첫 번째 교훈은 간단했다. 세제 혜택을 모두 비난할 필요는 없다. '비열한 여왕Queen of Mean'이라고 불리며 탈세를 일삼았던 리어나 헴슬리에게 제대로 정의가 작동했다면 16년 형을 받고도 남았겠지만, 합법적인 조세회피와 불법 조세회피 사이에는 큰 차이가 있다.

　나도 처음에는 여느 부자들만큼의 많은 조세회피 전략을 갖고 있지 않았다. 하지만 누구나 이용할 수 있는 몇 가지 전략이 있다. 따라서 할 수 있다면 모두 이용해야 한다.

　조세회피란 세금이 없는 곳으로 돈을 옮기는 것이다. 세금을 영화 〈매트릭스 _The Matrix_〉의 중력이나 〈트랜스포머 _Transformer_〉의 로직이라고 생각해 보라. 중력이나 로직은 분명 존재하지만 당신 돈에는 적용되지 않는다. 예를 들어, 인덱스 ETF에 투자했을 때 수익이 발생한다고 해도 그 수익은 소득세신고에 반영되지 않는다. 그 계좌에 붙은 이자도 마찬가지다. 돈이 조세회피처에 있으면 그 돈에는 다시 과세되지 않는다. 조세회피 계좌로 들어가는 돈에는 이미 과세가 됐기 때문이다.

　반면 과세이연이란 내야 할 소득의 상당 부분에 대한 소득세를 당해 연도에는 내지 않기로 연기하는 방식이다. 그 과정은 이렇다. 먼저 소득의 일정 부분을 과세이연 계좌에 적립한다. 그렇게 적립한 금액은 소득에서 빠져나가므로 그해의 과세소득이 줄어든다. 회계사들은 이런 적립금을 '공제액'이라 부른다. 한 해에 5만 달러를 벌어 그중 1만 달러에 대한 세금을 연기하면, 그해에 4만 달러를 번 것으로 간주하여 과세된다. 또 연기한 그 1만 달러는 면세가 되는 특별 계좌로 들어가 증식하는데, 그 돈을 인출하면 과세소득으로 간주되어 세금을 내야 한다. 왜냐하면 과세이연 계좌로 들어간 돈에는 아직 과세가 되지 않았기 때문이다.

　요약해 보자.

	조세회피	과세이연
적립금	비공제	공제
증식/이자/배당금	면세	면세
인출	면세	소득에 따른 과세

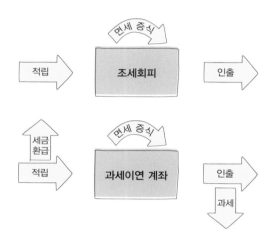

　그런데 왜 정부는 이렇게 하도록 내버려두는 것일까? 거기엔 이유가 있다. 정부는 국민들이 은퇴에 대비해 저축을 하길 바란다. 그러니 세금을 감면해 주는 혜택을 제공하면 그들에게 저축할 동기가 생길 거라 판단하는 것이다. 사회보장제도만으로는 국민들의 안전한 은퇴가 보장되지 않는다는 것을 정부도 잘 안다. 따라서 국민들이 각자 그 차이를 보충할 만큼의 돈을 저축하기 원한다. 또한 투표에 가장 적극적인 층이 은퇴자라는 걸 알기에, 그들을 계속 행복하게 해줄 필요를 느끼는 것이다.

어떤 식으로 할 것인가?

조세회피나 과세이연 계좌를 개설하려면 두서없는 숫자와 뒤범벅인 문자들을 참아내야 한다. 숫자도 어지럽거니와 이용할 수 있는 계좌도 한두 가지가 아니기 때문에 겁을 먹게 되는데, 사실 시간적 여유를 가지고 달려들면 생각만큼 복잡하지 않다. 이제부터 찬찬히 따져보자.

미국의 은퇴계좌는 크게 두 가지 유형으로 나뉜다. 고용주지원 은퇴계좌와 개인 은퇴계좌다. 고용주지원 계좌는 직장을 통해 신청하는 계좌다. 가장 대표적인 것이 401(k)이지만 기업에 따라 다른 유형을 채택하는 곳도 있다.

계좌 유형	전형적 고용주 유형
401(k)	영리 목적 사기업
403(b)	비영리 기관 또는 등록된 자선 단체
457	주 공무원
TSP	연방공무원/군인

이것들은 모두 전형적인 과세이연 계좌로, 운영 방식이 비슷하다. 돈을 넣으면 그해 내야 할 세금 액수를 줄여준다. 계좌에 들어간 돈에 대해서는 과세되지 않다가 세월이 지나 인출하게 되면 그때 과세된다.

고용주는 종종 고용인이 급여에서 납입한 금액에 대해 일정 비율로 매칭하여 적립해 준다. 따로 주는 급여인 셈이다. 하지만 납입을 해야 매칭해 준다. 따라서 고용주가 401(k) 매칭 프로그램을 제공한다면 반드시 가입해야 한다. 가입하지 않으면 받을 수 있는 돈을 날리는 것이기 때문이다. 급여의 일부를 날려버리고도 부자가 될 수 있는 사람은 없다, 절대로. 고용주가 지원하는 은퇴 플랜이 있는지 없는지 잘 모르겠으면 오늘 당장 알아보라!

이 밖의 은퇴계좌로 꼭 알아야 할 유형은 개인 은퇴계좌Individual Retirement Account, 즉 IRA이다. IRA는 고용주가 은퇴계좌를 제공하지 않을 경우 비슷한 혜택을 받을 수 있도록 설계되었다. 어디든 큰 금융기관에 가면 IRA를 개설할 수 있다. IRA는 트레디셔널 IRAtraditional IRA와 로스 IRARoth IRA 두 가지가 있다.

트레디셔널 IRA는 과세이연 계좌와 비슷한 기능을 한다. 돈을 넣으면 그 돈에 대해 공제받을 수 있어 납부할 세금이 줄어들고, 돈을 인출할 때 과세된다. 로스 IRA는 조세회피처와 비슷한 기능을 한다. 돈을 납입할 때는 공제되지 않지만 인출할 때 세금을 내지 않아도 된다. 계좌에 납입할 때 이미 세금을 냈기 때문이다.

그렇다면 부자들이 세금을 최소화하기 위해 활용하는 (완전 합법적인) 편법을 살펴보자.

감춰진 편법 1: 은퇴계좌에 이중으로 납입

회사의 성격에 따라 고용주지원 은퇴계좌 두 가지에 동시에 돈을 납입하는 것이 가능하다. 예를 들어, 비영리 기관이나 공기업에 다니고 있다면 401(k)와 457을 모두 이용할 수 있다. 병원도 그런 경우가 많고 대학교도 마찬가지다. 변호사, 건축가, 방위산업체 근무자 등 정부와 계약한 경우에도 사업 구조에 따라 이중 지원이 가능하다. 게다가 놀랍게도 납입한도액까지 같이 올라간다.

하지만 이런 내용은 아무도 드러내놓고 알려주지 않는다. 그래서 이런 장치를 아는 고용인들도 많지 않다. 자격이 있는지 알고 싶다면, 인사팀에 가서 또 하나의 은퇴계좌를 개설할 수 있는지 직접 문의해 보라. 내 블로그의 구독자들 중에도 이중으로 납입하는 것이 가능하다는 사실을 알고 놀란 사람들이 많았다!

감춰진 편법 2: 백도어 로스 IRA

대개 수입이 너무 많으면 로스 IRA에 납입할 수 없는데, 꼭 그런 것은 아니다. 돈을 너무 많이 벌어 로스 IRA에 펀드를 회피시킬 수 없다 해도 비공제 트레디셔널 IRA에는 납입할 수 있다. 트레디셔널 IRA는 납입할 때 세금을 내지 않지만 인출할 때는 그 돈을 과세소득에 합산한다. 비공제 트레디셔널 IRA는 가장 핵심 부분인 납입금에 대한 면세 혜택이 없다.

따라서 비공제 트레디셔널 IRA에 납입하는 것은 완전히 바보짓처럼 보인다. 이 계좌의 가장 알짜배기를 포기하는 것이니까. 하지만 오히려 아주 훌륭한 방법일 수 있다. 미 국세청은 로스 IRA에 곧바로 납입한 금액에 대해서는 소득평가를 적용하지만, 트레디셔널 IRA를 로스 IRA로 전환할 때는 그런 소득 제한을 적용하지 않는다.

따라서 고소득자가 로스 IRA에 직접 납입할 수 없는 경우에는 다음과 같은 합법적인 절차를 밟아 세금을 피할 수 있다.

1. 트레디셔널 IRA 계좌를 개설한다.
2. 비공제 납입금으로 최대한도액(2019년 기준 6,000달러)을 납입한다.
3. 거래하는 금융기관에 연락해 모든 계좌를 로스 IRA로 전환해 달라고 요구한다.

짜잔! 이렇게 해서 백도어 로스 IRABack-Door Roth IRA에 납입하는 절차가 끝났다!

부자들이 다른 사람들과 다른 규칙으로 게임을 한다는 말이 무슨 뜻인지 이해가 되는가? 고소득자의 탈세를 막는 규제 장치가 버젓이 존재하지만, 그들은 어떻게든 빠져나가는 방법을 찾아낸다. 부자들은 정부가 주는 합법적인 선물을 철저히 이용한다. 당신도 할 수 있다!

얼마를 납입해야 하는가?

소득에 대한 과세를 회피하거나 유예하는 방법에 대해 배웠다. 그러면 계좌에 각각 얼마를 납입해야 할까? 부자들은 무조건 최대한도까지 납입하라고 말할 것이다. 부자들은 통장의 잔고를 걱정할 필요가 없으니 납입이라고 해봐야 돈을 이곳에서 저곳으로 옮기는 문제밖에 되지 않는다. 계좌에 넣어도 내 돈이고 내야 할 세금도 줄었으니 전부 넣는 것이 이치에 맞다. 그러나 보통사람들은 사정이 다르다.

무엇보다 고용주가 401(k) 매칭 프로그램을 제공하면 자금을 최대한으로 넣어 매칭 액수를 최대화해야 한다. 그렇지 않으면 여러분의 고용주는 합법적으로 여러분에게 지급해야 할 급여의 일부를 지급하지 않아도 된다며 좋아할 것이다. 받을 수 있는 돈을 받지 않고서는 부자가 될 수 없다.

단, 잊지 말아야 할 것이 있다. 과세이연 계좌의 경우 납입할 때는 세금이 없지만 인출할 때는 세금을 내야 한다. 따라서 높은 세율에서 납입하고 낮은 세율에서 인출해야 유예를 최대한 유리하게 이용하는 것이다(이 부분은 13장에서 다루겠다). 10%의 세율에서 납입하고 나중에 같은 세율에서 인출한다면 득보는 것이 없다. 그러나 32%에서 납입했다가 10%에서 인출하면, 22%의 세금을 피한 것이다! 그리고 이런 세제 혜택은 완전히 정부가 의도한 것이다. 말했듯, 정부는 사람들이 은퇴에 대비하여 저축해 두기를 원한다. 금전적으로 여유가 있는 은퇴자는 스스로 앞가림을 하고 정부에 많은 것을 요구하지 않기 때문이다.

간단히 말해, 어떤 계좌에 투자할 것인지는 여러분이 어느 세율 구간에 속해 있는가에 따라 결정하면 된다. 낮은 구간이라면 세금을 유예해도 큰 혜택을 받지 못하기 때문에 로스 IRA에 먼저 투자하는 것이 합리적이다. 반면 높은 세율 구간에 있다면 과세이연 계좌에 투자하는 쪽이 이치에 맞다. 401(k)와 트레디셔널 IRA에 돈을 최대한도까지 넣어라. 그런 다음 돈을 일반적인 납입이나 백도어 납입 방식을 통해 로스 IRA에 넣어라.

돈을 돌려받으려면
어떻게 해야 하는가?

이제 여러분은 중산층 근로자로서 가능한 한 많은 돈을 조세회피처로 보내는 방법이 무엇인지 알게 되었다. 그런데 의문이 생긴다. 그 돈을 돌려받으려면 어떻게 해야 하는 거지? 그 돈을 다시 빼낼 때 세금을 내야 하는가? 아니면 내지 않아도 되는가? 미국의 경우 401(k)에서 59.5세 이전에 돈을 인출하면 10%의 위약금을 물어야 한다. 이 같은 규정이 은퇴 계획에 어떤 영향을 미칠까?

다행히 세금을 내지 않고 위약금도 내지 않고 모든 돈을 빼낼 수 있는 방법이 있다. 짐작했겠지만, 역시 부자들이 쓰는 편법을 이용하면 된다. 그 이야기는 다음 장에서 하자.

◆ 과세이연 계좌를 이용하면 당장 세금을 내지 않고 나중에 인출할 때 낼 수 있다.

◆ 조세회피 계좌를 이용하면 투자금에 대해 세금을 면제받을 수 있지만 납입할 때는 세금을 내야 한다.

◆ 가장 일반적인 과세이연 계좌로는 401(k), 403(b), 457, TSP, 트레디셔널 IRA 등이 있다.

◆ 가장 일반적인 조세회피 계좌로는 로스 IRA가 있다.

◆ 어느 계좌이든 최대한도까지 납입하는 것이 좋다. 그래야 세금 혜택을 최대로 받을 수 있다.

◆ 고용주가 401(k) 매칭 프로그램을 갖고 있으면 여기에 먼저 최대한도까지 납입하라.

◆ 편법이 있다. 이중 납입과 백도어 로스 IRA이다.
 – 이중 납입: 비영리 기관에서 일하거나 국가 공무원이면 403(b)와 457에 동시에 납입할 수 있다.
 – 백도어 로스 IRA: 급여가 로스 IRA에서 정한 한도액을 넘는 경우에도 조세회피용으로 이용할 수 있다.

단, 앞에서 언급한 내용은 모두 이 글을 쓸 당시에 한해 유효한 내용이다. 법은 언제든 바뀔 수 있기 때문에 시간이 지나면 여기에 소개한 방법이 맞지 않게 될 수도 있다. 따라서 실제로 행동에 옮길 때는 공인회계사와 의논하는 편이 좋다.

13장

다시는 세금을
내지 말라

12장에서 이야기한 절세 전략은 중산층 근로자들이 언제든 활용할 수 있는 기법이다. 가입한 모든 과세이연 계좌와 조세회피 계좌에 최대한도까지 돈을 납입하는 것이 부자가 되는 첫 단계이지만, 사실 나는 그 이상의 묘수가 필요했다. 세금을 거의 내지 않는 방법은 없는 걸까? 백만장자들은 어떻게 하고 있을까? 나는 몇 달 동안 이 문제에 매달렸다. 막상 달려들고 보니 산 넘어 산이었다.

기법과 요령을 다룬 책들은 부피만으로도 책꽂이가 휘어질 정도였다. 방법도 너무 많아 무엇부터 해야 할지 막막했다. 조세피난처에 회사라도 세워야 하나? 소득 신탁은? 스위스로 날아가 비밀계좌를 열까? 조사를 하면 할수록 더 헷갈렸고 솔직히, 속고 있는 기분이었다. 사례랍시고 제시된 술수들은 뻔뻔스러울 정도로 비열하거나 아슬아슬하게 법망을 피해가는 느낌이었다. 해외에 있는 조세피난처의 가치를 역설하는 책이나 논문 들을 수도 없이 봤지만, 이러한 방법으로 절세한 이들에 대한 신문 헤드라인은 결국 비슷했다. "페이퍼컴퍼니를 통해 탈세를 일삼은 ○○○, 결국 검거!"

무엇을 하든 100% 떳떳하고 싶었다. 모든 것은 합법적이어야 했다. 간교한 술수는 체질에 안 맞았다. 내가 사용하는 전략이나 세율은 정부가 '특정 목적으로' 제공한 것이어야 했다. 이 비좁은 감옥을 벗어나려고 서툰 짓 하다가 진짜 감옥에 가고 싶지는 않았다.

'간교한 술수는 사절'이라는 팻말을 세우고 나니, 그동안 읽은 자료의 90%는 아무 도움도 안 되는 휴짓조각에 불과했다. 시끄러운 함성들이 사라지자 간단한 답이 나왔다. 누구나 이용할 수 있는 합법적인 도구를 사용하여 세금 부담을 제거하는 것이다. 401(k) 같은 과세이연 계좌, 로스 IRA 같은 조세회피 계좌, 표준공제, 주식시장 등이었다. 이들 퍼즐 조각을 제대로만 맞추면 세금의 이마에 굿바이 키스를 할 수 있다. 영원히.

다양한 유형의 과세 소득

과세되는 소득의 유형이 무척 다양하다는 사실부터 지적해야겠다. 근로소득은 일을 해서 버는 소득이다. 가장 흔한 형태의 소득이며 정해진 소득과 결혼 여부 등에 따라 세금이 달라진다. 그리고 예금계좌나 채권에서 나오는 이자에는 근로소득과 같은 방식의 세금이 부과된다.

반면 배당소득은 개인이 보유한 주식을 발행한 회사가 그 개인에게 주는 소득인데, 여기에는 흥미로운 부분이 있다. 배당금에 부과되는 세율은 근로소득에 대한 세율보다 훨씬 낮다는 것이다. 단, 이세율은 적격 배당금에만 적용된다. 적격 배당금이란 미국 기업이나 미국 정부와 포괄적 조세 협약을 맺은 국외 기반 기업이 지급하는 배당 소득으로, 60일 이상 보유한 주식에 대한 배당금이다.

자본 이득capital gain은 가치가 상승한 주식을 팔아 얻는 소득이다. 어떤 주식을 10달러에 사서 15달러에 팔면 주식 한 주당 5달러의 자본 이득이 발생한다. 미국의 경우 365일 넘게 보유한 주식에서 실현된 장기 자본 이득에 대해서는 적격 배당금과 같은 세율이 적용된다. 보유 기간이 366일 미만인 주식에서 실현된 단기 자본 이득은 일반적인 소득으로 간주하여 과세된다.

부동산에 붙는 재산세는 매년 해당 연도 공시가격에 일정 비율을 적용하여 과세된다. 미국의 경우 세율은 도시마다 다르기 때문에 개인이 어떻게 할 수 없다. 재산세는 소득이 아닌 재산에 효율적으로 과세하기 위한 유일한 방법이다. 그래서 프랑스나 키프로스의 경우처럼 정부가 소득이 아닌 은행계좌에 세금을 물리려 할 경우, 부자들은 은행계좌를 나라 밖으로 옮기곤 하는데 집은 옮길 수 없으니 꼼짝없이 세금을 내야 한다.

이 밖에도 여러 가지 소득과 세금 유형이 있지만, 일반적으로 근로자와 관련성이 많은 세금은 이 정도만 알아두면 된다.

조세 최적화와 그 필요성

과세가 되는 다양한 유형의 소득을 살펴보면 현금이나 자산을 보유하고 있을 경우 어떤 소득이 세금에 유리하고 불리한지 금방 확인할 수 있다. 가장 불리한 것은 부동산이다. 집의 가치가 올라가든 내려가든 상관없이 매년 세금을 내야 하기 때문이다. 근로소득과 이자는 조금 나은 편이다. 돈을 벌었을 때만 세금이 부과되니까. 가장 좋은 것은 적격 배당금과 자본 이득이다. 이론적으로 다른 소득이 없다고 가정하면, 미국의 경우 배당금이나 자본 이득으로 부부 합산 7만 8,750달러까지는 세금을 한 푼도 내지 않는다.

조세 최적화의 핵심은 이것이다. 세금의 측면에서 볼 때 효율적인 소득과 그렇지 못한 소득이 있다는 것.

일을 해서 받는 급여는 근로소득이다. 그런데 앞에서 이미 보았듯이 급여는 과세이연이 아니면 세금을 피할 수 있는 방법이 많지 않다. 하지만 일을 그만둔다면 어떻게 될까? 당연히 근로소득은 0이 될 것이다. 그리고 포트폴리오를 잘 구성해서 배당금과 자본 이득으로 돈을 벌어들이면 두 번 다시 세금을 내지 않아도 될 것이다.

이것이 부자들이 '합법적으로' 세금을 피하는 방법이다. 9장에서 집은 돈을 벌 수 있는 효과적인 수단이 아니라고 설명했다. 집값이 올라가도 그런 소득으로 돈을 버는 쪽은 은행과 부동산 중개업자와 정부일 뿐, 주택 보유자에게 돌아가는 파이 조각은 얼마 되지 않는다. 부자들은 이런 사실을 잘 알고 있을 뿐 아니라, 재산세가 피해갈 수 없는 부유세라는 것도 확실히 안다. 그래서 부자들은 순자산의 상당 부분을 1차 주거지에 쏟아 넣지 않는다. 반면, 중산층은 순자산의 대부분을 1차 주거지에 털어 넣는다(그래서 그들은 죽었다 깨도 부자가 되기 어렵다). 오히려 부자는 재산의 대부분을 투자 형태로 보유한다. 특히 그들은 배당금이나 자본 이득처럼 돈이 자신에게 되돌아오는 투자처에 돈을 넣는다.

게임을 하나 해보자. 당신에게 100만 달러가 있다. 상상만 해도 즐겁지 않은가? 당신은 몇 년 동안 열심히 일하고 저축해서 가지게 된 이 돈 중 일부를 옆의 그림처럼 과세이연 계좌와 조세회피 계좌에 넣었다.

당신은 두 가지 종류로만 투자 포트폴리오를 구성하려 한다. 채권 ETF와 주식 ETF다. 포트폴리오를 간단히 채권 50%, 주식 50%로 똑같이 나누어 배분해 보자.

자산	금액(달러)	수익률(%)	소득 유형
주식	50만	2%	적격 배당금
채권	50만	3%	이자

이들 ETF를 어느 계좌에 넣어야 할까?

당신은 이자에도 정규 소득과 같은 세금이 붙는다는 것을 알고 있다. 그러니 채권 ETF를 투자계좌에 넣으면 근로소득처럼 세금을 내야 한다. 그러나 401(k)와 로스 IRA에 넣으면 이자에 세금이 붙지 않는다. 또한 미국의 경우 부부 합산한 적격 배당금이 7만 8,750달러를 넘지 않으면 세금을 내지 않아도 된다. 그래서 이를 일반 투자 계좌에 넣으면 배당금을 받아도 세금이 부과되지 않는다. 그럼 당신의 포트폴리오는 다음처럼 된다.

과세이연 계좌[401(k)]

채권
40만 달러

조세회피 계좌(로스 IRA)

채권
10만 달러

투자계좌

주식
50만 달러

소득신고를 할 때는 배당소득으로 주식 ETF 50만 달러의 2%(1만 달러)를 신고하지만, 채권 이자에 대해서는 신고하지 않는다. 이들 채권 ETF가 자본 이득이 면세되는 조세회피 계좌와 과세이연 계좌에 있기 때문이다. 따라서 세금고지서에 적힌 총액은 0달러가 된다.

당신은 방금 포트폴리오를 조세 최적화했다. 현행법에서 이 포트폴리오로 운영하면 단 한 푼의 세금도 낼 필요가 없다. 당신이 한 일이라고는 올바른 ETF를 올바른 계좌로 옮긴 것뿐이다. 어려운 과학도 아닌 데다, 요령만 알면 짜릿한 일이다!

다시 게임을 해보자. 이번에는 시나리오가 조금 더 복잡하다. 다시 한번 당신에게 100만 달러짜리 포트폴리오가 있다고 하자. 구성은 191쪽에 소개한 그림과 같다.

당신은 이 포트폴리오를 다음의 도표처럼 조합하고 싶다.

과세이연 계좌[401(k)]

현금
40만 달러

조세회피 계좌(로스 IRA)

현금
10만 달러

투자계좌

현금
50만 달러

자산	금액(달러)	수익률(%)	소득 유형
주식(국내)	40만	2	적격 배당금
채권	20만	3	이자
부동산 투자신탁(리츠)	20만	5	월세/비적격 배당금
우선주	20만	5	적격 배당금

　과세이연 계좌와 조세회피 계좌의 종류는 여러 가지다. 그렇다면 이들 자산은 어디로 보내야 할까? 채권에는 이자가 발생되므로 당연히 401(k)로 들어가야 한다. 로스 IRA가 아니라 401(k)를 선택한 이유는 간단하다. 로스 IRA에 주식이 들어갈 자리가 남아 있기 때문이다. 그 이유는 잠시 뒤에 설명하겠다.

과세이연 계좌[401(k)]
```
채권 20만 달러
현금 20만 달러
```

조세회피 계좌(로스 IRA)
```
현금
10만 달러
```

투자계좌
```
현금
50만 달러
```

　리츠REITs는 '부동산 투자신탁Real Estate Investment Trusts'의 약자다. 아파트나 빌딩, 상점 같은 부동산 자산을 소유하는 뮤추얼펀드다. 리츠에서 나오는 소득은 비적격 배당금으로 분류되어 기본적으로 정규 소득 같은 성격을 띤다. 그래서 리츠는 채권과 함께 401(k)로 들어간다.

과세이연 계좌[401(k)]
```
채권 20만 달러
리츠 20만 달러
```

조세회피 계좌(로스 IRA)
```
현금
10만 달러
```

투자계좌
```
현금
50만 달러
```

　주식은 세금효율적인 적격 배당금을 발생시키므로 일반 투자계좌에 두어도 된다.

과세이연 계좌[401(k)]

| 채권 20만 달러 |
| 리츠 20만 달러 |

조세회피 계좌(로스 IRA)

| 현금 |
| 10만 달러 |

투자계좌

| 주식 40만 달러 |
| 현금 10만 달러 |

마지막으로 우선주도 적격 배당금을 발생시킨다. 따라서 투자계좌에 우선주가 있으면 좋지만 당신의 투자계좌에는 그것을 전부 살 수 있는 현금이 없다. 그러니 로스 IRA에 있는 돈으로 여분의 주식을 사는 것이 좋다. 물론 그런 주식이 꼭 로스 IRA에 있어야 하는 것은 아니지만 있다 해도 나쁠 것은 없다.

과세이연 계좌[401(k)]

| 채권 20만 달러 |
| 리츠 20만 달러 |

조세회피 계좌(로스 IRA)

| 우선주 |
| 10만 달러 |

투자계좌

| 주식 40만 달러 |
| 우선주 10만 달러 |

이제 됐다! 당신의 포트폴리오는 조세 최적화되었다. 현행법상 내야 할 세금의 총액은 0달러다, 영원히. 조세 최적화는 이것이 전부다. 해외에 페이퍼컴퍼니를 둘 때처럼 절차가 복잡하지도 않다. 단지 돈을 투자해야 할 자산에 투자하고, 자산을 두어야 할 계좌에 두는 것이다.

게임의 규칙은 모두 공개되어 있다. 또 정부는 당신이 이 게임에 참여하기를 바란다. 놀라운 것은 웬만한 부자들이 다 알고 있는 이런 사실을 중산층 사람들은 모르고 있다는 것이다. 그게 전부다. 그래서 나는 스스로 물었다. '과연 알아야 할 것이 이것뿐일까?'

그리고 다음 문제를 파고들었다. 제한 연령인 59.5세가 되기 한참 전에 그 돈에 접근하는 법이다.

과세이연 계좌에서 인출하기

191쪽에 있는 100만 달러짜리 표본 포트폴리오를 보면, 당신의 돈 절반이 과세이연 계좌나 조세회피 계좌에 있다는 것을 알 수 있다. 그런데 안타까운 건 401(k)로는 외식 한번 할 수 없다는 것이다. 401(k)는 말하자면 익히지 않은 고기다. 급하다고 익히지도 않은 고기를 먹으면 탈이 난다. 고기를 먹으려면 먼저 익혀야 한다. 다시 말해, 돈을 인출한 뒤 손을 댈 수 있는 계좌로 넣어야 한다. 그런데 어쩌지? 돈을 인출하면 세금이 붙는다. 너무 빨리 요리를 하면 고기를 태우게 되고, 어떻게든 먹으려고 하면 타버린 부분을 떼어내야 한다. 하고 싶은 말은 이것이다.

어찌 됐든, 401(k)에 있는 돈을 꺼낼 때는 천천히 익히는 것이 요령이다. 표준공제가 퍼즐의 큰 조각이 될 수 있다. 방법은 이렇다. 표준공제액은 모든 사람이 소득세신고를 할 때 면세받을 수 있는 금액이다. 가령 하는 일을 그만둔다면 근로소득은 0이 될 것이다. 그러니 401(k)에서 표준공제액과 같은 금액을 인출한다면, 그 돈에는 세금이 붙지 않는다! 1년에 한 번씩 이렇게 하면 들어갈 때도 세금을 안 내고 나갈 때도 한 푼 내지 않는다!

미국인의 경우 59.5세 이전에 돈을 인출하면 10%의 위약금을 내야 하지만, 소위 '로스 IRA 전환사다리Roth IRA conversion ladder'를 놓으면 이를 피할 수 있다. 방법은 이렇다.

일을 하는 동안 당신은 고용주가 운영하는 401(k)나 그와 비슷한 플랜에 돈을 납입할 것이다. 그리고 직장을 여러 번 옮기다 보면 은퇴 플랜도 다음처럼 여러 개가 된다.

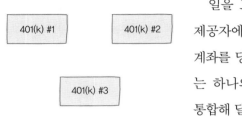

일을 그만두면 각각의 401(k) 제공자에게 전화를 걸어 당신의 계좌를 당신이 마음대로 할 수 있는 하나의 트레디셔널 IRA으로 통합해 달라고 요구해야 한다.

미 국세청의 경우, 좋지 않은 시기에 직장을 그만둔 사람들을 보호하거나 직장을 그만둔 후 회사가 없어질 경우에도 퇴직자들이 자신의 은퇴 펀드를 안전하게 계속 관리할 수 있도록 이를 허용한다. 금융기관들은 대부분 401(k) 이체^{rollover}를 알고 있다. 과세이연 계좌를 하나로 통합하는 것이기에 이런 이체에는 세금이 붙지 않는다.

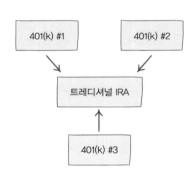

그다음엔 로스 IRA로 전환해야 한다. 트레디셔널 IRA에서 일정 금액의 돈을 떼어내 로스 IRA로 이체할 수 있다.

공제 가능한 납입금을 과세이연 계좌에서 조세회피 계좌로 옮기는 것인데, 이런 로스 IRA 전환 과정에는 세금이 붙을 수 있다. 하지만 그럼에도 방법이 있다. 은퇴하고 근로소득이 0이 된 후 표준공제액만큼의 돈을 이체하면 세금을 한 푼도 내지 않는다.

	트레디셔널 IRA	로스 IRA	투자계좌
연도 1	2만 4,000 →	2만 4,000	

미 국세청 법규에 따르면, IRA 전환을 한 후 5년이 지나면 세금이 나 위약금 없이 전환한 돈을 인출할 수 있다. 그러니 매년 트레디셔 널 IRA에서 로스 IRA로 표준공제액과 같은 금액의 돈을 전환하면 된다. 5년 뒤, 좀 더 정확히 말해 6년째 되는 해 1월 1일에 당신은 첫 번째 전환금을 인출할 수 있다.

(단위: 달러)

	트레디셔널 IRA	로스 IRA	투자계좌
연도 1	2만 4,000 →	2만 4,000	
연도 2	2만 4,000 →	2만 4,000	
연도 3	2만 4,000 →	2만 4,000	
연도 4	2만 4,000 →	2만 4,000	
연도 5	2만 4,000 →	2만 4,000	
연도 6	2만 4,000 →	2만 4,000	2만 4,000

그리고 그다음 해도 또 다음 해도 마찬가지다.

비록 401(k)에서 돈을 인출하는 데는 한계가 있지만, 세계 여행을 하거나 평소 하고 싶었던 일을 실행에 옮기기 위해 59.5세 이전에 일을 그만둔다고 해도, 몇 가지 조금 성가신 절차만 거치면 그 돈에 손을 댈 수 있다.

자본 이득 수확

자본 이득으로 돌아가 이 방식을 마무리하자. ETF를 산 가격보다 높은 가격으로 되팔면 자본 이득이 발생한다. 단 세금은 과세 계좌에서 자본 이득이 실현되었을 때만 발생된다. 따라서 과세이연 계좌나 조세회피 계좌 내에서 매도했을 때는 신고하지 않아도 된다.

자본 이득은 한 가지 장점이 있는데, 당해 연도 내에서 실현시킬 소득의 시기와 방법을 개인이 완벽하게 통제할 수 있다는 것이다. ETF를 매도할 때 발생하는 자본 이득에 대해서만 과세되기 때문이다. 부자들이 자본 이득을 좋아하는 데는 이유가 있다. '자본 이득 수확capital gains harvesting'이라는 절차를 통해 매도 주문을 관리하면 세금을 한 푼도 내지 않아도 되기 때문이다.

방법은 이렇다. 보유하고 있는 ETF의 가치가 상승해도 당장 돈이 필요한 경우가 아니라면 매도하지 않는 것이 상식에 맞다(포트폴리오를 리밸런싱한 경우도 마찬가지다. 이에 대해서는 11장에서 설명했다). 매도하면 자본 이득이 실현되므로 세금을 내야 하기 때문이다. 물론 자본 이득을 실현시키지 않았다가 위험에 처할 수도 있다. 시간이 지나 실현하지 않은 자본 이득의 액수가 너무 커져 매도할 때 엄청난 세금고지서를 받는 경우다.

하지만 늘 그렇듯 부자들은 이를 비켜 가는 방법을 찾아냈다.

다시 한번 강조하지만 미국 기준 배당금이나 자본 이득으로 부부가 거둔 소득이 7만 8,750달러 이하라면 세금이 0%다. 그러니 그 0%의 세율 구간에 여유가 있다면, 일부러라도 자본 이득을 실현시켜야 한다. 그에 대해서는 세금이 붙지 않으니까.

당신의 주식 ETF에 50만 달러가 있다고 하자. 그해 말에 그 ETF가 60만 달러로 증가했다. 야호! 샴페인을 터뜨릴 시간이다! 당신의 내역서는 이렇다.

종목 기호	유닛(주)	취득가(달러)	시가(달러)	G/L(달러)
STK	10만	50만	60만	10만

취득가는 이들 유닛을 샀을 때의 가격이다. '시가'란 현재 시장 가격을 말하고, 'G/L'은 이익/손실gain/loss을 뜻한다. 다음 표를 보면 현재 실현되지 않은 자본 이득이 10만 달러라는 사실을 알 수 있다.

멋지지 않은가! 하지만 이 표는 어느 정도의 세금 폭탄이 기다리고 있다는 뜻이기도 하다. 주식을 팔

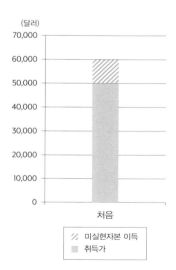

면 10만 달러의 자본 이득이 발생되므로 그에 대한 세금을 내야 한다. 하지만 방법이 있다. 자본 이득은 실현시킬 수 있는 시기와 액수를 선택할 수 있기 때문에 소득 유형 중에는 가장 유연한 소득이다. 그래서 매도 주문의 타이밍만 잘 선택하면 세금을 피할 수 있다.

가장 먼저 해야 할 것은, 올해 이미 발생한 과세소득을 합산해 보는 것이다. 당신은 부부 합산 2만 4,000달러의 표준공제액만큼 로스 IRA 전환을 했다. 이 주식 ETF에 그해의 적격 배당금으로 2%가 배당되었다. 1만 달러다. 결국 7만 8,750달러의 비과세 자본 이득/배당금 중 3만 4,000달러를 사용한 셈이다. 그래도 여전히 4만 4,750달러(78,750-34,000달러)가 남아 있다!

계산해 보라. 10만 주를 50만 달러에 매입했다면 주당 5달러에 산 것이다. 그런데 이제 주당 6달러짜리가 되었다. 다시 말해 이 주식에는 주당 1달러(6-5달러)의 미실현 자본 이득이 담겨 있다. 따라서 당신은 4만 4,750주(44,750/1달러)를 매도해야 한다. 이렇게 되면 정확히 4만 4,750달러의 자본 이득이 실현된다. 이 소득은 공짜로 수확할 수 있는 돈이다.

이제 당신은 즉시 이만큼의 주식을 현재 시가인 주당 6달러에 다시 사들일 것이다. 당신의 명세서는 다음과 같이 된다.

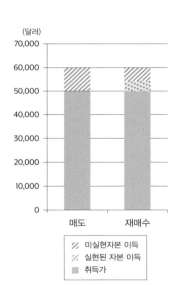

(달러)

- ▨ 미실현자본 이득
- ▩ 실현된 자본 이득
- ▦ 취득가

종목 기호	유닛(주)	취득가(달러)	시가(달러)	G/L(달러)
STK	10만	54만 4,750	60만	5만 5,250

어떻게 되었는가? 주식의 수는 변함이 없고 시가도 바뀌지 않았다. 포트폴리오의 관점에서 볼 때, 당신은 한 것이 아무것도 없다. 그러나 당신은 그 실현되지 않은 자본 이득의 일부를 들어낼 수 있다. 사실 그 자본 이득은 미래에 세금이 붙게 될 돈이었지만, 당신은 그중 일부를 0%의 자본 이득 세율 구간 내에서 고의로 실현

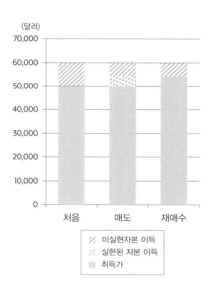

시켰다. 그리고 즉시 바로 그만큼의 주식을 다시 사들여 원래의 포트폴리오를 복구시켰고, 이제 실현되지 않은 자본 이득은 훨씬 더 낮아졌다. 그렇게 몇 번을 하면 2년쯤 뒤에는 취득가가 시가를 따라잡을 수 있게 되고, 자본 이득에 대한 세금 고지서는 계속 0달러를 향해 가까워질 것이다.

이것이 자본 이득 수확이다. 매년 신중히 그리고 제대로 계산만 하면 절대로 자본 이득에 대한 세금을 낼 필요가 없다.

이 시나리오는 미국을 기준으로 설정한 것이다. 따라서 다른 나

라 독자들이라면 이런 시나리오가 자신의 나라에서도 통하는지 궁금할 것이다. 간단히 결론부터 말하면, 대부분 그대로 적용된다.

확실한 건, 부자들은 세금을 내지 않는다는 것이다. 이제는 당신도 낼 필요가 없다. 다시 한번 말하지만 이 모든 것은 철저히 합법적이다. 비열한 전략도 없고 페이퍼컴퍼니도 없다. 나는 직장을 다니며 평균 25%의 세금을 냈다. 그다지 세율이 높지 않다며 마음에 들어 했다. 그러나 0%라면? 내 생애에 그런 일은 없을 줄 알았다. 그런데 지금은 그렇게 살고 있다.

◆ 근로소득과 이자소득에는 최악의 세율이 적용된다. 반면, 적격 배당금과 자본 이득은 세율이 아주 낮다.

◆ 조세 최적화는 자산을 적합한 계좌에 넣어 은퇴 이후에 내야 하는 세금을 줄이거나 아예 없애는 절차다.
  – 이자나 비적격 배당금이 붙는 자산은 과세이연 계좌나 조세회피 계좌에 넣어라.
  – 적격 배당금이 붙는 자산은 일반적인 투자계좌에 넣어라.

  ◆ 5년 로스 IRA 전환 사다리를 이용하면, 조기 은퇴한 뒤에도 401(k)에 있는 돈을 위약금 없이 인출할 수 있다.
    – 우선 모든 401(k)를 하나의 트래디셔널 IRA로 통합하라.
    – 그다음 표준공제액만큼의 돈을 로스 IRA로 전환하라.
    – 이런 절차를 매년 반복하라.
    – 5년 뒤에는 처음 전환했던 돈을 위약금 없이 인출할 수 있다.

    ◆ 자본 이득 수확을 활용하면 자본 이득에 대한 세금을 면제받을 수 있다.
      – 매년 0%의 세율 구간 내에서 자본 이득을 실현시킬 수 있을 만큼 ETF의 일부를 매도하라.
      – 매도 즉시 그만큼의 ETF를 매수하여 취득가 비용을 복구하라.

이상 언급한 모든 설명은 이 글을 쓰는 시점에서만 유효하다. 법은 언제든 바뀔 수 있으니, 실제로 이 방법을 실행할 때는 공인회계사와 상의하기 바란다.

14장

나를 구해준
마법의 숫자

서른을 앞두고 있을 무렵, 내 인생은 거짓말처럼 달라졌다. 컴퓨터 엔지니어로 일하면서 꿋꿋한 용기와 결단력, 적당한 두려움을 잃지 않은 덕분에 중산층에 당당히 입성했다. 코카콜라도 마음껏 살 수 있게 됐다. 고민거리가 있다면, 브런치로 선택할 머핀을 유기농으로 할 것인지 글루텐이 없는 것으로 할 것인지 정도였다.

그러나 우리 아버지가 평소 하시던 말씀처럼, 잘못될 일은 결국 잘못되게 마련이다. 그리고 이를 막을 방법은, 안타깝게도 없다. 내 팔자가 그 모양이었는지, 아니면 아직 쓴맛을 덜 본 탓이었는지 어느 날 직장에서 폭탄 선언을 들었다. 예산 삭감 문제로 우리 부서에 구조조정이 있을 것이라는 공고문이 붙은 것이다(그해 우리 회사는 20억 달러를 벌었는데도 말이다). 낯익은 얼굴들이 하나둘 보이지 않기 시작하더니 대신 무슨 인도 콜센터에서 근무했다는 낯선 사람들이 나타났다.

6년 동안 회사에 충성을 바치고 두 번이나 승진한 나였지만, 매주마다 내가 지금 해고되면 안 되는 이유와 이를 입증할 만한 사례를 구체적으로 적어서 보고서 형식으로 제출해야 했다. 동료들도 예외 없이 쫓겨나면 안 되는 이유를 입증하느라 매번 머리를 쥐어뜯었다. 그러다 결국 가장 친한 친구가 입증을 하지 못했다. 80시간이나 일한 주가 여러 번 있었음에도 소용없었다. 최근에 어머니를 뇌동맥류로, 삼촌을 췌장암으로, 할머니를 심장마비로 잃었다는 사실도 참작되지 않았다.

할머니 장례식에 참석했다가 며칠 후 출근한 날 그녀를 기다린 것은 해고통지서였다.

나는 언제 내 목에 칼이 떨어질지 몰라 매일 안절부절못하며 눈치만 봤다. 내 상사는 병가를 냈다. 의사는 그의 다리에 생긴 혈전을 보고 일을 줄이지 않으면 생명에 지장이 있을 것이라고 경고했는데, 한 달 뒤 그가 돌아왔다. 혈전이 여전해 지팡이를 짚고 절뚝거리면서도 그는 훨씬 더 늦게까지 일했고, 여전히 우리에게 호통을 쳤다. 모두들 진이 빠졌고 항우울제를 복용하는 사람들도 생겼다. 동료 한 명은 더 이상 견디지 못하고 휴직계를 냈다. 그뿐이 아니었다. 어느 날 나의 멘토가 눈앞에서 쓰러졌다. 병원에 실려 간 그는 죽음의 문턱까지 갔다가 간신히 되돌아왔다.

그날 밤 집에 돌아온 나는 처음으로 공황발작을 일으켰다. 그리고 평생의 교훈을 새로 얻었다.

돈은 피를 흘려서라도 얻을 가치가 있다.

그렇다고 목숨을 바칠 수는 없다.

가난했던 어린 시절 덕분에 나는 중산층으로 기어오르는 데 필요한 결핍 의식을 기를 수 있었다. 그러나 어느새 기력이 쇠해져갔다. '난 해냈잖아! 안 그래? 더 이상 뱃속에 기생충도 없고 장난감을 만들려고 의료폐기물 더미를 뒤질 일도 없고, 빈 콜라 캔을 보물처럼 끼고 있을 일도 없잖아!'

모두가 알고 있듯, 고소득 직업의 핵심은 안전과 행복이다. 하지만 '해야 할 일'을 모두 했는데, 내 주변에 있는 사람들은 '여전히' 죽어가고 있지 않은가? 죽어라 돈을 벌어서 번쩍이는 호화 관을 쓰고서 묘지에 눕는다면 그게 무슨 소용이람?

무언가 변화가 필요했다. 이제 피는 그만 흘려야 했다.

비축 정신

다음날 멘토의 빈자리를 보고 있자니 언젠가 신문에서 보았던 기사가 떠올랐다. 65세에 은퇴한 뒤 세계 여행을 하는 것이 평생의 꿈이던 어떤 남성의 이야기였다. 그러나 그는 은퇴하지 못했다. 돈이 부족해 그만둘 수가 없었기 때문이다. 그래서 그는 '딱 1년만 더' 일하기로 했다. 그렇게 한 해를 보내고 또 한 해를 보냈다. 그러던 어느 날 심장이 멎어 책상에 앉은 채로 사망했다. 자녀들은 그의 시신을 화장해 틴 케이스에 넣고 결국 전 세계를 다녔다.

'훈훈한 이야기, 아버지의 꿈을 이루어준 착한 자녀들'이라는 휴먼스토리로 실린 기사였다. 하지만 나는 그 기사를 읽으면서도 그 자녀들에게 전혀 공감하지 못했다. 오히려 그 틴 케이스에만 감정이입이 되었다.

말했듯이, 나는 지금도 결핍 의식을 안고 자란 것을 감사하게 여긴다. 덕분에 나는 살아 있을 수 있었다. 그러나 그것은 마땅히 해야 할 기능을 하지 못하고 있었다. 결핍 의식은 이미 '비축 정신Hoarding Mind-set'으로 바뀐 터였다.

결핍 의식은 돈을 위해서라면 시간은 물론 건강도 희생하라고 가르친다. 돈이 곧 생명이니까. 하지만 그런 정신은 생존이 유일한 관심사일 때나 통한다. 사실 결핍 의식은 최종 목표가 없다. 그것이 문제다. 더 이상 생존이 위협받지 않게 되었는데도 끄는 스위치가 없다. 그래서 불필요한 희생을 계속하게 만든다. 끝도 없이. 결국 모든 삶의 에너지를 남김없이 소진하고 어딘가 비좁은 상자 속으로 들어가 누워야만 끝이 난다.

결핍 의식은 삶의 에너지를 생존과 교환한다. 반면 비축 정신은 삶의 에너지를 무無와 교환한다. 나는 그런 정신이 한 사람의 목숨을 앗아갈 뻔했던 현장을 눈앞에서 목격했다. 나까지 그놈의 희생양이 되고 싶지는 않았다.

어떻게 해서든 빠져나가야 했다.

사업을 시작하다

돈을 다르게 생각할 방법을 찾아야 했다. 틴 케이스로 끝나는 결말을 피해갈 방법이 필요했다. 그리고 그 길을 찾기 위한 탐구를 시작했다. 이후 몇 달 동안, 나는 미친 사람처럼 파고들었다. 인터넷에서, 도서관에서, 서점에서 나는 답을 찾고 또 찾았다. 일단 돈이 많으면 될 것 같았다. 부자들은 돈 걱정을 할 필요가 없지 않은가? 팀 페리스Tim Ferriss의《나는 4시간만 일한다4-Hour Workweek》와 로버트 기요사키의《부자 아빠 가난한 아빠》같은 책들을 탐독한 뒤 내린 비결은, 사업을 벌이는 것이었다. TV에 나오는 부자들은 모두 CEO나 기업가 들이었다.

그래서 몇 년 동안 '나인 투 파이브 잡(아침 9시부터 오후 5시까지 일하는 일반적인 사무직 근무)'을 하면서, 저녁에는 미친 듯이 온라인 사업을 만들고 또 만들었다. 그중 하나라도 대박이 나면 틴 케이스를 걷어찰 수 있을 거라 생각하면서. 나는 책상머리에 '시간=돈'이라고 쓴 포스터를 붙여놓고 나 자신을 채찍질했다.

우선 부업을 벌이려 했다. 어떤 디지털 마케팅 전문가의 블로그를 읽었는데, 틈새 사이트를 개발하여 광고 공간을 팔면 한 달에 10만 달러도 벌 수 있다는 것이다. 방법도 간단했다. 그가 제시하는 단계별 방식에 따라 롱테일 키워드를 찾은 다음, 사람들이 많이 보는 뉴스 사이트에 기사를 무차별적으로 보내고, 다른 사람들의 블로그에 댓글을 달면 그만이었다. 핵심은 백링크backlinks. 즉 자신의 사이트를 다시 찾도록 가능한 한 많은 사이트에 링크하는 것이다. 백링크 분량이 어느 정도 되면 구글의 랭킹 알고리즘이 그 사이트를 틈새 시장의 첫 번째 페이지에 올린다.

나는 몇 달 동안 매일 부지런히 그 모든 단계를 따랐다. '월 10만 달러의 제휴 소득아, 내가 간다!' 나는 몇 가지를 궤도에 올리는 성과도 냈다. 문제는 이 마케터의 사이트가 인기를 얻으면서 많은 사람이 그의 전술을 따라 하기 시작했다는 것이었다. 결국 구글은 알고리즘을 바꿨고, 내 노력은 수포로 돌아갔다. 실패 1호였다.

다음에는 아마존에 뭔가를 팔아보려 했다. 이번에도 기사에서 아이디어를 얻었다. 할인 폭이 큰 물건을 대량으로 구입해 아마존에 목록을 올린 다음, 그 차액으로 이익을 실현해 억대 매출을 거두는 사람들에 관한 기사였다. 하지만 우리 집은 근처에 아울렛이 없을 뿐만 아니라, 물건을 저장할 공간도 별로 없는 타운 하우스 꼭대기 층이라 문제였다. 배송비가 빠르게 올라갔고 나는 필요한 물량을 취급할 수 없어서 이익다운 이익을 실현할 수 없었다. 실패 2호였다.

그다음에는 앱을 만들고자 했다. 플래피버드Flappy Bird(베트남 청년이 만든 중독성 강한 모바일 게임 – 옮긴이)의 후속작이든 무엇이든, 닥치는 대로 만들어 돈더미에 파묻힌 개발자들에 대한 이야기를 읽은 것이다. 그럴듯했다. 내가 누군가, 컴퓨터 엔지니어가 아닌가? 내 100만 달러짜리 아이디어의 근거는《빨간 클립 한 개One Red Paperclip》라는 책이었다. 빨간 클립 단 한 개로 물물교환을 시작하여 점점 더 값진 것으로 바꾸어가다 마침내 집을 한 채 얻는 과정을 그린 이야기였다. 나는 'SwapIt.com'이라는 물물교환 시장을 만들기로 했다. 도메인을 등록하고 브라이스를 부추겨 코드를 짜게 한 다음, 몇 달 뒤에 론칭 준비를 끝냈다.

하지만 우리는 '두 개의 시장'이라는 문제에 부딪혔다. 앱에 들어온 사람이 교환할 물건을 찾지 못한다. 오래 머무르지 않는다. 결과적으로 거래된 물건이 없다. 죽음의 소용돌이였다.

어느 날 사업을 하는 친구와 점심을 먹는 자리에서 이 사업에 대해 설명했다. 그는 점잖게 물었다. "앱에서 오고가는 돈이 없는데 어떻게 돈을 번다는 얘기야?" 나는 대답했다. "썩을! 나도 몰라!" 실패 3호였다.

사업에서 성공하는 것이 말처럼 쉬운 일은 아니다. 내가 그걸 어찌 알았겠는가? 블룸버그에 따르면, 창업자의 90%가 18개월 이내에 망한다. 순전히 운이 없거나 타이밍이 안 좋아서 실패하는 경우도 많다. 경쟁은 치열하다. 걸림돌이 많고 포기하는 사람도 많다. 포기하지 않은 10%를 연구해 보니, 정신이 똑바로 박혔다고 하기 어려울 정도로 몸을 혹사시킨 사람들이 대부분이었다. 그들은 매일 4시에 일어나 출근하기 전까지 몸을 혹사시킨 후 아침 7시에 정식 출근하여 저녁 늦게까지 일하다가 지친 몸으로 귀가한 뒤에는 침대에 까무러치듯 쓰러지는 것이다. 그렇게 열심히 뛰어도 많은 사람이 빚을 지거나 빈털터리가 되고 정신도 피폐해진다. 어느 정도 잘 버틴다는 사람들도 사업을 지탱하려면 죽지 않을 정도로 일해야 한다. 게다가 경쟁자들은 항상 뒤를 바짝 좇고 있다.

나는 끔찍한 직장에서 벗어나려고 애쓴 것이지 목숨을 재촉할 방법을 찾으려고 했던 것은 아니다. 게다가 이런 일에는 내가 어떻게 해 볼 수 없는 일이 너무 많았다. 그 점이 싫었다.

부업을 창업해 봐야 본업을 그만두는 데 도움이 되지 않았고, 아무런 성과 없이 내 인생의 몇 년을 고스란히 허비하고 있다는 생각을 버릴 수 없었다.

어느 날 나는 실패한 앱을 물끄러미 바라보다가 절망감에 문진paperweight을 집어 벽에 던졌다. 던진 문진이 '시간＝돈'이라고 적힌 포스터를 맞혔고 포스터가 거꾸로 떨어지는 바람에 액자 유리가 산산조각이 났다. 엎어진 포스터를 보니 '돈＝시간'이었다.

어라?

내가 일을 거꾸로 하고 있었던 게 아닐까? 돈 좀 더 벌겠다고 나 자신을 죽이는 일을 하고 있었던 건가? 이제 그만 집어치우고 있는 돈으로 시간을 다시 사들일 방법을 찾는다면?

그 순간, 마침내 수렁에서 빠져나올 마인드세트를 찾았다. 바로, 자유 정신이었다.

자유 정신

자유 정신은 생각을 바꾼다. 돈을 으뜸으로 여기던 생각을 버리고 자유를 가장 중시하게 만든다. 부족한 부분을 채우겠다며 이것저것 사들이는 일도 그만두라. 꼭 필요한 것이 아니라면 적당한 선에서 만족하고 이제부터는 시간을 되찾아야 한다.

모기지에 목돈을 넣을 일도 없으니 은행계좌에서 잠자고 있는 돈을 투자에 사용하는 것은 어떨까? 돈이 돈을 벌어들이는 투자계좌를 만든다면? 원금을 건드리지 않고 소득을 올릴 수 있다면? 그 소득으로 생활비를 충당할 수 있다면? 더 이상 일을 하지 않아도 되지 않을까?

원하면 계속 일을 할 수 있지만 상사가 하루에 16시간씩 일을 시켜서 가족 만날 짬도 내기 힘들다면? 그렇게는 못하겠다고 대들어야겠지? 상사가 해고하겠다며 으름장을 놓으면? 퇴직금을 두둑이 챙기고 박스에 소지품을 담은 다음 사무실 문을 쾅 닫고 실성한 사람처럼 키득거리며 나와 차를 타고 석양 속으로 사라지는 거다! 나는 생각했다. 해볼 만한데? 이럴 때 윗사람에게 대들어보지 언제 대들겠는가?

나는 재테크 서적들을 죄다 꺼내 침대 밑으로 밀어 넣고, 다른 주제를 파기 시작했다. 바로 '은퇴'였다.

은퇴 플랜은 65세에 직장을 그만둔 후에도 가지고 있는 돈을 축내지 않고 오래 유지시킬 방법을 찾는 일이다. 나는 은퇴할 나이가 아니었기에 이에 대해 생각해 본 적이 없었다. 하지만 이젠 달랐다. 부쩍 호기심이 동했다. 은퇴 플랜으로 어떻게 가진 돈을 유지한다는 거지? 65세가 까마득한 나 같은 사람에게도 이런 은퇴 전략이 의미가 있을까?

당연히 그랬다.

더욱 마음에 드는 것은 내가 좋아하는 숫자로 정리가 된다는 것이었다. 그리고 그 마법의 숫자가 내 인생을 바꿔놓았다.

4% 법칙이란?

4% 법칙은 트리니티 대학교의 몇몇 교수들이 은퇴 계획을 경제학적 관점에서 다루는 연구를 하다가 찾아낸 것으로, '25의 법칙'이라고도 불린다. 이들은 필요한 모든 기록을 뒤져서 주식과 채권 시장에서 나온 가격 데이터를 뽑았다. 또 은퇴자가 한 뭉치의 현금을 가지고 은퇴 생활을 시작했다고 가정한 다음, 매년 자신의 포트폴리오에서 일정 비율의 현금을 인출하고 나머지를 남겨두었을 경우 어떻게 되는지 가상실험을 했다. 연구진은 나머지 투자금에 손을 대지 않고도 끝까지 살아남는 사람이 얼마나 많은지 그리고 파산하여 빈털터리로 쓸쓸하게 뒷골목에서 고양이 사료 캔에 둘러싸여 홀로 죽어가는 사람은 또 얼마나 되는지 계산해 보았다(물론, 그렇게까지 생생하게 묘사한 것은 아니었다).

앨런이라는 남성을 예로 들어보자. 앨런은 1975년에 은퇴했다. 그동안 모은 돈은 50만 달러인데, 매년 생활비로 5만 달러가 필요하다. 따라서 앨런의 인출률은 10%다. 그는 50만 달러를 주식에 투자한 다음, 매년 1월에 펀드를 매도해 그해 생활비를 확보한다. 그는 성공했을까, 아니면 돈을 축냈을까?

베티라는 여성도 있다. 베티는 1982년에 은퇴했다. 수중에 65만 달러가 있고, 매년 생활비로 2만 6,000달러를 쓴다. 인출률은 4%다. 그녀 역시 가진 돈을 주식에 투자한 뒤 필요한 돈을 매년 인출한다. 베티는 어떻게 됐을까?

연구진은 열심히 계산기를 두드려(사실은 가난한 대학원생들을 시켰

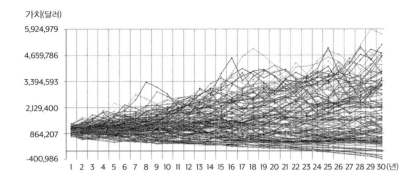

가치(달러)

5,924,979

4,659,786

3,394,593

2,129,400

864,207

-400,986

1 2 3 4 5 6 7 8 9 10 11 12 13 14 15 16 17 18 19 20 21 22 23 24 25 26 27 28 29 30 (년)

겠지만), 답을 찾았다. 95% 성공할 수 있는 인출률을 찾아낸 것이다. 다시 말해, 은퇴한 사람 100명 중 95명이 돈을 고갈시키지 않은 채 무덤까지 가져갈 수 있는 인출률이었다. 위에 그 100명의 은퇴자들의 그래프가 있다(이는 'FIRECalc.com'에서 온라인 툴로 만든 것이다).

각각의 곡선은 시작한 시기가 저마다 다른 은퇴자들의 자산 변화를 나타낸다. 아래 굵은 가로축은 은퇴자의 돈이 완전히 바닥나는 임계선이다. 세로축은 매해가 시작될 때의 자산 가치 중 4%에 해당하는 금액을 인출하고 남은 은퇴 포트폴리오로, 인플레이션을 감안한 금액이다. 바닥의 굵은 선 아래로 내려가면 돈을 다 써버린 것이고, 굵은 선 위에 있으면 돈이 남아 있는 것이어서 은퇴 플랜이 성공했다는 뜻이다. 그래프를 보면 알 수 있듯, 30년 동안 포트폴리오를 바닥내지 않는 데 성공한 비율은 20명 중 19명(95%) 꼴이었다. 아니, 대부분은 처음 시작했을 때보다 돈을 더 불렸다! 연구진들은 4%가 '안전한 인출률safe withdrawal rate, SWR'이라고 결론지었다.

다시 말해, 생활비가 포트폴리오의 4% 정도로 충당된다면 30년 뒤에 돈이 고갈되지 않을 확률이 95%다! 이제는 더 이상 직장에 매달릴 필요가 없다. 상사에게 "잘해 보세요!"라고 쏘아붙인 후 영광의 로켓에 올라타 하늘로 치솟을 수 있다!

이 글을 읽는 순간 가슴이 쿵쾅거리기 시작했다. 지긋지긋한 일을 영원히 그만두고 일찍 은퇴하려면 얼마가 필요한지를 이렇게 쉽게 찾아내다니! 1년 생활비를 계산한 다음 25를 곱해 목표 포트폴리오 액수를 찾아내면 그만 아닌가!(4%로 나눈다는 것은 25를 곱하는 것과 같기 때문에 4% 법칙을 25의 법칙이라고도 한다).

멋진 출발점이었지만, 좋아하긴 일렀다. 트리니티 대학의 연구는 65세에 은퇴하는 사람들을 대상으로 한 것이었다. 그들은 그 돈으로 30년만 버티면 된다. 하지만 30세에 은퇴한다면? 포트폴리오에 의존해야 할 기간이 훨씬 길어질 것이다. 혹시 내가 불운한 5%에 끼어 좌초된다면?

그래도 걱정할 필요는 없었다. 다행히 30년이 아니라 어떤 기간에도 '30년 은퇴 플랜'을 적용시킬 수 있는 방법이 있기 때문이었다. 나는 편의상 그 방법을 '끊임없는 재은퇴Perpetual Re-retirement'라고 부르기로 했다. 이에 대해서는 17장에서 이야기하겠다. 아울러 15장에서는 5%의 실패율을 해결하기 위해 브라이스와 내가 고안해 낸 '일드 실드Yield Shield'라는 기법을 소개할 것이다.

4% 법칙을 찾아낸 것은 생명줄을 붙든 쾌거였다. 4% 법칙은 내게 매진해야 할 목표를 주었다. 지긋지긋한 일도 얼마 남지 않았다. 터널 끝이 보이기 시작한 것이다. 내가 쓰는 돈(1년에 약 4만 달러)에 25만 곱하면 된다. 100만 달러! 그 100만 달러가 내 목표 포트폴리

오다. 100만 달러만 있으면 이 비좁은 감옥을 벗어나 석양으로 차를 몰고 사라질 수 있을 것이다.

그러나 100만 달러가 누구 집 애 이름인가? 공학학사 학위 두 개를 발판으로 우리는 부부 합산 세후 연봉 12만 5,000달러에서 시작했다(당신의 연봉이 이 수준이 못 된다고 기죽을 필요는 없다. 이 정도가 아니어도 얼마든지 경제적 독립을 이룰 수 있다. 21장에서 그 방법을 설명하겠다). 결핍 의식 덕분에 그중 상당 부분을 저축할 수 있었던 건 다행이다. 하지만 목표 포트폴리오에 이르려면 얼마나 많은 세월이 필요할 것인가?

왜 돈이 시간인가?

은퇴까지 걸리는 시간을 결정하는 건, 벌어들이는 돈의 액수가 아니라 저축하는 돈의 액수다. 잠깐만 생각해도 금방 알 수 있다. 1년에 100만 달러를 벌어도 100만 달러를 쓰면 절대 은퇴할 수 없다. 그런 식으로 먹고살려면 직장에 100% 의지해야 한다. 그러다 수도꼭지가 잠기면 그것으로 끝이다. 이런 사람들은 한 푼도 모을 수 없다. 그러나 1년에 4만 달러를 벌어 3만 달러만 쓴다면 게임을 주도할 수 있다. 100만 달러의 사나이는 겉으로는 대단해 보여도 저축률이 0%인 반면, 수입이 많지 않은 두 번째 사람은 25%를 저축하는 것이다.

저축률을 근거로 은퇴에 걸리는 기간을 계산하면 다음 도표처럼 될 것이다.

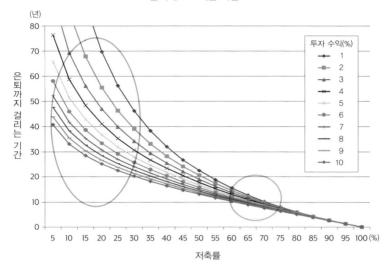

(년)

은퇴까지 걸리는 기간

저축률

투자 수익(%)
- 1
- 2
- 3
- 4
- 5
- 6
- 7
- 8
- 9
- 10

이건 내가 멋대로 만들어낸 도표가 아니다. 데이터 신봉자들을 위해 이 도표가 4% 법칙을 수학적 근거로 삼았다는 걸 밝힌다. 자세한 건 부록 A에서 확인할 수 있다.

어떤가? 놀랍지 않은가? 도표의 원리는 이렇다. 가로축은 세후 소득에서 비용을 뺀 후의 저축률로, 5%부터 100%까지 분포되어 있다. 세로축은 은퇴까지 걸리는 기간을 햇수로 나타낸 것이다. 0에서 출발한다고 가정해 보자. 즉 자신의 이름으로 저축된 돈이 한 푼도 없는 경우다. 곡선은 은퇴 포트폴리오 수익으로 연간 1%에서 10%까지다.

미국인의 평균 저축률은 5~10%다. 투자 포트폴리오 수익이 매년 연평균 6~7%일 경우 은퇴까지 걸리는 시간이 40~50년이라는 걸 알 수 있다. 이 밖에 일반적인 65세 은퇴의 근거도 이 도표를 통해 알 수 있다.

도표에는 몇 가지 흥미로운 부분이 있다. 우선 어디에도 소득이 보이지 않는다는 것이다. 1년에 5만 달러를 벌든 50만 달러를 벌든 그런 것은 상관없다. 중요한 것은 오직 한 가지, 저축률이다.

둘째는 모양이다. 곡선을 보면 저축률을 증가시킬 때 두 가지 결과가 나타난다는 사실을 알 수 있다. 즉 목표 포트폴리오의 크기를 축내는 생활비를 줄이면 매년 포트폴리오로 들어가는 돈의 액수가 증가한다. 그러면 달리는 속도가 점점 빨라져 결승선에 더 쉽게 다가갈 수 있다. 이런 효과 때문에 그래프는 1차함수의 직선이 아니라 로그함수의 곡선으로 나타난다. 다시 말해, 저축률이 조금만 달라져도 은퇴까지 걸리는 시간이 크게 단축된다는 것이다. 특히 도표 왼쪽에서 그렇다. 저축률을 10%에서 15%로 늘리기만 해도 일하는 기간을 5년 이상 단축시킬 수 있다!

셋째, 다양한 투자수익률을 보여주는 여러 선들은 왼쪽에서 발산하고 오른쪽에서 수렴한다. 10장에서 포트폴리오에 지급하는 수수료가 조금만 달라져도 장기적으로 보면 엄청난 영향을 미칠 수 있다고 말했다. 여기서도 같은 효과가 나타난다. 저축률이 낮아 은퇴까지 걸리는 시간이 길어지면(40년 이상), 복리 효과 때문에 수익률이 큰 영향을 받는다. 그래서 왼쪽에 있는 사람일수록 투자를 철저히 관리해야 한다는 결론이 나온다.

그래프 왼쪽에 있는 큰 동그라미를 보면, 투자금에 대한 연간 수익률이 4%인지 6%인지에 따라 은퇴 시기가 10년까지 차이가 날 수 있다는 걸 알 수 있다. 반대로 오른쪽에 있는 저축왕들에게는 수익률이 은퇴 시기에 별다른 영향을 미치지 않는다. 이것은 돈을 저축할 수 있는 능력이 비교적 미미한 수익률을 압도하기 때문이다.

이것은 중요한 문제다. 과거의 실수가 중요하지 않은 건 바로 이런 보이지 않는 수학이 있기 때문이다. 이 문제는 7장에서 설명했다. 과거에 경제적으로 큰 실패를 했거나 모아둔 돈 한 푼 없이 40대나 50대가 되어 이 글을 읽고 있다 해도, 지금부터 저축만 열심히 하면 얼마든지 따라잡을 수 있다. 순자산 0달러에서 시작해도 내일부터 60~70%씩 저축하면 약 10년 뒤에 은퇴할 수 있다(황당하게 들리겠지만 사실이다. 21장에서 이에 대한 전략을 설명하겠다). 그리고 이 정도 저축률이면 수익률이 큰 역할을 하지 않기 때문에 예금계좌에 돈을 던져두어도 '여전히' 이긴다.

자유

이것이 자유 정신이다. 생존이 더 이상 절박한 문제가 아닌 단계로 올라서면, 돈으로 자유를 살 수 있다. 물론 저축하는 법을 알아야 하지만. 4% 법칙을 통해 목표한 포트폴리오 액수를 달성하면 더 이상 일할 필요가 없다. 이 지점에 이르면 경제적으로 독립할 수 있게 된다. 이제 두 번 다시 비좁은 감옥 안을 들여다볼 필요가 없다.

이 사실을 알아낸 순간 뇌가 빠르게 돌았다. 나는 도표의 왼쪽보다 오른쪽에 더 가까운 것 같았다. 결핍 의식으로 무장한 덕에 그동안 강박적으로 돈을 저축했기 때문이다. 옷도 거의 사지 않았다. 비싼 핸드백을 사들였던 건 예외지만, 그것도 오래가지는 않았다. 그후로 사치품은 거들떠보지도 않았다. 그때까지만 해도 브라이스와 나는 집을 마련하는 데 필요한 계약금을 모으고자 내내 방 한 칸짜리 작은 아파트에서 살았다.

그날 밤 잠자리에 들기 전까지 나는 스프레드시트만 뚫어져라 들여다봤다. 일을 시작한 이후 지출 내역을 세부적으로 추적하기 위해 만든 것이었다(다시 결핍 의식이 발동했다). 브라이스는 그럴 필요까지 있느냐며 핀잔을 주었지만, 그렇게 하면 지난 세월 우리의 저축률까지 쉽게 산출할 수 있었다. 계산해 보니 52%에서 78% 사이를 오갔다. 연봉 12만 5,000달러로 시작한 우리 부부의 세후 소득을 바탕으로, 불과 6년 만에 50만 달러를 저축한 것이다. 게다가 그 돈을 집에 쏟아붓지 않은 것은 천만다행이었다(우리의 소득과 저축 실적은 부록 B에 실었다).

그러니까 일을 시작한 순간, 우리도 몰랐지만 9년 뒤에 은퇴할 수 있는 길에 들어섰던 것이다. 남은 기간은 겨우 3년이었다.

그날 저녁 브라이스가 퇴근해 돌아왔을 때 나는 문 앞에서 그를 맞이하며 말했다.

"자기, 왔어? 그런데 우리… 30대에 은퇴할 수 있을 것 같아!"

14장 요약

◆ 결핍 정신도 일단 빈곤을 벗어나면 문제가 된다. 바로 비축 정신 때문이다. 비축 정신은 불필요할 정도로 많은 에너지를 쏟게 만든다.

◆ 자유 정신은 생각을 바꾸어 돈으로 시간을 살 수 있다는 사실을 깨닫게 해준다.

◆ 4% 법칙은 매년 투자한 포트폴리오의 4%만 생활비로 쓸 경우, 은퇴한 뒤 30년 동안 모아둔 돈을 고갈시키지 않을 확률이 95%라는 사실을 알려준다.

◆ 은퇴 시점을 결정하는 가장 중요한 요소는 수입이 아니라 저축률이다.

MEMO

3부

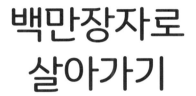

백만장자로
살아가기

15장

현금과 수익 방패

나는 오로지 생계 때문에 하기 싫은 일을 죽을 때까지 하고 싶지 않았다. 그래서 그럴 수 있는 방법을 찾기 시작했다. 방법대로 계산해보니 몇십 년을 일하고 난, 먼 훗날의 이야기가 아니었다. 불과 3년 뒤면 은퇴가 가능할 것 같았다. 마음이 들떠 차분히 지낼 수가 없었다. 그렇게 몇 주를 뒤숭숭하게 보냈다.

하지만 그래봐야 이론일 뿐이었다. 내 책상에는 학술논문이 잔뜩 쌓였고, 화이트보드에도 숫자가 빈틈없이 채워졌다. 1960년대 초 미 항공우주국NASA의 천재들도 논문과 숫자와 씨름했다. 그런 수치를 달에 착륙할 수 있는 로켓으로 바꾸는 일은 엄청난 도전이었다. 그들은 꼬박 10년을 들여 그 도전을 실현했다.

내 계획대로라면 우리가 저축한 돈으로 '경제적 독립'이라는 달에 안착하는 해는 2015년이 될 것이었다. 그때까지 화이트보드의 숫자를 안심하고 탈 수 있는 우주선으로 바꿔야 했다. 그러기 위해서는 아주 중요한 몇 가지 질문에 답해야 했다. 사장실로 들어가 책상 위에 사표를 던지듯 내려놓고 나오는 기분 좋은 상상을 하다가도 그 질문만 떠올리면 밤에 잠이 오지 않았다.

- 내가 은퇴할 때쯤 주식시장이 폭락하면 어떻게 할 것인가?
- 일하지 않으면 무얼 하며 지낼 것인가?
- 건강보험은 어떻게 할 것인가?
- 아이를 낳아야 하는 것일까?

화이트보드를 아무리 들여다봐도 답이 나오지 않았다. 정말로 두려운 건 이런 질문을 다루던 내 평소의 수법이 통하지 않는다는 것이었다. 보통의 경우 난감한 문제에 부딪히면 난 다른 사람들이 어떻게 하는지부터 살핀다. 현명해 보이는 사람이나 책이나 블로그 혹은 연구 결과를 들여다본다. 그러나 이 문제에 관해서만큼은 어디서도 참고할 만한 표본을 찾을 수 없었다.

오해하지 마시라. 남들보다 몇십 년 일찍 은퇴하는 사람은 부지기수다. 수백만 달러짜리 사업을 일군 사람이 있는가 하면, 2008년 금융위기 때 부동산을 저렴하게 매수해 은퇴자금을 마련한 사람도 있다. 하지만 그것들은 내가 따라 할 수 있는 방식은 아니었다.

벽에 부딪힌 기분이었다.

하지만 이번에도 나를 살려낸 건 브라이스였다.

나는 돈에 관한 한 보수적이어서 모험을 기피하는 편이다. 그래서 남들이 무얼 해서 성공했다고 해도 선뜻 따라 하지 않는다. 조사해 보고 조금이라도 미심쩍은 부분이 보이면 그 쪽은 두 번 다시 쳐다보지 않는다. 그래서 집도 사지 않았다. 뭔가 두렵고 확신이 서지 않을 때는 옆으로 물러서서 다른 사람이 먼저 하도록 양보하는 것이다. 그것이 전체주의 국가에서 내 가족과 나를 살아남게 해준 본능이었다.

브라이스는 반대다. 그는 어렸을 때부터 암벽을 타고 활강 스키를 했으며, 내가 보기엔 제정신이 아닌 사람들이나 할 것 같은 익스트림 스포츠를 즐겼다. 그는 조금 위험해 보여도 나름의 계산이 서면 자신감을 가지고 뛰어드는 유형이다.

비관주의자와 낙관주의자. 이 일을 벌이는 데 더없이 완벽한 팀이었다. 내가 앞서와 같은 의문들을 제기하자 브라이스는 그 정도는 "문제가 안 된다"고 간단히 답했다. 4% 법칙을 지키고 지출을 제대로 관리하면 별 탈이 없을 것이라는 얘기였다.

그 정도로는 만족할 수 없어서 나는 재차 물었다.

"그래. 좋아. 하지만 몇 년 뒤에 은퇴했는데 장세가 하락세로 돌아서면 어떻게 하지?"

이 말을 들은 브라이스는 다시 화이트보드에 매달렸다.

그러나 다행히도 우리는 나름의 방법을 생각해 냈다. 3년이란 시간이 걸리긴 했지만, 그동안 품었던 모든 의문에 대한 만족스럽고도 유연한 해법을 찾아낸 것이다.

1부에서 나는 결핍 의식 덕분에 전공을 잘못 택하거나 빚을 지는 등 사람들이 돈과 관련하여 흔히 저지르는 실수를 피할 수 있었다고 말했다. 2부에서는 부자들에게 배운 기법을 발판 삼아 중산층에서 부유층으로 올라간 과정을 설명했다. 이제는 30대에 직장을 그만두기 어렵게 만드는 문제에 대한 해결책을 이야기할 때다. 3년 뒤에 우리는 파산하지 않았을 뿐 아니라, 순자산을 130만 달러로 늘렸다.

마침내 달로 가는 우주선을 발사대에 세울 수 있었던 것이다.

4% 법칙의 문제점

4% 법칙의 가장 큰 문제는 100% 보장할 수 없다는 점이다. 4% 법칙의 공식적인 정의는, 처음의 포트폴리오대로 자산을 운영하면서 인플레이션을 감안해 매년 4%씩만 인출한다면 은퇴 이후 30년 동안 돈을 고갈시키지 않을 확률이 95%라는 것이다.

바꿔 말해, 4% 법칙을 따르면 은퇴하는 사람들 중 5%는 포트폴리오를 제대로 관리하지 못하고 어느 시점에서 돈을 바닥낸다.

여기에는 운이 크게 작용한다. 경제가 막 좋아지기 직전에 은퇴하면 10년 정도 주식으로 큰 재미를 본 다음 5년 정도의 하락장을 맞을 것이다. 그 10년 동안 돈을 많이 벌어놓는다면 나중에 손실이 좀 생겨도 의연하게 대처할 수 있다. 그러나 경제가 불황기로 접어들기 직전에 은퇴하면 상황이 180도 달라진다. 생활비를 인출하는 사이에 포트폴리오가 폭락하는 모습을 속절없이 지켜봐야 하기 때문이다. 이것이 최악의 시나리오다.

하지만 개별 종목과 달리 인덱스펀드는 0으로 떨어지는 법이 없다. 그러니 주가가 하락하면 기다리거나 계속 사들이는 것이 상책이다. 이때 절대 하지 말아야 할 것은 자산을 파는 것이다. 그러나 은퇴를 하면 어느 시점에는 팔아야 한다. 그렇게 팔아야 할 때 포트폴리오에 남은 돈이 많지 않으면 시장이 반등할 때 만회할 방법이 없다. 결국 무일푼이 되어 5% 클럽에 들어가게 되는 것이다.

이 두 가지 시나리오의 유일한 차이라면 수익을 실현하는 순서, 즉 전후 관계다. 재무 설계에서는 이를 '수익률 순서의 위험^{sequence-of-return risk}'이라고 부른다. 우리는 특정 기간에 주식시장의 실적이 어떻게 될지 예견할 수 없다. 그렇다면 모든 것을 운에 맡기고 95% 클럽에 들기만을 바라야 하는가? 그 정도 확률이면 괜찮은 편이라고 할 사람이 있을지 모르지만, 비관주의자인 나는 괜찮지가 않았다.

이 문제를 해결하기 위해 우리는 두 가지 시스템을 개발했다. 이른바 캐시 쿠션^{Cash Cushion}과 일드 실드^{Yield Shield}다.

다시 한번 말하지만, 조기에 은퇴하는 사람이 가장 들기 쉬운 시험은 주가가 폭락할 때 주식을 파는 것이다. 그렇게 했다가는 손실에 발이 묶이고 자원이 얼마 남지 않아 반드시 오게 되는 반등의 시기에 만회할 방법이 없다. 이론상 전략은 간단하다. 내려가면 팔지 말라. 그러나 말이 쉽지 그게 어디 그렇게 간단한가. 직장이 확실해서 수입이 있다면 문제가 없다. 아무리 아침 신문의 헤드라인에 겁주는 문구가 뜬다고 해도 무시하고 팔지 않으면 된다. 아니 할 수 있다면 더 사들여야 한다. 이것이 우리가 2008년에 무너진 주식시장에서 한 푼도 잃지 않고 살아나온 방법이었다. 그러나 은퇴한 상황에서 포트폴리오에 있는 돈을 꺼내야 오늘 저녁거리를 살 수 있다면 선택의 여지가 없다.

이때 등장하는 것이 캐시 쿠션이다. 캐시 쿠션이란 이율이 높은 저축계좌에 들어 있는 현금다발을 말한다. 주식시장이 하락세일 때 이 현금이 완충수단으로 사용될 수 있다(내가 썼던 바로 그 방법이다). 따라서 생활비를 조달하기 위해 자산을 팔지 않아도 된다. 캐시 쿠션은 예비 자금인 셈이다.

캐시 쿠션으로 돈이 어느 정도 필요한지 알기 위해 나는 주식시장이 대폭락했던 시점으로 돌아가 회복에 걸리는 시간을 연구했다. 평균 2년 정도였다. 최악이었던 1929년 대공황을 예로 들면, 약 5년이 걸렸다. 2008년 위기 때는 2년이었다. 어떤 폭풍이 불어도 5년짜리 캐시 쿠션이면 충분히 빠져나올 수 있다는 이야기다.

1년 생활비로 4만 달러가 필요한 사람이 조기 은퇴하려면 계산은 간단하다. 20만 달러(4만 달러×5)만 있으면 된다. 하지만 20만 달러를 준비하는 게 말처럼 쉬운 일인가?

방법이 있다. 실제로는 20만 달러까지 필요하지 않다. 두 번째 장치가 있기 때문이다. 바로 일드 실드다.

모든 ETF에는 수익yield이 있다. 즉 매달 또는 분기마다 소유한 ETF 유닛에 돈이 지급된다. 채권 ETF라면 기초 채권에서 매달 나오는 이자가 있고, 주식형 ETF엔 회사가 주주에게 발행하는 배당금이 있다.

펀드 사는 각각의 ETF에 대해 주당 정해진 분배액이나 수익률(백분율로 표시)로 가치를 제시한다. 예를 들어 주당 18달러에 거래

되며 매달 0.03달러를 배당하는 ETF의 수익률은 이렇게 된다.

$$0.03달러 \times 12 \div 18달러 = 2\%$$

ETF마다 각각의 수익률이 있고 투자 포트폴리오가 ETF로 구성되어 있기 때문에, 당신의 포트폴리오에도 역시 수익률이 있다. 그 ETF에서 나오는 수익률의 축적분이 매달 분배액을 낳는데, 만약 위탁계좌를 개설할 때 그 분배액이 자동으로 재투자되도록 정해놓지 않았다면 수익은 여분의 현금으로 나타날 것이다. 이는 주식시장이 오르든 내리든 관계없이 발생되는 현금이다. 이를 수확하려면 이를 인출하여 당좌계좌에 넣기만 하면 된다. 이 수익이 값진 이유는 시장의 움직임에 따라 올라가고 내려가는 포트폴리오의 자본 가치와 달리 구매할 때 수익률이 결정되기 때문이다. 나중에 포트폴리오의 전체 가치가 내려간다고 해도, 거기서 나온 수익률은 대부분 변하지 않는다(자세한 내용은 부록 C를 참조하라). 따라서 100만 달러에 대한 포트폴리오 수익률이 3.5%, 즉 3만 5,000달러일 경우, 시절이 안 좋아 100만 달러가 90만 달러로 줄어든다 해도 이 포트폴리오는 여전히 3만 5,000달러의 수익을 낳는다.

은퇴한 뒤 5%에 들어가 빈털터리가 될 위험이 가장 커지는 경우는 하락장에서 자산을 팔 때다. 그러나 필요한 만큼을 여분의 현금에서 수확한다면, 아무것도 팔 필요가 없다. 다시 말해, 배당금을 인출해서 쓴다면 안전하다.

포트폴리오 수익률(배당금＋이자)을 계산하면, 필요한 캐시 쿠션은 다음처럼 계산할 수 있다.

$$캐시\ 쿠션 = (연간\ 지출액 - 연간\ 수익금) \times 햇수$$

다음은 브라이스와 내가 은퇴 후 세계 여행을 대비해 구성했던 포트폴리오다.

명칭	배분율(%)
채권	40
캐나다 지수	20
미국 지수	20
EAFE 지수	20

당시 각 ETF의 수익률은 다음과 같았다.

명칭	배분율(%)	수익률(%)
채권	40	3
캐나다 지수	20	2.5
미국 지수	20	1.75
EAFE 지수	20	2.5

이렇게 해서 내 포트폴리오의 전체 수익률은 약 2.5%가 되었다. 그러니 포트폴리오 규모가 100만 달러이고 연간 지출액이 4만 달러(4% 법칙으로 계산)인 은퇴자라면, 다음 정도의 캐시 쿠션이 필요할 것이다.

$$4\text{만 달러} - (100\text{만 달러} \times 2.5\%) \times 5 = 7\text{만 }5,000\text{달러}$$

이 정도면 처음에 예상했던 20만 달러보다 훨씬 적은 금액이다. 하지만 경제적 독립에 필요한 돈도 엄청난데, 거기에 7만 5,000달러까지 따로 모아야 한다면 보통 부담이 아닐 것이다. 더 좋은 방법을 찾아야 했다.

그렇게 해서 생각해 낸 방법을 '일드 실드 부풀리기raising the Yield Shield'라고 부르기로 했다. 일드 실드 부풀리기는 포트폴리오를 수익률이 높은 자산으로 임시로 옮기는 절차다. 핵심은 '임시로'라는 말이다. 장기적으로 볼 때 투자 포트폴리오는 저비용으로 지수를 추종하는 포트폴리오가 되어야 한다. 왜냐고? 트리니티 대학교의 연구진이 사전에 정한 조건이 저비용과 지수 추종이기 때문이다. 이 조건에서 너무 멀리 벗어나면 4% 법칙이 통하지 않는다. 그러나 은퇴 후 첫 5년 동안 일드 실드를 확보해 놓으면 4% 법칙에 문제가 생겨도 적절히 대처할 수 있다. 방법은 이렇다.

첫째, 포트폴리오에 있는 기존의 자산과 비슷한 자산 중 수익률이 높은 자산을 고른다. 그런 다음 전략적으로 그 둘을 서로 바꿔서 포트폴리오 수익률을 높인다. 그렇게 하면 포트폴리오의 변동성이 커진다. 그 이유를 설명하겠지만, 지금 당장 해야 할 일은 수익률을 높이기 위해 높은 변동성을 감당하는 것이다.

5%라는 낮은 확률에 들 정도로 포트폴리오를 바닥내는 것은 첫 5년을 잘못했기 때문이다. 이 5년이라는 위험한 기간에는 아무리 장세가 안 좋아도 생활비 때문에 자산을 매도하는 일만은 삼가야

한다. 그래서 그 5년을 위한 일드 실드를 확보해 놓는 것이다. 원래의 포트폴리오만 건드리지 않으면 당당히 95%에 들어갈 수 있다.

자, 그러면 수익률이 높은 자산은 어떻게 고를 것인가?

우선주

첫째는 주식과 채권을 혼합한 우선주다. 우선주는 보통주와 마찬가지로 시장에서 거래되지만, 주주총회에서 의결권이 없다는 것이 보통주와 다르다. 즉 우선주는 보통주처럼 소유권을 회사에 대한 지배 수단으로 삼지 않는다. 회사들은 자본금을 확보하기 위해 우선주를 발행하는데 채권을 발행하는 이유와 비슷하다. 그러나 채권과 달리 우선주는 회사가 채무불이행 상태가 되었을 경우 잔여재산을 분배받을 때 채권에 밀린다. 회사에 현금이 충분하지 않으면 보통주에 대한 배당금이 먼저 탈락하고 다음에 우선주가 탈락하고 마지막에 채권이 탈락한다. 그래서 회사의 재무 형편이 어려울 때 '우선적' 주주들은 채권 보유자보다 나중에 그리고 보통주 보유자보다 먼저 배당금을 받는다.

이러한 약점이 있긴 하지만, 그래도 우선주는 수익률이 훨씬 높다. 주식형 지수의 수익률이 2%인데 반해, 우선주는 4~6%다. 우선주는 채권보다 변동성이 크지만 주식보다는 낮아서 별다른 동요 없이 수익을 증가시킬 수 있다. 또한 이자를 지급하는 채권과 달리 적격 배당금을 지급한다는 것도 우선주의 장점이다. 다시 말해 우선주는 13장에서 설명한 대로 세금 면에서 유리하다.

앞에서 나는 주식으로 은퇴 후 포트폴리오를 구성할 경우 개별 종목을 사지 말라고 이야기했다. 이는 우선주에도 똑같이 해당한다. 사실 우선주는 복잡하므로 개별 종목으로 보유하는 것이 적당하지 않다. 같은 회사가 발행한 것이라고 해도 운용 방식이 각기 다르다. 어떤 것은 누적되지만 어떤 것은 누적되지 않고 어떤 것은 보통주와 호환되지만 어떤 것은 호환되지 않으며, 어떤 것은 이율이 고정적이고 어떤 것은 현행이율이 적용되는 식이다.

지금 이 자리에서 그 모든 조건을 따질 수는 없지만, 이러한 이유로 나는 주식을 보유하는 것과 마찬가지로 하나의 인덱스 ETF로 우선주를 보유하는 방식을 권하는 편이다. 인덱스 ETF로 우선주를 보유하면 개별 종목의 세부적인 내용을 꼼꼼히 살펴보지 않고도 시장 전체를 보유할 수 있기 때문이다.

참고로 우선주 지수에 투자하는 몇 가지 ETF를 소개한다.

명칭	국가	종목 기호
iShares S&P/TSX North American Preferred Stock Index	캐나다	XPF
iShares US Preferred Stock	미국	PFF
PowerShares Preferred Portfolio	미국	PGX

솔직한 고백 일드 실드를 구축하는 동안 내가 보유한 펀드는 XPF였다. 다른 펀드들은 이와 유사한 유형의 미국 펀드다. 늘 그렇지만 개인적인 판단에 따라 매수하기 전에 공인받은 재무설계사들에게 조언을 받기 바란다.

부동산 투자신탁

나는 부동산을 소유하고 있다. 앞서 주택 문제에 대한 나의 입장을 들은 사람이라면 의아할 것이다. 하지만 나는 일반적인 주택 소유 개념과는 다른 방식으로 주택을 소유한다.

부동산 투자신탁Real estate investment trusts, 즉 리츠REITs 펀드를 소유하는 것이다. 리츠는 부동산을 소유하고 관리하는 법인이지만, 그들은 부동산을 높은 가격에 팔겠다는 기대감에 안주하지 않는다. 사무용 건물, 쇼핑몰, 양로원, 아파트 단지 등을 투자 개념으로 보유하고 관리하는 것이다. 그들은 이 같은 부동산을 사들인 후 입주자를 물색하고 사람들을 고용해 유지하고 관리하는데, 그렇게 해당 부동산을 통해 얻는 매달 임대료의 이익을 주주에게 나눠준다.

리츠는 주주에게 이득을 분배하기 위해 만든 펀드이므로 수익률이 주식시장보다 높다. 게다가 리츠를 보유하면 흥미로운 점이 많다. 리츠는 미국과 캐나다에 있는 상업용 건물을 많이 소유하고 있는데, 그중엔 개별 부동산도 있고 쇼핑몰이나 영화관, 심지어 당신이 일하고 있는 건물을 가지고 있을 수도 있다. 리츠를 소유하는 것은 그런 빌딩의 일부를 소유하는 것과 같다!

그리고 우선주처럼 하나의 지수로 리츠를 소유할 수 있어서, 개별 매물을 따지지 않고 섹터 전체를 보유할 수 있다.

리츠 펀드 몇 가지를 소개한다.

명칭	국가	종목 기호
iShares S&P/TSX Capped REIT Index	캐나다	XRE
iShares Core US REIT	미국	USRT

솔직한 고백 내가 소유한 펀드는 XRE이다.

회사채

명칭에서 알 수 있듯이, 회사채는 국채와 비슷하지만 국가가 아닌 회사에서 발행하는 채권이다. 회사채도 우선주처럼 자금을 모으기 위해 발행하지만, 부채에 서열을 매길 때 맨 앞자리에 선다. 회사가 배당할 수 있는 현금이 있으면, 채권에 먼저 지급하고 그다음에 우선주 그리고 보통주 순으로 지급한다. 회사는 정부보다 파산할 가능성이 크기 때문에 회사채는 우선주보다는 안전하지만 국채보다는 위험하다. 또한 회사채는 국채보다 변동성이 크므로 수익률은 약 1~2% 더 높다.

바로 여기서 회사채와 소위 고수익high-yield 채권이 갈린다. 무디스Moody's나 스탠더드앤드푸어스Standard & Poor's 같은 신용평가기관들은 회사의 재무 건전성을 근거로 회사들이 발행하는 회사채를 평가하여 알파벳 문자로 등급을 매긴다. 고등학교 성적처럼 A가 가장 높고 B는 우량한 편이며 C는 불안하다. A보다 AA가 훨씬 좋지만 가장 좋은 것은 AAA로 위험성이 거의 없다. '회사채'라는 말은 투자 등급 채권, 즉 스탠더드앤드푸어스 방식으로 평가할 때 BBB 또는 그 이상을 의미한다. 그보다 아래 등급은 고수익 채권으로 조금 노골적으로 말해 '정크 본드'junk bond(신용등급이 낮은 기업이 발행하는 고위험·고수익 채권)'이다.

나도 정크 본드를 소유한 적이 있다. 정크 본드는 변동성이 유별나게 컸다. 국채에 비해 탐낼 만한 수익률을 냈지만, '세상에나!' 가치가 널뛰기를 했다. 보통 항공사나 석유 및 광산, 첨단기술 같은 분야의 회사들의 채권이 많아 수익률이 혹할 정도지만 가격이 주식만큼이나 요동쳤다. 그래서 추천하고 싶지 않다. 어느 정도 투자 등급이 괜찮은 회사채를 고수하는 게 현명하다.

여기 이런 분야의 채권 시장을 추종하는 ETF가 몇 가지 있다.

명칭	국가	종목 기호
Vanguard Total Corporate Bond	미국	VTC
iShares Canadian Corporate Bond	캐나다	XCB

솔직한 고백 나는 XCB를 보유했다.

배당주

마지막으로 배당주dividend stocks가 있다. 배당주는 배당금이 평균보다 많은 보통주다. 일반적으로 배당주는 성장할 여지가 많지 않은 포화 시장에서 규모가 크고 실적이 좋고 입지가 확고한 회사들이 발행하는 주식이다. 존슨앤존슨Johnson & Johnson이나 코카콜라 같은 회사를 생각하면 된다.

첨단 스타트업 같은 고성장 신진 회사는 소득이 발생해도 사업을 확장하고 더 많은 사람을 고용하고 더 많은 공장을 짓는 데 재투자하는 경향이 있다. 그러나 코카콜라처럼 이미 지위가 확고한 회사는 현금이 많을 때 오히려 문제가 생긴다. 그래서 그들은 위험하고 투기성이 있는 분야에 투자하기보다 주주에게 돈을 돌려주려 한다.

사람들은 이런 주식을 보유하고 싶어 한다. 이런 시장을 추종하는 ETF가 있다.

명칭	국가	종목 기호
Vanguard High Dividend Yield	미국	VYM
iShares Canadian Select Dividend	캐나다	XDV
iShares International Select Dividend	국제	IDV

솔직한 고백 내가 소유한 펀드는 XDV이다.

하나로 모으기

지금까지 소개한 것들이 일드 실드를 받치는 네 가지 기둥이다. 이제 이들을 하나로 모아야 한다. 네 기둥 중에 자신의 포트폴리오와 가장 비슷한 부분을 골라서 필요한 만큼을 고수익 버전으로 바꾸면 된다. 그렇게 하면 포트폴리오의 변동성이 커진다. 하지만 역설적으로 말해 변동성이 커지면 변동성에 대한 취약도가 줄어든다. 포트폴리오의 전체 가치가 널뛰기를 해도 매달 여분의 현금 형태로 꾸준한 수익률을 배당받기 때문에, 생활비를 대기 위해 자산을 팔지 않아도 된다. 이렇게 하면 조기 은퇴 플랜을 훨씬 수월하게 짤 수 있다.

이렇게 하는 이유는 은퇴 플랜에 실패하는 5%에 들어갈 위험을 줄이기 위해서다. 포트폴리오의 일부를 고수익 자산과 바꾸면 일드 실드가 높아고 그렇게 하면 필요한 캐시 쿠션이 줄어든다.

다음은 나의 처음 포트폴리오다.

자산 유형	배분율(%)	수익률(%)
채권	40	3
캐나다 지수	20	2.5
미국 지수	20	1.75
EAFE 지수	20	2.5

일드 실드를 확보한 뒤 내 포트폴리오는 다음처럼 바뀌었다.

자산 유형	배분율(%)	수익률(%)
채권	40	4.4
국채	10	3
회사채	10	3.5
우선주	20	5.6
캐나다 지수	20	4.4
TSX	5	2.5
배당주	5	3.5
리츠	10	5.75
미국 지수	20	1.75
EAFE 지수	20	2.5
합계	100	3.5

자산 유형	배분율(%)	수익률(%)
채권	40	4.3
국채	10	3.0
회사채	10	3.3
우선주	20	5.5
아메리칸 지수	30	2.88
S&P 500	15	1.8
리츠	10	4.4
배당	5	3.1
EAFE 지수	30	2.7
합계		3.4

이 수치는 내가 일드 실드를 만들었을 당시에 통했던 수치다. 지금은 다를 수 있다는 걸 기억하라.

캐나다 지수가 포함된 새로운 포트폴리오 수익률을 주목할 필요가 있다. 3.5%다! 그것이 내 캐시 쿠션의 규모에 어떤 영향을 주는지 보자.

캐시 쿠션 = (4만 - 3만 5,000달러) × 5 = 2만 5,000달러

포트폴리오를 고수익 버전으로 바꿈으로써, 필요한 나의 캐시 쿠션은 20만 달러에서 2만 5,000달러로 줄었다. 일드 실드 포트폴리오와 2008년에 그 실적에 관한 세부적인 내용은 부록 C를 참조하기 바란다.

브라이스와 나는 생활비를 부부 합산으로 계산했는데, 경제적 독립을 위해 필요한 금액은 100만 달러였다. 100만 달러라고 하니 엄두가 나지 않았다. 내겐 특히 그랬다. 그러나 우리는 우량한 POT 점수를 근거로 직업을 택하고, 결핍 의식으로 비용을 최적화했으며(이 점은 아무리 강조해도 모자람이 없다), 비싼 집을 사지 않았다. 그 결과 직장을 다닌 지 불과 9년 만에 임계선을 가볍게 넘을 수 있었다.

어느 날 직장에서 일하고 있는데 브라이스에게서 전화가 왔다. 특별한 날이어서 고급 레스토랑에 예약을 해놨으니 늦지 말라는 이야기였다. 영문을 알 수 없었다. 생일도 아니고 결혼기념일도 아니었다. 하지만 약속 장소가 내가 가장 좋아하는 레스토랑이었기에 자세히 묻지도 않고 나가겠다고 했다.

식사를 마쳤을 때 브라이스가 내게 서류 몇 장을 건넸다. 은행 거래명세서였다. 전면에 찍힌 빨간색의 '합계'라는 글자에 눈이 갔다. 그 아래 매직펜으로 휘갈겨 쓴 숫자가 눈에 확 들어왔다.

벌려진 입이 닫히지 않았다. 나는 그를 바라보았다.

"이거 진짜야?"

브라이스가 씩 웃었다. 그러더니 샴페인 잔을 들고 말했다.

"백만장자가 되신 걸 축하합니다."

◆ 4% 법칙을 따라도 돈이 바닥나는 5%에 들어갈 확률은 여전히 남아 있다. '수익률 순서의 위험'이라는 현상 때문이다.

◆ 이를 보완하기 위해서는 캐시 쿠션과 일드 실드를 활용해야 한다.

  − **캐시 쿠션**: 하락장에서 포트폴리오를 처분해야 하는 불상사를 피하기 위해 저축계좌에 보유해둔 예비 펀드.

  − **일드 실드**: ETF에서 나오는 배당금과 이자의 조합. 자산을 매도하지 않고도 현금을 조달할 수 있다.

  ◆ 일드 실드를 늘릴 수 있는 고수익 자산

    − 우선주

    − 부동산 투자신탁(리츠)

    − 회사채

    − 배당주

    ◆ 캐시 쿠션의 크기는 다음 공식으로 결정한다.

      − 캐시 쿠션=(연간 지출액−연간 수익금)×햇수

MEMO

16장

돈 벌며 여행하기

"구해놓은 일자리도 없이 직장을 그만둔다고?"

"세계 여행? 무슨 돈으로?"

"왜 그만두는데? 여기서 일하는 게 싫어?"

나의 동료들은 내가 왜 회사를 그만두는지 알지 못했다. 나는 불과 서른 살에 공식 은퇴를 선언하고 있었다. 사람들에게는 그저 남들이 고등학교를 졸업하고 하는 1년 동안의 휴학 여행을 이제 하는 것이라고 둘러댔다. 모두들 그 말을 믿었다.

계산기를 100번도 더 두드렸을 것이다. 우리가 확보한 100만 달러의 포트폴리오에 4% 법칙을 적용하면 매년 4만 달러의 비용을 쓸 수 있고, 거기에 일드 실드와 캐시 쿠션까지 있으니 어떤 폭풍이

와도 이겨낼 수 있다는 게 내가 내린 결론이었다. 단 머릿속에서 몰아치는 정체 모를 폭풍을 설명할 길이 없다는 사실만 빼고. 수학은 청신호를 보냈지만 나는 무서웠다.

아버지는 내게 츠쿠의 의미를 일깨워주셨다. 그는 양질의 교육과 좋은 직업이 목숨만큼이나 값진 것이라고 늘 강조하셨다. 그런 그가 이러한 결정에 실망하시지는 않을까? 내가 지금 큰 실수를 하는 건 아닐까?

나는 열과 성의를 다해 내 우주선이 될 부품을 한 조각 한 조각 모았다. 10년 가까운 세월을 보내고서야 드디어 달을 향해 솟아오를 준비를 마쳤다. 그런데 무언가를 빠뜨렸다면 어떻게 하지? 실수하면 어쩌지? 이 모든 것이 한방에 날아간다면?

이 같은 생각이 몇 달 동안 머릿속을 떠나지 않았다. 집주인에게 방을 빼겠다고 통보할 때도 그런 생각을 떨치지 못했다. 우리가 가진 물건을 대부분 팔고 꼭 필요한 것만 골라서 배낭 두 개에 나눠 담을 때도 갖가지 생각들이 머릿속을 떠나지 않았다. 겉으로는 의기양양하게 1년짜리 세계 일주를 시작한다고 큰소리쳤지만, 비행기에 오르면서도 속으로는 그 생각을 하고 있었다. 안전벨트를 매고 기내 스크린에 뜬 위기 발생 시 필요한 안전조치에 관한 영상을 보면서도 머릿속에는 한 가지 생각뿐이었다.

'지금 내가 꿈을 현실로 만드는 건가, 아니면 평생 후회할 짓을 하는 건가?'

여행에 푹 빠지다

만약 의료폐기물 더미 꼭대기에서 쓰레기를 뒤지던 아이가 자신은 커서 스위스 알프스 정상에 설 거라고 말했다면, 나는 무슨 정신 나간 소리냐고 대꾸했을 것이다. 그러나 엥겔베르그 퓌렌알프에서 눈 덮인 산들과 눈이 시리도록 푸른 초원을 넋놓고 바라보며 구수한 암소의 울음소리를 듣는 순간, 나는 그제야 꿈이 이루어졌다는 것을 실감했다. 나는 실성한 사람처럼 키득거리며 정상에 놓인 트램 폴린(참 뜬금없다)을 향해 달려갔다. 쏟아지는 햇살을 온몸으로 받으며 머리카락을 휘날리고 제자리에서 몸을 허공에 붕붕 띄우며 '사운드 오브 뮤직The Sound of Music'을 부르니 세상을 다 얻은 기분이었다. 적어도 그때는 그런 줄 알았다.

아무나 알프스를 오를 수 있는 것은 아니라고 생각했지만, 그런 거짓말 같은 경험은 그 외에도 계속 차곡차곡 쌓여갔고 매번 하게 되는 새로운 경험이 지난번보다 좋았다. 나는 산토리니 절벽에 올라 믿기 어려울 정도로 푸른 에게 해를 바라보았고 암스테르담의 운하를 따라 자전거를 탔다. 아일랜드 호수에서는 짭짤한 바다 냄새를 맡았고 오사카에서는 고베규(일본 고베 지역에서 자란 소)로 요리 천국을 체험했다. 서울의 찜질방에서는 10년 묵은 스트레스를 모두 날려버렸고 태국의 꼬따오에서는 물 공포증을 무릅쓰고 PADI 스쿠버 다이빙 자격증까지 땄다.

간단히 말해, 나는 여행과 사랑에 빠졌다. 1년 동안이나 여행을 하면 나의 생활 체계가 엉망이 될 거라는 생각은 기우였다. 죽어라 일만 하던 10년간의 직장생활에서는 아무런 보람도 느낄 수 없었다. 출근하고 퇴근해 집에 가서 잠만 자고 다시 출근하는 일이 365일 반복됐다. 은퇴를 하기 1년 전에 내 스마트폰에 찍힌 사진은 단 두 장이었다. 그해 내내 간직할 만한 기억도 그것이 전부였다.

은퇴한 이듬해에는 스마트폰의 메모리가 부족할 정도로 사진이 넘쳤다. 하루하루 느낌이 새로웠다. 나는 드디어 자유를 맛보았고 그 기분이 끝나지 않기를 바랐다. 그러나 세계 여행으로 1년을 보내고 집으로 돌아가는 비행기를 탔을 때 태산 같은 걱정이 다시 밀려오기 시작했다.

브라이스의 어머니 댁으로 옮겼던 내 낡은 침대에 누워, 나는 다시 새장에 갇힌 새가 된 듯한 심정으로 천장을 바라보았다. 시차 때문에 좀처럼 잠도 오지 않았다. 결국 일어나 노트북을 꺼냈다. 거기에는 우리가 여행 중에 지출했던 비용이 달러, 유로화, 엔화 등으로 기록되어 있었다. 나는 브라이스가 깨지 않도록 조용히 자판을 두드려가며 금액을 더했다.

"아니, 이런." 나도 모르게 큰소리가 튀어나왔다.

"뭐야? 뭐가 잘못됐어?" 브라이스가 덜 깬 목소리로 물었다.

나는 대답하지 않고 숫자를 더하고 또 더하고 공식이란 공식을 모두 동원해 계산해 보았다. 이럴 리가 없는데. 말이 안 되잖아!

"왜 그래?" 브라이스도 결국 일어나 앉아 안경을 찾으려고 어둠 속을 더듬었다. "왜? 쪽박 찬 거야? 우리가 너무 많이 썼나?"

나는 고개를 저었다.

"그럼, 왜 그러는데?"

나는 손가락으로 화면을 가리켰다. 합계가 4만 하고 150달러였다. 집에서 지낼 때와 거의 같은 비용으로 전 세계를 돌아다닌 것이다.

생각해 보라. 우리가 갔던 곳만 3개 대륙 20개국이었다. 지구를 완전히 한 바퀴 돌았다. 지구를 딛고 사는 70여억 명의 인구 중 극히 일부만이 할 수 있는 대단한 일을 우리가 해낸 것이다. 그것도 한 곳에 눌러앉아 쓰는 비용을 가지고 말이다.

브라이스도 잠이 확 깨는 모양이었다. 그의 머릿속에서 기어가 계속 변속되고 있었다. 나도 마찬가지였지만.

"당신 이게 무슨 뜻인지 알지?" 그가 물었다.

나는 고개를 끄덕였다. 알다마다.

평생 세계 여행을 하며 살 수 있다는 말이었다.

세계 여행에 드는 비용

방문한 국가 20개국(미국, 영국, 스코틀랜드, 아일랜드, 네덜란드, 덴마크, 벨기에, 독일, 스위스, 오스트리아, 체코 공화국, 헝가리, 그리스, 한국, 일본, 싱가포르, 말레이시아, 태국, 베트남, 캄보디아)

지역	체류 기간(개월)	월별 비용(달러)
북아메리카	1	2,441
영국	1	3,962
서유럽	1	3,515

동유럽	1	2,657
아시아	2	3,243+2,376
동남아시아	6	2,031+2,057+2,038+1,836+1,674+1,703
합계	12	2만 9,533

여행보험료 1,346달러(673달러×2인)까지 더하면 우리가 그해에 쓴 비용은 3만 879달러였다.

여행 비용이 꽤 나올 것으로 예상했는데, 영국이나 서유럽, 일본 처럼 물가가 높은 지역과 동남아처럼 비싸지 않은 지역으로 1년을 나누어 평균을 내보니, 매일 1인당 42달러 정도를 쓴 셈이었다. 우리는 에어비엔비Airbnb와 호텔을 이용했고 외식을 하기도 하고 때로는 직접 요리를 해 먹기도 했다. 보스턴에서는 신선한 굴이나 랍스터로 호사를 누렸고, 태국에서는 나흘짜리 스쿠버 다이빙 공인자격증 과정(숙박 포함 1인당 250달러)을 밟았다. 또 캄보디아에서는 실전으로 스쿠버 다이빙(두 번 다이빙에 1인당 80달러)을 했고, 스위스 알프스에서는 하이킹(1인당 87달러)을, 일본에서는 고베규(1인당 48달러)를 즐기는 등 돈 쓰는 재미도 사양하지 않았다!

지역과 항목에 따른 비용은 다음과 같다.

북아메리카

카테고리	월별 커플 비용(달러)	비고
숙박	760	
음식	1,453	식재료 28%, 외식 72%

교통	162	마일리지로 구입한 항공편에 지급한 세금 포함 가격
활동	0	가장 기억에 남는 일? 배터지게 먹은 것.
의류/세면용품/데이터/기타	66	
합계	2,441	

영국

카테고리	월별 커플 비용(달러)	비고
숙박	1,827	
음식	944	식재료 46%, 외식 54%
교통	664	라이언에어[Ryanair], 이지젯[EasyJet] 등 지역 항공사 포함
활동	455	
의류/세면용품/데이터/기타	71	
합계	3,961	

서유럽

카테고리	월별 커플 비용(달러)	비고
숙박	1,685.38	
음식	954.32	식재료 34%, 외식 66%
교통	584.49	지역 항공사, 버스 포함
활동	179.99	
의류/세면용품/데이터/기타	110.42	
합계	3,514.60	

동유럽

카테고리	월별 커플 비용(달러)	비고
숙박	1,217.69	
음식	987.80	식재료 37%, 외식 63%
교통	288.46	
활동	130.77	
의류/세면용품/데이터/기타	32.20	
합계	2,656.92	

아시아(일본)

카테고리	월별 커플 비용(달러)	비고
숙박	1,335.38	
음식	1,136.77	식재료 26%, 외식 73%
교통	532.91	포인트로 지급한 항공편, 저가항공사 티켓, 완행열차(세금 포함)
활동	193.74	
의류/세면용품/데이터/기타	44.28	
합계	3,243.08	

동남아시아(베트남)

카테고리	월별 커플 비용(달러)	비고
숙박	591.93	
음식	516.97	식재료 20%, 외식 80%
교통	451.28	
활동	191.13	

의류/세면용품/데이터/기타	84.53	비자 발급 수수료 포함
합계	1,835.84	

우리는 일정에 동남아시아를 덧붙여 비용을 합리적으로 유지했다. 동남아시아는 날씨도 기가 막혔지만 물가는 더 환상적이었다. 태국 치앙마이에서는 헬스장과 사우나와 풀장이 딸린 최신식 콘도를 임대했는데, 월세가 470달러였다. 신선한 해산물 찜 한 상(여기서는 단위가 '상'이다)에 1인당 12달러였다. 그럼 치킨 팟타이 한 접시는? 겨우 1.25달러다. 1시간짜리 오일 마사지도 팁 포함하여 10달러면 됐다.

1년에 1만 2,000달러에서 1만 5,000달러 정도면 여왕 같은 호사를 누릴 수 있다고 생각하니 태국을 떠나기가 싫어졌다. 1성급 가격으로 4성급 삶을 누릴 수 있는 혜택은 베트남과 말레이시아와 캄보디아까지 이어져 우리를 감동시켰다.

그러니 세계 여행을 계획하면서 예산 맞추기가 쉽지 않다면, 동남아시아를 일정에 포함시켜보라. 그곳에서 보내는 시간이 많을수록 예산 문제로 머리가 아플 확률이 크게 줄어들 것이다. 앞서 포트폴리오를 순조롭게 운용하는 비결이 채권이라고 했지만, 동남아시아야말로 여행 포트폴리오에서 빼놓을 수 없는 채권이다. 동남아시아는 비용 문제를 순탄하게 해결해 준다. 그 외에 멕시코나 중앙아메리카, 남아메리카, 동유럽, 포르투갈 등 물가가 저렴한 지역도 아주 괜찮은 채권이다.

직장을 그만두고 세계 여행을 떠난 지 3년째다. 자신 있게 말하건대, 매일이 새롭고 신나는 모험으로 가득하다. 게다가 노마드 문화를 직접 실천에 옮기니 여행 비용이 훨씬 더 내려갔다. 작년 한 해 동안 우리가 쓴 돈을 모두 합해 보니 캐나다 달러로 3만 6,000달러였다! 우리는 돈을 더 이상 벌지 않았지만 우리의 포트폴리오에서 4만 달러가 나왔기 때문에, 세계를 여행하고도 4,000달러를 번 셈이었다!

그런데 왜 걱정이 완전히 사라지지 않는 거지?

여행 해킹

비용을 줄일 수 있는 또 한 가지 방법이 있다. 이른바 '여행 해킹'이다. 마일리지를 어느 정도 적립하면 무료로 여행할 방법을 해킹하여 항공편과 호텔을 예약할 수 있다! 대개는 비즈니스맨, 기업인, 항공사 승무원 등 항공기를 자주 이용하는 사람들에게 주어지는 특권이다. 그러나 비행기를 타본 적이 없는 사람도 이런 호사를 누릴 수 있다. 신용카드와 스프레드시트만 있으면 된다.

요령은 사인업 보너스가 많은 신용카드를 신청하여 약정 한도만큼 쓴 다음 카드를 취소하는 것이다. 3개월에서 6개월 정도 지나면 같은 과정을 반복할 수 있다. 예를 들어, 체이스 사파이어 프리퍼드 Chase Sapphire Preferred 카드는 발급 후 첫 3개월 내에 4,000달러를 쓰면 6만 포인트를 주는데, 첫해에는 연회비가 없다. 이를 여행에 사용하면 750달러 이상의 가치를 받는 셈이다! 따라서 배우자와 함께 카드를 신청하고 최소 사용 금액을 충족시키면 두 사람 모두 유럽이나 아시아를 무료로 여행할 수 있다. 체이스 사파이어 프리퍼드 외에도 신용카드들은 대부분 해외 이용수수료 면제, 렌터카보험, 식사와 음료를 무료로 제공하는 공항라운지 이용권 등 여러 가지 혜택을 제공한다. 그러니 공짜 음식 먹는 데 정신이 팔려 비행기를 놓치는 일이 없도록 조심하자(우리는 자주 그랬다).

덜컥 신청하기 전에 한 가지 알아두어야 할 것이 있다. 5/24 법칙이라는 것이다. 이름을 봐도 알 수 있지만 체이스Chase에서 승인을 받으려면 최근 24개월 동안 모든 은행을 통틀어 신청한 신용카드 개수가 5장을 넘으면 안 된다.

우리는 그동안의 수고에 대한 보상으로 세계 일주를 계획하면서, 출발하기 전에 각 카드마다 20만 포인트가 쌓이도록 사용했다. 덕분에 우리는 장거리 노선을 이용하면서도 세금을 80~100달러밖에 내지 않았다. 이런 방법으로 절약한 돈이 1년에 6,000달러였다. 같은 액수의 돈을 호주머니에서 꺼내 지급했다면 포트폴리오에서 15만 달러(6,000달러×25) 이상의 돈을 꺼내야 했을 것이다. 휴! 여행 해킹 덕분에 우리는 은퇴를 2년 앞당길 수 있었다. 너무 다행스러운 일이다. 2년만 더 일하라고 했다면 내가 먼저 상사를 해고하고 말았을 테니까.

우리처럼 노마드 생활을 즐길 계획이 없다고 해도, 휴가 기간에 큰돈을 절약할 수 있다. 신용카드를 책임 있게 쓰기만 하면 된다. 단, 이미 빚이 있다면 여행 해킹은 하지 않는 편이 좋다(5장 참조). 대신 매달 카드값을 지급할 능력이 있다면 새 카드를 '꺼내기만' 하면 된다.

에어비앤비

에어비앤비도 비용을 절약하는 또 한 가지 요령이다. 에어비앤비와 여행 해킹으로 우리는 1년에 1만 8,000달러를 절약했다. 에어비앤비를 이용하면 각 나라에서 현지인처럼 생활할 수 있는 이색적인 경험을 할 수 있고, 자신만의 주방과 세탁기도 사용할 수 있다. 지갑은 얄팍해지는데 허릿살만 불어나는 호텔 생활과 달리, 에어비앤비를 활용하면 내 집처럼 편안한 마음으로 적당한 노동을 즐길 수 있다.

특히 우리는 에어비앤비 집주인의 추천으로 숨은 보석을 여러 곳 찾아냈다. 리스본의 스테이크 샌드위치 맛집과 치앙마이에서 디저트를 가장 잘하는 집도 그렇게 발굴했다.

여행보험과 국외거주자 보험

중증 심장마비, 중환자실, 돌아가실지도 모름.

정말로 듣고 싶지 않은 말들이다. 집을 떠나 세계 여행을 하는 도중에는 특히 그렇다. 태국에 거주하던 중 막 잠에 들었는데, 브라이스 어머니로부터 전화가 왔다. 할머니가 중환자실로 실려 가셨는데 며칠 못 버티실 것 같다는 소식이었다. 전화를 끊고 우리는 집으로 가는 다음 비행기를 예약하고 짐을 싸면서 예약해 놓았던 모든 행선지를 취소했다.

여행 중에 안 좋은 소식을 접하는 것도 견디기 힘든 일이지만, 이미 지급한 호텔비를 떼이고 급하게 비행기 티켓을 사는 것 같은 금전적인 손해를 감수하는 일도 무시 못할 스트레스다. 그래서 우리는 떠나기 전에 여행보험에 들었다.

여행보험은 각자 100만 달러까지 의료 비상사태나 여행 취소, 여행 중단(정치적 불안이나 자연재해 같은 원인으로 인한 경우)으로 인한 손해를 보상해 줄 뿐 아니라, 가족이 아프거나 사망했을 경우에 비행기나 호텔을 취소하고 집으로 가는 비행기 티켓을 사는 비용도 커버해 준다. 우리가 택한 월드 노머드 World Nomads 보험사는 믿음직스럽게도 우리가 청구한 3,000달러를 신속하고 정확하게 처리해 주었다. 미리 지급했던 1,750달러의 보험료를 알뜰하게 보상받고도 남은 셈이었다.

해외 여행을 하든 노마드 생활을 계획하든, 신용카드 혜택에 국제 의료보험이 포함되는지 반드시 확인한 후 보험을 드는 것이 좋다. 흔한 일은 아니지만, 예기치 않은 의료 비상사태가 생기면 은퇴 계획이 하루아침에 틀어질 수도 있다.

본국에서 보험 처리가 되는지도 체크해 봐야 한다. 여행보험은 경우에 따라 본국으로 송환되는 것을 전제로 하기 때문이다. 하지만 본국에서 보험 처리가 되지 않아도 모든 것을 잃는 것은 아니다. 국외거주자 보험에 가입할 수 있기 때문이다. 국외거주자 보험은 18장에서 다루겠다.

비자

블로그 구독자들이 가장 많이 하는 질문은 비자 문제다.

여행 첫해에 우리는 유럽에서 90일의 체류 기간을 채운 뒤 관광 비자로 아시아로 날아갔다. 베트남과 캄보디아에 갈 때는 온라인으로 이비자e-visa를 신청하고 수속비를 지급한 다음 출발하기 전에 이메일에서 비자를 출력했다. 태국에서는 공항에서 자동으로 30일짜리 관광 비자를 받았다. 하지만 우리는 태국이 너무 마음에 들어서 비자를 갱신했다. 절차도 효율적이어서 어렵지 않았다.

여행을 오래 하다 보니 유럽에서 무비자로 90일을 지낸 뒤 그 이상을 머무르고 싶을 때 이용할 수 있는 옵션이 있다는 사실을 알았다. 스페인의 비취업 비자인 웰스 비자Wealth visa나 포르투갈의 D7 비자, 독일의 프리랜서 비자 등은 장기 체류가 가능하고 경우에 따라서는 의료보험 혜택까지 받을 수 있다.

이들 국가에 오래 머물 생각이라면 다음 사항을 참조하면 된다.

스페인

스페인의 비취업 비자, 즉 웰스 비자는 연금이나 투자 등 매달 고정 소득이 있다는 사실을 입증한 외국인에게 스페인에서 살 수 있는 기회를 준다. 한 달에 최소 2,200유로의 수입이 있고 그 외 가족 중 1인당 매달 550유로의 수입이 있는 구성원이 있다면, 1년에 한 번씩 비자를 갱신하여 스페인에 체류할 수 있다.

포르투갈

D7 비자는 연금이나 임대 부동산, 투자 등으로 연간 8,120유로의 소득이 있는 사람에 한해 포르투갈에 거주할 자격을 준다. D7 비자를 받으면 1년 동안 체류 허가증을 받을 수 있고, 2년에 한 번씩 갱신할 수 있다. 또 5년 뒤에는 체류 허가증을 영주권으로 바꿀 수 있다. 무엇보다 가장 좋은 점은, 체류자 신분으로도 의료보험 서비스를 받을 수 있고, 유럽연합 통행증까지 나온다는 사실이다.

독일

독일은 예술가나 프리랜서 그리고 자영업자에게 프리랜스, 즉 프라이베루플러Freiberufler 비자로 체류를 허가하는 몇 안 되는 나라 중하나다. 이 비자를 받으려면 프리랜서로 생계를 해결할 수 있다는 사실을 입증해야 한다.

우리는 유럽에 장기 체류할 수 있는 옵션이 있다는 사실을 모른 채 여행을 시작했다. 미국인이나 캐나다인이라면 번거로운 절차 없이 체류 허가를 받거나 기간을 연장할 수 있는 황금여권golden passport이 있다. 그리고 우리처럼 노마드 생활을 자처한 사람이라면 해외에 장기 체류할 수 있는 방법을 알아두는 것이 좋다.

여행을 발판으로
조기 은퇴하는 법

우리는 성공하려면 무조건 큰 도시로 가야 하고, 보수가 좋은 직업을 얻어 65세까지 일해야 한다는 말을 세뇌가 될 정도로 듣고 또들었다. 부모님들은 자식이 잘 되길 바라는 마음에서 그런 말을 하셨겠지만, 이제 그런 생각은 한물간 구시대적 발상이라고 할 수 있다. 도시는커녕 한 곳에 붙어 있지 않고 여행하면서도 얼마든지 멋지게 살 수 있다. 여행은 은퇴 이후에 지출해야 하는 비용을 줄일 뿐아니라 경제적 독립을 앞당기는 데도 아주 유용한 수단이다.

사무실에 발 한번 들여놓지 않고도 집에서 근무하는 것이 그 어느 때보다 쉬워졌다. 이로 인해 아웃소싱이 가능해졌고, 한 지역에 매일 필요도 없어졌다. 그러니 이제는 당신 자신을 한번 아웃소싱해보는 것이 어떨까?

사무실에 출근하지 않고도 일할 수 있는 방법을 찾을 수 있다면, 소위 '지리적 차익'을 이용할 수 있다. 즉 통화가 안정적이고 강세인 나라에서 돈을 벌어 통화가 약세인 나라에서 쓰는 것이다. 예를 들어, 온라인으로 일을 해 미국 달러를 벌면서 페소나 바트, 크로너 등을 사용하는 나라에 거주하는 식이다. '가상비서virtual assistant'로 한 달에 2,000달러를 벌면 한 해에 2만 4,000달러의 소득을 올릴 수 있지만, 그 정도 금액으로는 미국에서 여유 있는 생활을 하기 어렵다. 그러나 멕시코라면 오악사카의 멋진 아파트에 살면서 거의 대부분의 끼니를 외식으로 채워도 한 달에 1,000달러밖에 들지 않으므로 수입의 절반가량을 저축하는 것도 가능하다! 게다가 그렇게 되면 매년 수익을 보수적으로 잡아 6% 정도만 올린다고 해도 약 15년 뒤에는 경제적으로 독립하는 것이 가능하다(14장 계산 참조).

내 블로그를 구독하는 콜비가 바로 그런 경우였다. 그는 캐나다에서 최소임금을 받아가며 자동차 판매원으로 세월을 보내는 것이 못마땅했다. 그래서 한국으로 건너가 영어교사 일을 시작했다. 연봉은 3만 달러밖에 되지 않았지만, 집세와 항공료를 학교에서 보조해주고 세율도 겨우 3%였기 때문에 1년에 2만 달러를 모을 수 있었다. 67%의 저축률이었다. 고향에서는 연봉 5만 달러를 받는 친구들이 10%를 저축하기도 힘겹다고 하소연했지만, 그는 아무렇지도 않게 그런 돈을 모았다. 지금 그는 한결 여유 있는 스케줄로 아시아 전역을 두루 여행하고 있다. 무엇보다 그는 10~12년 안에 경제적으로 독립할 수 있다.

남들이 하는 말에 속지 말라. 여행에는 그리 많은 돈이 들지 않는다. 심지어 돈을 모으고 조기에 은퇴할 수 있게 도와주는 것이 바로 여행이다.

16장 요약

◆ 세계 여행에는 의외로 돈이 많이 들지 않는다.

◆ 우리가 1년 동안 세계를 여행하며 쓴 돈은 기껏해야 4만 달러였다.

◆ 서유럽처럼 물가가 비싼 지역에서 시간을 보내는 대신, 동유럽이나 동남아시아처럼 물가가 저렴한 나라에 체류한다면 여행 비용을 알뜰하게 설계할 수 있다.

  ◆ 여행 비용을 절감하는 요령
    – 여행 해킹: 신용카드를 이용하여 항공 마일리지를 쌓는다.
    – 에어비앤비: 호텔보다 훨씬 저렴할 뿐 아니라, 주방에서 먹고 싶은 음식을 직접 해 먹으며 현지인처럼 생활할 수 있다.

  ◆ 반드시 여행보험에 가입하라.

MEMO

17장

실패를 막는 백업플랜

은퇴한 첫해, 브라이스와 나는 중요한 두 가지 사실을 알게 되었다. 첫째, 세계 여행에는 물가가 높은 도시에 거주하는 것보다 돈이 많이 들지 않는다는 것. 둘째, 우리의 은퇴 포트폴리오의 복원력이 의외로 빨랐다는 것.

일을 그만두었을 때 우리는 곧 닥칠 최악의 경제위기를 전혀 예측하지 못했다. 그해에 석유 파동이 일어났다. 2015년에 〈월스트리트저널〉을 꼼꼼히 읽지 않은 사람이라면 뉴스를 볼 때마다 난데없이 튀어나오는 '프래킹 fracking (물과 화학품, 모래 등을 혼합한 물질을 고압으로 분사하여 바위를 부수고 석유와 가스를 분리해 내는 공법 – 옮긴이)'이란 단어가 무척 생소했을 것이다. 미국은 중동 원유에 대한 의존도를 줄이기 위해 국내 석유 생산량을 늘리는 과업에 착수했다. 이를 가능하게 한 것이 프래킹이었다. 중동, 특히 사우디아라비아는 이런 미국의 조치를 달가워하지 않았다. 그래서 그들은 배럴당 100달러가 넘던 원유 가격을 30달러대 중반으로 낮춰 값싼 석유가 시장에 넘치도록 만들었다. 그렇게 유가를 크게 내리면 프래킹 사업자들이 파산할 것이라고 계산한 것이다.

하지만 그 수법은 통하지 않았다. 그리고 엉뚱하게도 그들의 시도는 세계 주식시장의 붕괴로 이어졌다. 캐나다의 주식시장은 에너지 부문이 큰 비중을 차지했기에 특히 타격이 심했다. 우리도 피해자였다. 은퇴한 첫해부터 포트폴리오의 수익률이 마이너스로 돌아선 것이다.

명심할 것이 있다. 실패하는 5%는 시장이 붕괴되기 시작할 때 은퇴하는 불운한 사람들의 포트폴리오다. 이런 사태에 대비해 우리는 일드 실드와 캐시 쿠션을 갖추고 있었지만, 그래도 우리가 탄 우주선이 막 발사되기 무섭게 덜그럭거리는 소리를 듣고 있으려니 유쾌하지 않았다. 하지만 우리는 우리가 설계한 것보다 더 좋은 성과가 나올 수 있으리라는 실낱같은 희망도 버리지 않았다.

이 책을 읽는 당신은 우리의 방법이 주효했다고 해도 놀라지 않을 것이다. 우리가 모아둔 퍼즐 조각들은 일이 닥쳤을 때 각기 해야 할 일을 했다. 이 글을 쓰는 현재 이 포트폴리오는 우리가 처음 유럽으로 날아갔을 때보다 더 좋은 실적을 올리고 있다. 어떻게 이런 일이 가능했을까? 지금부터 확인해 보자.

버킷 시스템

먼저 버킷 시스템을 소개해야겠다. 버킷 시스템이란 돈을 역할에 따라 여러 다른 계좌, 즉 '버킷'에 나누어 담는 것을 뜻한다. 평소에도 이런 식으로 돈을 관리하는 사람들이 분명 있을 것이다. 즉 식료품을 사는 데 쓸 돈은 당좌계좌에 두고, 비상자금이나 은퇴자금용은 다른 저축계좌에 따로 분리해 놓는 식이다.

하지만 실제로 은퇴하고 나면 버킷은 조금 달라진다. 우리는 버킷을 이런 식으로 나누었다.

우리 돈의 대부분은 포트폴리오에 들어가 있고 그 돈은 10장에서 설명한 저비용 인덱스 ETF에 투자되었다. 당해 연도 지출 버킷에는 우리가 그해에 지출할 것으로 예상한 돈이, 캐시 쿠션 버킷엔 15장에서 설명한 5년 치 예비비가 들어 있다. 여러 경제적 필요를 이런 식으로 분류하면 매일의 지출을 매일 돌아가는 주식시장과 분리해 처리할 수 있다. S&P 500 지수가 일시적으로 하락했다고 집세를 내지 못하는 불상사는 없어야 하니까.

엄밀히 말해, 하나의 버킷에 꼭 하나의 계좌가 있어야 하는 것은 아니다. 버킷 하나에 두 개 이상의 계좌가 있어도 된다. 예를 들어, 포트폴리오 버킷에는 보통 이런 계좌가 들어간다.

1. 공동투자 계좌
2. 과세이연 계좌[트레디셔널 IRA 또는 401(k), RRSP]
3. 조세회피 은퇴계좌(로스 IRA 또는 TFSA)
4. 배우자의 과세이연 계좌
5. 배우자의 조세회피 은퇴계좌

캐시 쿠션과 당해 연도 지출 버킷은 두 개의 당좌/저축계좌로 분리하거나 하나의 고금리 저축계좌로 합칠 수 있다. 우리는 후자의 방법을 택했지만 각자 선택하기 나름이다. 어느 쪽이든 상관없다.

포트폴리오의 기능은 매해가 시작될 때 당해 연도 지출 버킷에 자금을 조달하는 것이다. 그래서 매년 1월 1일이 되면 우리는 다음과 같은 순서로 일을 진행한다.

첫 번째, 일드 실드를 통해 전년도의 포트폴리오에서 발생한 모든 현금을 공동투자 계좌로 합친다. 미국인이라면 5년짜리 로스 IRA 전환 사다리를 구축해야 하지만 캐나다인이라면 RRSP 담당자에게 연락해 돈을 인출해 달라고 하면 된다. 인적공제액만큼만 인출하면 세금이 붙지 않는다. TFSA에서 빼내는 돈은 언제든 세금이 붙지 않는다.

일드 실드의 현금을 공동투자 계좌에 모았으면 다음에 할 일을 정해야 한다. 일드 실드는 웬만한 지출을 대부분 커버하지만 당해 연도의 지출 전부를 감당하지는 못한다. 따라서 그 차이가 어느 정도일지, 부족분을 어디에서 충당할 수 있을지, 미리 파악해 두어야 한다. 포트폴리오 전반의 가치가 올라가면 문제는 간단히 해결된다. 가장 많이 오른 ETF에서 그 차액을 충당할 만큼만 팔면 되니까.

공동투자 계좌에 현금이 모이면, 위탁 회사에 전화를 걸어 인출해 달라고 말해야 한다. 세금 정산이 끝난 계좌끼리 돈을 옮기는 것이므로 따로 세금이 붙지 않는다. 돈이 당좌/저축계좌에 들어오면 그해에 할 일은 끝났다.

포트폴리오가 어쩌다 손실을 보는 경우도 있다. 하지만 절대로 매도해선 안 된다. 바로 이때 동원되는 것이 캐시 쿠션이다. 그해의 일드 실드를 인출한 후에 캐시 쿠션 예비 펀드 중 1년 치를 꺼내서 차액을 메우면 된다.

이렇게 하면 1년 치 캐시 쿠션 예비비가 줄긴 하지만 하락장에서 매도하는 일만은 피할 수 있다. 또한 수수료가 낮은 인덱스 ETF로 포트폴리오를 구성했으므로 인내심을 갖고 기다리기만 하면 반드시 만회하게 될 것이다. 어느 시점에서든 15년 단위로 분할했을 때 S&P 500이 돈을 잃은 적은 주식시장이 개장한 이래로 단 한 번도 없었다. 일단 만회를 하고 나면 반드시 캐시 쿠션을 다시 채워 다음 하락장에 대비해야 한다.

현금 – 자산 교환

계속하기 전에 '현금-자산 교환'이라는 유용한 기법을 설명해야 겠다. 계좌에 현금이 있어도 당장 손을 댈 수 없는 경우가 있다. 예를 들어 연금이나 LIRA^{Locked-in Retirement Account}(폐쇄형 은퇴계좌) 같은 폐쇄계좌는 정해진 나이가 될 때까지 손을 댈 수 없다. 미국의 401(k)가 그런 경우다. 로스 IRA 전환 사다리가 5년 걸리기 때문이다. 이유야 어찌 됐든 상황은 다음처럼 될 것이다.

	현금 5,000달러
접근할 수 있는 계좌	접근할 수 없는 계좌

트레디셔널 IRA나 LIRA처럼 손 댈 수 없는 계좌에 현금이 있다면 어떻게 할 것인가?

현금-자산 교환을 하면 된다. 방법은 이렇다. 우선 양쪽 계좌에 있는 ETF를 고른다. 예를 들어, 나라면 한 주 가격이 10달러인 STK로 ETF를 구성하겠다.

STK 500주	STK 500주 현금 5,000달러
접근할 수 있는 계좌	접근할 수 없는 계좌

그렇게 한 다음 이 ETF 중 손 댈 수 없는 계좌에서 몇 주를 꺼내야 할지 계산한다. 여기서는 5,000달러를 옮긴다고 하자. 그러면 500주(5,000÷10달러)가 된다.

이제 위탁계좌에 로그인하여 두 가지 주문을 넣는다. 접근할 수 있는 계좌에서 500주에 매도 주문을 내고, 접근할 수 없는 계좌에

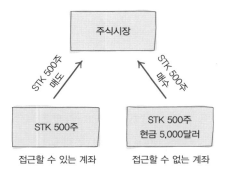

주식시장

STK 500주 매도

STK 500주 매수

STK 500주
접근할 수 있는 계좌

STK 500주
현금 5,000달러
접근할 수 없는 계좌

서 똑같이 500주에 매수 주문을 넣는다. 상황이 허락하면 주문을 낼 때 희망 가격을 정확히 10달러로 명시한다.

주문을 동시에 내면 주식시장은 내가 낸 매도 주문과 매수 주문을 이어준

다. 결국 내가 매도한 ETF를 '내가' 매수하게 된다.

거래가 이루어지면 다음과 같이 된다.

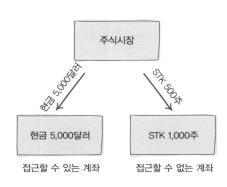

주식시장

현금 5,000달러

STK 500주

현금 5,000달러
접근할 수 있는 계좌

STK 1,000주
접근할 수 없는 계좌

짜잔! 이제 필요한 현금에 손을 댈 수 있게 되었다. 또한 같은 액수의 주식을 사고팔았기 때문에 포트폴리오의 전반적인 배분에는 아무런 변화가 없다. 주식시장을 중개인으로 활용하여 폐쇄된 현금에 손을 댄

것이다. 깔끔하지 않은가?

같은 ETF끼리 교환하는 것이 가장 쉽지만 ETF가 달라도 역시 교환할 수 있다. 각각의 가격을 근거로 각 ETF의 액수만 제대로 계산하면 된다.

백업플랜

이렇게 해서 주식시장과 일드 실드, 캐시 쿠션 등 세 가지 은퇴 포트폴리오의 퍼즐을 맞췄다. 주식이 오를 때는 일드 실드와 수확한 자본 이득을 사용해 당해 연도 지출 금액을 조달하고, 주식이 내려가면 일드 실드와 캐시 쿠션을 활용하면 된다.

이 시스템은 우리에게 아주 잘 맞았다. 앞서도 언급했지만 우리는 은퇴한 첫해에 폭락장을 맞았다. 그래서 일드 실드와 1년 치 캐시 쿠션을 동원하여 두 번째 해의 자금을 조달했다. 두 번째 해에는 시장이 기력을 되찾아 계속 순항했기 때문에 몇 가지 자본 이득을 수확하여 세 번째 해에 사용할 수 있었다. 그리고 세 번째 해에 우리 포트폴리오는 매우 건실해져 10%의 수익을 올렸다. 우리는 그 수익을 네 번째 해에 투자하는 한편, 캐시 쿠션에 부족분을 채워 넣는데 썼다. 은퇴할 때 100만 달러였던 우리의 순자산은 130만 달러로 불어났다. 캐시 쿠션이 채워졌기 때문에 처음 시작했을 때보다 더 많은 돈으로 다음 시장 조정을 준비할 수 있었다!

우리는 조기 은퇴한 사람들을 만나기 시작했다. 그리고 그들을 통해 실패를 막을 수 있는 방법이 더 많이 있다는 걸 확인했다. 그들로부터 얻은 아이디어를 우리의 전략에 통합하니 캐시 쿠션 전체를 흔들던 주식시장의 지속적인 하락장에서도 더욱 복원력이 강한 시스템을 만들어낼 수 있었다. 우리는 이를 '버킷스 앤 백업스Buckets and Backups'라고 부른다.

이 세계에서는 보장할 수 있는 것이 없다. 그래서 백업플랜은 많을수록 좋다. 하나가 실패해도 다른 대책이 있어야 하니까.

백업플랜 1: 일드 실드

하락장에서 포트폴리오의 가치가 떨어져도 배당금과 이자는 계속 나온다. 이런 소득이 있으므로 주식을 팔지 않고 버틸 수 있다. 그 소득이 백업플랜 1이다.

백업플랜 2: 캐시 쿠션

백업플랜 2는 방금 설명한 대로 캐시 쿠션을 인출하는 것이다. 특히 폭락장세가 몇 해씩 이어져 캐시 쿠션이 고갈되면 플랜 3으로 넘어가면 된다.

백업플랜 3: 더 많은 여행

여행을 백업플랜으로 삼으라고 한다면, 많은 이가 황당한 표정을 지을 것이다. 그러나 세계를 여행하면서도 여행객이 아니라 현지인처럼 살면 한 곳에 머물러 사는 것보다 돈이 덜 든다. 그러니 여행을 똑똑하게 활용할 필요가 있다.

16장에서 나는 세계의 특정 지역에서 보내는 기간을 조정함으로써 1년 예산을 목표에 맞게 설계할 수 있다고 설명했다. 안 좋은 시기가 여러 해 계속되어 캐시 쿠션이 바닥나면, 지출을 줄여야 일드 실드를 일정하게 유지할 수 있다. 그러나 멕시코나 포르투갈, 동유럽, 동남아시아처럼 물가가 저렴한 지역에서 지내는 시간을 늘리면 생활방식에 영향을 주지 않고도 일드 실드를 유지할 수 있다. 아니 일드 실드를 업그레이드하는 것까지 고려할 수 있다. 외식을 줄일 텐가, 태국의 해변에 누워 보내는 시간을 늘릴 텐가?

백업플랜 3이 놀라운 것은 재무의 기본 원칙을 피해갈 수 있기 때문이다. 즉 지출을 늘리면 더 안락하게 지낼 수 있고 지출을 줄이면 불편하다는 원칙이 여기서는 통하지 않는다. 동남아시아에서 1년을 보내면 지출을 4만 달러에서 2만 4,000달러로 떨어뜨릴 수 있고 보다 호화롭게 지낼 수 있다. 그리고 일드 실드는 하락장에서도 3만 5,000달러를 주기 때문에 자산을 매도할 필요가 없고 오히려 그해 말에는 별도의 현금까지 손에 쥐게 될 것이다.

주식시장이 폭락할 때마다 이런 말을 스스로에게 되뇌는 이유도 그 때문이다. '난감한 일이 생기면 태국으로 가면 된다.'

백업플랜 4: 부업

지역 편차를 이용한 비용 절감은 대단한 도구이지만, 생활방식을 바꾸지 않고 지금 있는 곳에 머무르고 싶다면 또 다른 옵션이 있다. 바로, 부업이다!

안다. 결국 이 책도 아주 쉬운 일인 것처럼 사업을 하라고 조언하는 또 하나의 경제 서적이 되고 말았다. 나도 해봤다. 그리고 실패했다. 그것도 여러 번! 은퇴한 다음 전문 분야가 아닌 곳에서 사업을 벌이는 사람들의 두드러진 특징은 성공에 대한 기준이 너무 낮다는 것이다. 고양이 후드 뜨개 사업을 하겠다고 잘 다니던 직장을 그만 두었다가 한 해에 5,000달러밖에 벌지 못한다면, 처참한 기분이 들 것이다. 이러려고 그 좋은 직장을 포기했나? 그러나 은퇴한 후에 5,000달러를 벌었다면 사실 대단한 성공이다. 그 정도면 캐시 쿠션 을 인출하지 않아도 된다. 포트폴리오 수익률과 부업으로 벌어들이 는 수입은 당해 연도 지출을 충당할 정도면 된다. 액수가 큰 돈은 대 부분 일드 실드가 처리해 주기 때문에, 소소한 벌이라도 은퇴 후 재 무 상태에 대단한 영향을 줄 수 있다.

직장을 그만둔 후 수입이 없는 상태로 지내고 있는 조기 은퇴자 를 만난 적이 있다. 어떻게든 은퇴에 필요한 재산을 모은 사람이라 면 영리하고 추진력이 있고 창의적인 성향이 강한 사람이라고 볼 수 있다. 사실 직장인들에게 출·퇴근 습관은 DNA처럼 자리 잡는 다. 그렇게 오랜 세월을 보내다가 일을 그만두면 긴장이 풀리고, 6개월쯤 지났을 때부터는 지루해지기 시작한다. 영화를 보고 또 봐 도 시간이 남아돈다. 20장에서 이런 문제를 다루겠지만, 간단히 말 하자면, 일이 좋아서 하든 취미로 하든 조기 은퇴자들이 다시 생산 적인 일에 뛰어들 때, 그들은 그게 얼마이든 번다.

나도 그렇다. 글쓰기도 좋아서 하기로 한 일이었다. 동네 도서관 의 서가를 경이롭게 바라보던 여덟 살 때부터 나는 작가가 되는 꿈 을 꾸었다. 어느 날 나는 다짐했다. 내 이름이 적힌 책이 이 서가에 꽂히는 것을 꼭 보고 말겠다고.

지나고 보면, 일이 참 묘한 식으로 풀린다.

백업플랜 5: 경력 아르바이트

당신에게는 경력을 통해 구축해 온 강력한 무기가 있다. 바로 당신의 기술이다. 은퇴하는 데 필요한 자금을 모을 만큼 한 분야에서 오래 일한 덕분에 당신은 중요한 기술을 획득했다. 더 이상 그 분야에 있지 않다고 해도 그 기술을 무시할 수는 없다. 언제든 다시 현금화할 수 있는 기술이기 때문이다. 다시 말해, 당신은 가진 기술을 이용해 아르바이트를 할 수 있고 부업으로 그 일에 관한 상담을 해줄 수도 있다. 우리가 여행 중에 만난 조기 은퇴자들 중에는 간호사나 부동산 중개인처럼 자격증을 유지하려면 일정한 시간을 일해야 하는 직업을 가진 이들도 있었다. 이런 규정을 따르는 것도 자연스러운 백업플랜이 될 수 있다.

루프 닫기

공학도 시절, 나는 개방루프 제어시스템과 폐쇄루프 제어시스템의 차이를 배웠다. 지루한 제어 이론이지만 이 둘을 한마디로 표현하자면, 총알과 미사일의 차이라고 할 수 있다. 총알의 궤적은 총을 겨냥하는 사람의 조준 실력과 바람과 중력 같은 환경적 요소에 따라 정해진다. 약실을 떠난 총알은 도중에 자신의 궤적을 수정할 능력이 없다. 따라서 표적이 움직이면 총알은 빗나간다.

반면 미사일은 경로를 바꿀 수 있다. 표적이 움직이면 센서가 그 변화를 감지해 엔진이 표적의 위치를 수정한다. 제어 이론에서는 이런 시스템을 '피드백 루프'라고 하는데, 환경의 변화를 감지해 그에 따라 반응하는 시스템을 뜻한다. 이런 자체 교정 기능 때문에 미사일이 총알보다 더 믿을 만하다.

제어 이론은 미사일과 로켓의 유도시스템을 가능하게 만든다. 제어 이론은 소위 로켓 사이언스를 구성하는 핵심 요소 중 하나다.

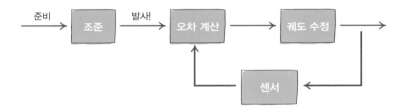

그런데 제어 이론이 은퇴와 무슨 상관이 있느냐고? 4% 법칙만 믿고 은퇴하는 것은 개방루프 제어시스템과 같다.

연간 지출 금액의 25배를 저축한 다음 방아쇠를 당기고 총알이 약실을 떠나는 순간, 당신은 수학에 모든 것을 건다. 그러나 비용이 증가하거나 포트폴리오가 타격을 입는 등 수치가 크게 달라지는 상황에 처하면 난감해질 것이다. 안정적인 은퇴를 설계할 때 잊지 말아야 할 마지막 퍼즐은 개방루프 제어시스템을 자체 교정이 가능한 폐쇄루프 제어시스템으로 바꾸는 것이다. 따라서 이때는 미사일 탄두처럼 궤적을 추적하는 센서가 필요하다.

다행히 우리에게는 편리한 센서가 있다. 이미 14장에서 본 파이어칼크FIRECalc다. 파이어칼크는 모든 과거의 시나리오를 종합하여 시뮬레이션을 행한 후 은퇴했을 때 몇 번 성공하고 몇 번 실패할지 판단해 준다.

또한 은퇴 초기 파이어칼크를 사용했다고 해서 다시 사용할 수 없는 것은 아니다. 오히려 한 해가 시작될 때마다 현재의 포트폴리오와 다음 해의 예상 지출액을 파이어칼크에 입력하여 업데이트된 상황을 확인하는 과정이 필요하다. 이처럼 파이어칼크를 통해 산출한 성공률은 은퇴 플랜이 얼마나 '건전'한지를 평가할 수 있는 점수로 활용될 수 있다. 이 점수는 또한 어떤 백업플랜을 시행해야 하는지도 알려준다. 가령 100만 달러짜리 포트폴리오에서 연간 4만 달러를 지출하는 방식으로 시작한다고 할 때, 파이어칼크는 성공률이 95%, 즉 건전성이 95%라는 사실을 알려줄 것이다.

하지만 다음해 주식시장이 고전하면서 포트폴리오 가치가 5% 떨어졌다고 하자. 이미 4만 달러를 썼고 96만 달러의 포트폴리오는 5% 떨어져 91만 2,000달러가 되었다. 다행히 백업플랜 1인 일드실드에서 3만 5,000달러를 보태줘 잔고는 94만 7,000달러다. 이 수치를 파이어칼크에 대입하여 현재 상황이 얼마나 어려운지 살펴보자. 94만 7,000달러의 포트폴리오로 4만 달러를 지출했다면 성공률은 93%가 된다. 93%도 나쁘지 않지만, 95%만큼은 아니다.

어떻게 해야 95%로 돌아갈 수 있을까? 우선 백업플랜 2, 즉 캐시 쿠션을 동원해야 한다. 이 경우엔 예비 자금에서 5,000달러를 옮겨 포트폴리오 크기를 95만 2,000달러로 늘린다. 그러나 파이어칼크로 계산하면 성공률은 여전히 93%이다.

이제 백업플랜 3을 시도할 때다. 물가가 저렴한 지역에서 더 많은 시간을 보낸다면, 연간 4만 달러의 비용을 3만 8,000달러로 쉽게 줄일 수 있다. 딩동댕! 그러면 성공률이 다시 95%로 올라간다. 만약 지리적 차익을 고수하면서 연간 비용을 3만 7,000달러로 낮춘다면, 포트폴리오의 건전성은 97%까지 올라갈 것이다.

우리는 은퇴를 미사일로 생각하고 파이어칼크라는 센서를 통해 지금 미사일이 제 궤도를 달리는지 아니면 경로에서 벗어났는지 확인했다. 이런 정보를 통해 어떤 백업플랜을 시행할 것인지 판단할 수 있다. 다음 해에는 업데이트된 수치를 파이어칼크에 입력하여 미사일이 궤도로 돌아왔는지 아니면 계속 수정해야 할지 확인하면 된다.

이렇게 해서 개방루프 제어시스템이었던 조기 은퇴를 폐쇄루프 제어시스템으로 바꾸어놓았다.

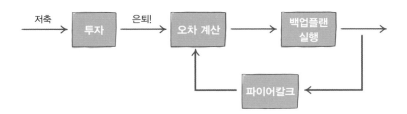

끊임없는 재은퇴

나는 이처럼 루프를 닫는 과정을 '끊임없는 재은퇴Perpetual Re-retirement'라고 이름 붙였다. 이를 통해 트리니티 대학의 연구가 가진 한계도 극복할 수 있다. 4% 법칙은 은퇴 기간을 30년으로 잡아 계산한 것이다. 그러나 좀 더 빨리 은퇴한다면 은퇴 기간이 훨씬 더 길어질 수 있다. 65세 이전에 일을 그만두었을 때 어떤 일이 벌어질지를 다룬 연구는 아직 어디에도 없다. 끊임없는 재은퇴는 이런 문제를 매끄럽게 해결한다. 파이어칼크에 수치를 대입한다는 것은 지금부터 30년 동안의 은퇴 기간에 대한 성공률을 계산한다는 뜻이다.

끊임없는 재은퇴라는 도구로 은퇴의 건전성을 매년 다시 평가하면 주식시장이 하락할 때 궤도를 수정할 수 있을 뿐만 아니라, 트리니티 대학의 연구 성과도 적용할 수 있다. 원하기만 하면 이런 소중한 정보들을 얼마든지 돈을 들이지 않고도 이용할 수 있다.

이것은 엄청나게 어려운 로켓 사이언스가 아니다.

아니, 잠깐. 사실은 로켓 사이언스다.

17장 요약

◆ 은퇴 후 포트폴리오를 관리하려면 돈을 세 개의 버킷에 나눠 담아야 한다.

– **포트폴리오**: 여기에는 생계비를 조달할 투자 포트폴리오가 담긴다.

– **당해 연도 지출**: 여기에는 그해에 쓸 현금이 담긴다.

– **캐시 쿠션**: 여기에는 저축계좌에 있는 예비비가 담긴다.

◆ 매해가 시작될 때, 당해 연도 버킷에 자금을 확보한다.

– 첫째, 일드 실드에서 발생한 현금을 이전한다.

– 포트폴리오에서 이득이 발생했으면, ETF의 일부를 매도하여 차액을 보충
한다.

– 포트폴리오에 손실이 발생했으면, 캐시 쿠션을 동원하여 차액을 보충한다.

– 시장이 회복세로 돌아서면, 캐시 쿠션의 부족분을 채워 넣는다.

◆ 하락장이 장기화될 때를 대비해 백업플랜을 다양하게 확보해 둔다.

– **백업플랜 1**: 일드 실드를 활용한다.

– **백업플랜 2**: 캐시 쿠션을 활용한다.

– **백업플랜 3**: 지리적 차익을 이용해 생활비를 줄인다.

– **백업플랜 4**: 부업을 시작한다.

– **백업플랜 5**: 경력을 이용해 다시 아르바이트를 한다.

◆ 매년 현재의 자산과 예상 지출액을 파이어칼크에 대입함으로써 조기 은
퇴의 전반적인 건전성을 파악한다(끊임없는 재은퇴).

– 이를 통해 해마다 30년 은퇴 시나리오를 새로 만들 수 있으므로 트리
니티 연구소의 한계를 극복할 수 있다.

18장

인플레이션과 보험

이 글을 쓰고 있는 현재, 브라이스와 나는 은퇴 후 3년째 여행 중이다. 중단할 생각은 없다. 흥미로운 건 여행 기간이 길어지면서 가족과 친구 들의 반응이 미묘하게 바뀌기 시작했다는 것이다.

첫해에 그들은 우리를 보며 '기분 전환이 필요했던 모양'이라고 생각했다. 두 번째 해에 그들은 우리가 큰 실수를 저질렀다는 사실을 깨닫고 돌아올 거라고 생각했다. 그러나 3년이 지나면서 그들의 의구심은 호기심으로 바뀌었다. 우리는 여행을 계속했고 그런 생활에 만족했으며 돈도 떨어지지 않았다. 아니, 우리의 순자산은 오히려 불어났다.

"비결이 뭐야?" 그들은 물었다.

대답은 한결같았다(그리고 그 얘기를 만나는 사람에게 수없이 했다).

"여행이지! 자산을 늘리는 데 여행만한 수단이 없다고!" 마지막 장에서 우리는 시장이 하락세일 때 지리적 차익을 통해 생활비를 조정하는 요령을 설명할 것이다. 그런데 여행을 통해 다른 중요한 경제적 문제까지 깔끔하게 해결할 수 있다는 사실에 우리도 놀랐다.

이번 장에서는 사람들이 평소에는 중요하게 여기다가도 은퇴하여 세계 여행을 할 때는 쉽게 무시하게 되는 '매우 두려운 것 Very Scary Things'을 다루고자 한다. 바로, 인플레이션과 보험이다.

인플레이션

인플레이션은 정체를 파악하기가 무척 어려운 짐승이다. 인플레이션의 작동 방식을 기술적 차원에서 탐구하는 책은 셀 수 없을 정도로 많다. 그 복잡한 원리를 여기서 들먹여 독자들을 지루하게 만들고 싶지는 않다. 간단히 말해, 매년 생활비에서 늘어나는 정도가 인플레이션이라는 것만 알면 된다. 스타벅스 커피값이 작년에 비해 25센트 올랐다거나, 옛날 카탈로그에서 '잔디깎이 기계, 5달러에 세일 중!' 같은 문구를 보았을 때 우리는 인플레이션을 실감하게 된다.

은퇴를 계획하는 사람들에게 인플레이션은 치명적이다. 은퇴 계획이라고 하면 일반적으로 젊었을 때는 주식에 투자하다가 시간이 흐르면서 채권처럼 고정소득 자산으로 옮겨 투자하는 것을 의미한다. 이럴 경우 65세가 되었을 때는 포트폴리오의 상당 부분을 채권이 차지하게 되는데, 은퇴 뒤에 물가가 상승하면 채권이 생활비를 따라잡지 못해 위험성이 커진다.

따라서 이러한 위험을 완전히 피해갈 수 있도록 투자 전략을 세워야 한다. 나는 주식을 채권으로 바꾸는 대신 일드 실드와 캐시 쿠션, 버킷스 앤 백업스를 조합하여 소득 안정을 이루었다. 나의 포트폴리오는 절대로 채권에 많은 비중을 두지 않는다. 그리고 은퇴 기간 내내 주식에 대한 비중을 어느 정도 유지할 예정이므로, 내 포트폴리오는 인플레이션에 대비가 되어 있다고 할 수 있다. 인플레이션에 대비할 수 있는 건 기업이 사람들에게 물건을 팔기 때문이다. 가령 물가가 올라서 사람들이 커피를 사먹는 데 더 많은 돈을 지급하면 커피 회사는 돈을 더 많이 벌게 된다. 다른 조건이 같다면, 인플레이션이 커피 회사의 소득에 반영되고, 그들의 소득은 주가에 반영되고, 주가는 내 포트폴리오에 반영된다. 주식에 투자했을 때 인플레이션과 함께 내 포트폴리오가 불어나는 것이다.

인플레이션에는 흥미로운 점이 한 가지 더 있다. 장소에 따라 다르다는 점이다. 미국의 인플레이션은 미국에만 적용된다. 미국의 인플레이션은 포르투갈이나 남아공이나 홍콩, 일본이 겪는 인플레이션과 완전히 별개로 움직인다. 인플레이션은 심지어 주마다 다르다. 중앙은행이 보고하는 인플레이션 수치는 전국 평균이어서, 평균보다 높은 주가 있는가 하면 낮은 주도 있다. 샌프란시스코의 생활비가 터무니없이 비싸다고 해서 아이오와의 디모인도 물가가 비싼 것은 아니다.

이와 같은 단순한 사실만 깨달아도 은퇴 계획이 크게 달라질 수 있다. 은퇴를 하면 더 이상 직장 때문에 특정 도시에 묶여 있을 필요가 없으므로, 인플레이션을 꼼짝없이 감수해야 하는 일도 없어진다. 오히려 이제는 인플레이션을 통제할 수 있다. 현재 살고 있는 도시의 생활비가 너무 빨리 올라가는가? 다음 해엔 동유럽을 답사해 보라! 동유럽 여행이 부담스럽다면 인플레이션이 심하지 않은 도시나 주를 물색해 보라.

이것도 일종의 지리적 차익으로, 재무에 상당한 영향을 미친다. 4% 법칙은 30년 동안 포트폴리오에서 매년 인플레이션을 감안하여 4%만 인출했을 때 돈이 고갈되지 않을 확률이 95%라는 이론이다. 이 법칙은 물가상승률에 따라 지출도 늘어난다고 가정한다. 그런 변동사항을 피해갈 수 있다면, 성공 가능성이 극적으로 올라간다.

우리는 여행을 떠났기 때문에 우리만의 물가상승률은 해가 바뀌어도 그대로이거나 오히려 약간 내려갔다. 또한 요령을 터득한 덕분에 은퇴한 이후로 늘 전년도보다 돈을 덜 썼다. 또 일드 실드와 캐시 쿠션을 활용하여 하락장에서도 주식을 매도하지 않았고 여행으로 인플레이션을 조절했기 때문에, 3년 뒤 우리의 은퇴 성공률은 95%에서 100%로 올라갔다.

보험

보험 역시 사람들을 두렵게 만드는 또 한 가지 요소다. 나는 그 이유를 잘 안다. 보험 산업은 두려움을 기반으로 하기 때문에 늘 비관적인 경우를 들이대면서 고객에게 겁을 준다. "보험에 가입하는

것이 좋을 겁니다. 누가 압니까? 안 좋은 일은 언제든 일어날 수 있
거든요. 그럴 때 이런 대비책이 없으면 큰일 나는 거죠."

이렇게 겁을 주며 계약을 따낸 사람들은 틀림없이 파티에서 희희
낙락하며 우리를 비웃을 것이다.

여기서 나는 가장 흔한 세 가지 유형의 보험에 관해 다루려고 한
다. 주택보험, 자동차보험, 생명보험이다.

주택보험

집을 소유하고 있다면 주택보험이 필요하다. 일반적으로 집은 가
장 큰 순자산이기 때문에 누전으로 인한 화재나 홍수, 토네이도 같
은 재해를 만나면 한순간에 전 재산을 잃을 수 있다. 따라서 미국이
나 캐나다에서 주택보험에 들지 않고 버티는 것은 자신의 어리석음
을 세상이 깨우쳐줄 때까지 기다리는 바보짓이나 다름없다.

9장에서 잠깐 언급했지만, 미국의 경우 주택보험료는 평균적으
로 매년 주택 가치의 0.5% 정도에서 책정된다. 해마다 보험료를 갱
신할 때는 조건이 가장 좋은 보험사를 조사해서 결정하는 것이 좋
다. 그러나 그 외에도 비용을 줄일 수 있는 방법이 두 가지 더 있다.
하나는 집이 있어도 보험을 들지 않는 것이고 또 하나는 집을 소유
하지 않고 빌려서 사는 것이다. 전자는 추천하고 싶지 않고, 후자는
적극 추천한다.

임차는 주택보험을 둘러싼 논쟁을 의미 없게 만든다.

자동차보험

자동차보험은 강제성이 훨씬 크다. 보험에 들지 않고 운전하는 것 자체가 불법이므로 피해갈 방법이 없다. 하지만 비용을 낮출 수는 있다. 차에 도난방지 장치를 달면 보험료가 내려간다. 차가 낡아도 보험료가 내려간다. 회사를 통해 보험에 가입하는 것도 좋은 생각이다. 그러나 자동차보험료를 줄이는 가장 좋은 방법은 '차를 소유하지 않는 것'이다. 세계를 여행하며 살면 이런 사안에 결정을 내리는 게 쉬워진다. 유럽 전역을 제트기로 다닌다면 자동차 따위는 필요 없을 테니.

자동차가 꼭 필요한 곳이 있다. 대중교통이 발달되지 않은 시골의 작은 마을이라면 특히 그렇다. 다행이라면, 소도시에선 주택에 들어가는 비용이 적다는 것이다. 그래서 주택비용 외에 자동차로 인한 지출을 감당하기 어렵다고 하소연하는 내 구독자들에게 한마디 해주고 싶다. 지금 잘못하고 있는 것이라고. 직장에서 멀리 떨어진 지역에 더 싼 집을 구하든가 차를 없애고 직장과 생활편의시설이 가까이 있는 곳에 거주하라. 두 마리 토끼를 잡을 수는 없다.

또 다른 해결책은 차량 공유 서비스를 이용하는 것이다. 가까운 곳에 있는 차량 중 특정 시간대에 쓸 수 있는 차를 예약한 다음, 미리 지정된 장소에서 키를 받아 직접 운전하면 된다! 그렇게 하면 차를 구입하고 유지하고 연료를 넣고 보험을 들지 않아도 장을 볼 수 있다. 우리 부부는 카셰어링으로 직장을 다니면서 1년에 8,000달러를 절약했다. 카셰어링의 한 달 비용이 평균 40달러였기 때문이다.

생명보험

생명보험은 사람들을 헷갈리게 만드는 또 다른 비용이다. 그들 탓이 아니다. 정기 보험, 종신 보험, 유니버설 생명보험 등 종류도 복잡하고 조항도 너무 많아 벼랑에서 뛰어내리고 싶을 정도다. 꼭 필요한 보험을 찾고 싶다면 절대로 보험 판매원에게 묻는 일만은 삼가라. 은행을 찾아가 괜찮은 투자 상품을 묻는 것과 다를 것이 없다. 보험 판매원에게 "어떤 생명보험에 가입해야 하나요?"라고 묻는 다면, 답은 정해져 있다. 그가 팔 수 있는 것 중에서 가장 비싼 것. 사실 생명보험에 가입하지 않으면 너무 무책임해 보인다. 어린 자녀를 둔 가장일 경우는 특히 그렇다. 그래서 사람들은 보험에 가입하는 일을 차일피일 미루다가 크게 한숨을 내쉰 다음 가까운 은행을 찾아 한 달에 몇백 달러를 내야 하는 제한적 보험에 가입한다. 내 블로그의 구독자들도 늘 그렇게 한다.

보험업자들이 숨기는 중요한 사실이 하나 있다. 일찍 은퇴하면 생명보험이 필요 없다는 것이다.

보험에 가입하는 이유는 간단하다. 어쩌다 아이스크림 트럭에 치여 당신이 죽는다 해도 남은 가족들이 살 수 있을 만큼의 돈을 보험사를 통해 받기 위해서다. 다시 말해, 당신에게 무슨 일이 생겼을 때 남은 이들의 생활비를 만드는 것이다.

다른 방법은 없는 것일까? 있다. 포트폴리오다. 경제적으로 독립한다는 것은 충분한 자산을 모은 다음 그 돈을 적절히 투자해 더 이상 일할 필요가 없을 만큼의 수입을 창출하는 것을 의미한다. 생명보험이 하는 것과 정확히 같은 기능이다. 포트폴리오는 돈을 벌어다 준다. 당신이 있든 없든.

이런 사실을 꿰뚫어볼 수 있으면 모든 생명보험 산업을 단순한 수학 문제로 환원할 수 있다. 4% 법칙을 사용하여 은퇴하는 데 필요한 돈이 얼마인지 계산해 보자. 그다음 지금 갖고 있는 돈이 얼마인지 확인해 보라.

필요한 금액−갖고 있는 금액=생명보험 지급금

현재 1년 생활비가 4만 달러라고 하자. 4% 법칙을 적용하면 은퇴하는 데 100만 달러(4만 달러×25)가 필요하다. 그런데 현재 갖고 있는 금액은 10만 달러다. 따라서 당신이 가입해서 받아야 할 생명보험 지급금은 90만 달러(100만−10만 달러)다.

이것이 당신이 뜻하지 않게 저 세상 사람이 되었을 때 당신 가족이 경제적으로 독립하는 데 필요한 금액이다. 다만 이는 더 이상 생명보험이 필요 없을지도 모를 미래의 어느 시점을 상정하여 계산한 것이므로, 대부분의 경우 보험증서는 쓸모없는 종잇조각이 되고 만다. 필요한 것은 정기 생명보험뿐이다. 즉 정해진 시간의 길이(기간), 예를 들어 5년 동안 구입하는 보험증서다. 5년 정기 생명보험에 가입하면, 정확히 5년 동안 보장해 준다. 그 이후에는 갱신하거나 새로 구입해야 한다. 그리고 필요한 보상비가 얼마인지는 앞선 공식이 결정한다. 정기 생명보험은 가장 저렴하다. 보험회사가 증서에 명시된 기간 내에 가입자가 사망할 확률을 계산하기 때문이다. 보통은 확률이 낮다. 그 외의 보험증서는 평생을 보장하도록 설계되어 있으므로 그들은 당신이 언젠가는 반드시 죽을 것이라 가정하고 증서를 작성한다. 다시 말해, 종신 보험이나 유니버설 생명보험에 가입하면 보험회사는 언젠가는 보험금을 지급하게 되는 것이다. 반면 정기 보험은 그렇지 않은 경우도 있다. 그래서 비싸지 않다.

경제적 독립에 도전한다면, 가능한 한 짧은 기간의 생명보험에 들어 매년 갱신하는 것이 합리적이다. 나이가 들수록 보험료가 올라가지만, 경제적 독립이 가까워질수록 실제로 필요한 보상금액이 줄어든다. 90만 달러였던 차액이 80만 달러로 바뀌고, 다시 70만 달러가 되는 식이다. 받아야 할 보험금이 줄어들수록 이미 값이 싼 보험료도 줄어들므로 나중에는 경제적으로 독립한 가운데 은퇴할 수 있게 된다. 그때쯤엔 생명보험사에 작별인사를 할 테니 탐욕스러운 상어들과 두 번 다시 상종할 필요가 없다.

국외거주자 보험

이제는 나만의 솔루션을 이야기하고 싶다. 다시 말해, 우리 부부만의 건강보험 대책이다. 우리가 무슨 조치를 취해야 했다고 하면 의아해할 독자들이 있을지 모르겠다. 우리는 캐나다인이다. 캐나다 정부는 전 국민을 대상으로 하는 최상의 단일 건강보험 체제를 운영하고 있다. 그러니 언제든 혜택을 받을 수 있지 않을까?

놀랍게도 그렇지 않다! 캐나다인은 캐나다에 거주하는 경우에만 정부가 운영하는 최상의 단일 건강보험 체제 혜택을 받을 수 있다. 우리는 온타리오를 2년 이상 떠나 있었기에 건강보험 수혜 자격을 잃었다. 맞다. 우리는 미국인들처럼 보험이 되지 않아 식은땀을 흘려야 하는 두려운 상황에 직면했다.

그래서 어떻게 했느냐고? 다른 사람들과 마찬가지였다. 인터넷을 검색했다. 우리 같은 처지에 있는 사람들을 위해 전 세계 어디서나 가입할 수 있는 보험이 있었다. '국외거주자 보험expat insurance'이라는 것이다, 이는 본국을 떠나 새로운 나라에서 보험 혜택을 받지 못하게 된 사람들을 위한 보험이다. 보험료는 나라마다 다른데, 국외거주자 보험의 적용 범위와 관련해서는 지리적으로 둘로 나뉜다. 미국과 그 외의 나라들이다. 농담이 아니다. 선택은 두 가지뿐이다. 미국 혹은 미국을 제외한 모든 나라. 한쪽에는 미국인이 부담해야 할 가격이 있고 다른 쪽에는 그 외의 모든 나라 사람들이 부담해야 하는 가격이 있다. 후자의 가격이 훨씬 싸다.

우리는 최근, 아이엠글로벌IMGlobal 사의 1년짜리 국외거주자 보험에 가입했다. 본인부담금 2,500달러에 100만 달러까지 보상되는 상품으로, 보험료는 한 달에 156달러였다. 우리 부부 합해서 말이다. 현재 미국에서 살고 있는 사람들이 건강보험료로 정확히 얼마를 내고 있는지는 모르지만, 이보다는 많을 것이다.

미국인이라면 이런 사실에 화가 날지 모르겠다. 그럴 만도 하다. 그러나 더 흥미로운 것이 있다. 내 나라가 아닌 곳에서 은퇴하면 어떻게 될까? 미국인이 다른 나라에서 은퇴한다면 더 이상 보험료를 걱정할 필요가 없었을 테지만, 나는 달랐다. 여기 내 보험증서의 일부 약관을 공개하겠다.

"약정에 따라, 우리 회사는 메디컬 컨시어지Medical Concierge 프로그램을 제공합니다. 이 프로그램은 가입자 부담액을 줄여주는 전대미문의 서비스입니다. 저희는 가입자가 '미국 이외의' 지역에 있는 가장 좋은 의료시설에서 치료를 받기로 선택할 경우 현금으로 보조금을 지급함과 동시에 귀하의 본인 부담금을 50% 면제해 드립니다."

맞다. 이 보험회사는 고객이 미국 이외의 지역에서 치료를 받을 경우에도 보험금을 지급할 것이다.

결국 의료보장은 전혀 두려워할 필요가 없다. 그리고 성가신 문제가 생겨도 해결책이 있다. 짐작했겠지만, 바로 지리적 차익이다.

◆ 여행을 하면 인플레이션의 영향을 받지 않는다. 인플레이션의 영향은 나라마다 다르므로 인플레이션을 비켜 갈 수 있는 나라로 옮기면 된다.

◆ 보험은 은퇴 이후의 생활에 큰 영향을 미친다.

　– 집이나 차가 없으면 주택보험이나 자동차보험이 필요 없다.

　– 은퇴하고 나면 생명보험이 더 이상 필요 없다. 당신이 이 세상에 없어도 당신의 포트폴리오가 당신 가족을 보살필 테니까.

　– 미국인이 외국에서 은퇴한다면, 미국의 국내 보험보다 비용이 저렴한 국외 거주자 보험에 가입하는 편이 좋다.

MEMO

19장

자녀양육의 문제

"자식이 없어서 그런지 당신들은 너무 이기적이야."

"아이가 있다면 그렇게 못 할걸?

"자녀가 생기면 그런 계획은 어림도 없지."

우리는 '자기밖에 모르는 한심한 인간'이라는 비난을 수없이 들었다. 아이가 없어서 자녀를 키우는 것이 무엇인지 모른다는 핀잔을 들은 적도 여러 번이다. 이런 사람들에 대한 내 반응은 이랬다.

"집어쳐. 당신이 애를 갖기로 했다고 해서 내가 뭐라고 한 적 있어? 그러니 내가 아이를 낳지 않기로 결정한 것에 대해서도 이러니 저러니 하지 마."

말은 그렇게 했지만 언제부턴가 그들의 심정이 이해되기 시작했다. 그들이 경제적으로 독립해 조기 은퇴하는 건 꿈 같은 이야기이며 세계 여행은커녕 모기지 갚을 일도 까마득하다고 하소연하는 건, 그들이 아이를 갖기로 결정했기 때문이었다(모두가 알고 있듯 돈이 엄청나게 소요되는 결정이다). 어쨌거나 그들은 틀렸다. 자녀가 있다고 해서 나처럼 살 수 없는 건 아니며, 또 누릴 수 있는 자유를 누리지 못하는 것도 아니다.

아이를 키우는 사람 입장에서는 자녀가 없는 사람이 양육에 관해 어쩌고저쩌고하는 게 가소롭게 보일 것이다. 내가 이 분야에서 상당한 전문성을 갖춘 사람들에게 연락을 취한 것도 그 때문이었다. 이번 장에서는 먼저, 자녀양육에 실제로 어느 정도의 비용이 드는지 살펴볼 것이다. 이 부분은 블로그 '미스터머니머스타시MrMoneyMustache'를 운영하는 피트 애드니Pete Adeney와 블로그 '고커리크래커GoCurryCracker' 를 운영하는 제러미 제이콥슨Jeremy Jacobson, '루트오브굿RootofGood'의 저스틴 맥커리Jeremy Jacobson와 함께 작업했다. 이들은 내가 늘 감탄하며 존경하는 재테크 블로거 동료이자 경제적으로 독립하여 조기 은퇴하는 데 성공한 사람들이다. 무엇보다 이들 모두는 자녀가 있다 (저스틴은 무려 셋이다!).

두 번째로 학령기 아동을 키우며 여행하는 법을 알아볼 것이다. 그래서 이 일을 멋지게 해낸 두 사람에게 협조를 구했다. 블로그 '에드벤처프로젝트EdventureProject'를 운영하는 교육 컨설턴트 제니퍼 서덜랜드-밀러Jennifer Sutherland-Miller와 월드스쿨링world schooling으로 알려진 모바일 교육 운동의 선두주자 레이니 리버티Lainie Liberti다.

통념을 깰 준비가 되었는가? 나는 준비됐다.

자녀양육 비용

2015년에 미 농무부^{USDA}는 미국에서 자녀를 18세까지 키우는 데 평균 23만 3,610달러가 든다고 발표했다. 그러나 이 발표엔 수상한 부분이 많다. 문제는 여러 매체들이 이 수치를 무슨 정찰가격표처럼 아무 생각 없이 주거니 받거니 하면서 기정사실로 만든다는 것이다. 하지만 좀 더 깊이 들여다보면 이런 통계 방식에 얼마나 허점이 많은지 금방 알 수 있다.

첫 번째 문제는 USDA가 가족 수입에 따라 서로 다른 수치를 발표한다는 점이다. 2015년에 자녀 1인당 1년 양육비 전국 평균은 가족 수입이 5만 9,200달러 미만인 경우 1만 2,306달러였지만, 가족 수입이 10만 7,400달러를 넘어서면 그 비용이 2배로 뛰어 2만 5,108달러까지 올라갔다. 이렇게 차이가 나는 건 그 비용이 개인의 선택에 따라 다양한 방식으로 지출되기 때문이다. 고소득 가정은 자녀에게 작정하고 많은 돈을 쓰므로 자녀 1인당 양육비가 더 많다는 것이다. 하지만 정보와 경험이 풍부하면 이보다 훨씬 적은 비용으로 아이를 키울 수 있다.

서구 자본주의 사회는 멋지게 살고 싶으면 돈을 많이 써야 한다는 전제에서 작동한다. 내가 확인한 바로는 그렇지 않다. 예를 들어, 한 지역에 얽매이지 않고 여행을 하면 많은 비용을 들이지 않고도 삶의 질을 높일 수 있다. 자녀를 키우는 데도 마찬가지로 잘못된 전제가 존재한다. 아이를 행복하고 건강하게 키우려면 돈을 많이 들여야 한다는 전제다.

하지만 그 반대라면? 보통사람들보다 훨씬 적은 돈으로 자녀를 키우면서 삶의 질을 높일 수 있다면?

내가 만난 조기 은퇴자들이 바로 그런 사람들이었다. 제러미 제이콥슨과 저스틴 맥커리와 피트 애드니는 자녀가 있음에도 30대에 은퇴한 블로거들로, 파이어 커뮤니티를 통해 만났다. 제러미는 아내와 아들과 함께 전 세계를 여행한다. 저스틴은 노스캐롤라이나 롤리에서 세 아이를 키우며 산다. 피트는 콜로라도 롱몬트에서 아들을 키운다. 나는 그들이 사는 모습을 들여다보며 자녀양육비에 얼마가 소요되는지, 가족들이 어떻게 생활하고 있는지 조사했다. 결론부터 말하면, 한마디로 놀라웠다.

USDA는 자녀양육비를 7개 항목으로 나눈다. 주거, 음식, 보육, 교통, 의료보장, 의복, 기타 등이다. 조기 은퇴한 부모들이 이 문제를 어떻게 해결하는지 보자.

주거비

늘 그렇듯 주택은 비용이 가장 많이 들어가는 항목이다. 전체의 29%를 차지한다. 아이를 18세까지 키우는 데 자녀 1인당 주택 비용에 6만 7,746달러가 든다. 다시 말해 아이 1명이 생길 때마다 한 달에 313달러가 별도로 들어간다는 뜻이다. 나는 이 부분이 특히 수상해서 세심히 살펴봤다. USDA는 이 비용에 모기지 할부금, 재산세, 보험, 주택 유지비 등을 포함시켰다. 아이를 키우는 데 주택 보유 비용이 들어간다는 것이다. 이렇게 비용이 올라가는 건 사람들이 보통 자녀가 없을 때는 임차로 거주하다가 자녀가 생기면 집을 구입하기 때문이다. 임차 비용보다 집을 소유하는 비용이 훨씬 크므로 주택 비용이 불어날 수밖에 없다.

저스틴은 롤리에서 세 아이를 키우기 위해 주거 공간을 $600f^2$ 늘리는 데 1만 8,000달러를 썼다고 했다. 이렇게 공간이 확장되면서 1년에 약 1,500달러)의 유지비가 추가됐다. 자녀 1인당 500달러였다. 18년 동안 키우는 것으로 계산하면 자녀 1인당 총 1만 5,000달러가 필요한 셈이다.

미국인이면서 외국에 거주하고 있는 자칭 '평생 세입자'인 제러미는 대만에서 한 달에 1,323달러짜리 원룸 아파트를 빌려 아들과 같이 지낸다. 그러나 아이가 커서 자기 방이 필요해지면 방이 둘인 집으로 이사할 계획이다. 그러면 매달 생활비로 350달러 정도가 추가될 것이다. 제러미의 지출은 2015년도 USDA 평균치와 비슷하다.

피트는 자녀에게 들어가는 비용은 어디서 어떻게 사느냐에 따라 달라진다고 했다. 그는 집값이 비싼 콜로라도에 사는데, 그곳은 $200f^2$짜리 방 한 칸을 늘릴 때마다 집값이 6만 달러 정도 올라간다. 그의 경우는 모기지율이 4%이므로 한 달에 200달러, 1년이면 2,400달러가 증가한다. 피트는 USDA의 수치가 높긴 하지만 터무니없는 계산은 아니라고 말했다. 그리고 조언했다. 주택 비용을 줄이려면 작고 수리할 곳이 많은 허름한 집을 구해, 직접 수리하여 집을 고급스럽게 만들어가는 요령을 배워야 한다고.

식비

음식은 그다음으로 큰 지출을 차지하는 항목으로 자녀 1인당 소요되는 비용의 18%를 차지한다. 환산하면 4만 2,049달러다. 이런 지출이 18년 동안 계속되므로 매달 아이 1명당 200달러 정도가 들어가는 셈이다.

흔히들 최적화하기 가장 어려운 비용이 식비라고 말하지만, 우리의 조기 은퇴 부모들은 3명 모두 USDA가 예측한 것보다 훨씬 적은 비용이 들었다는 데 입을 모았다. 저스틴은 알디Aldi나 리들Lidl, 월마트 슈퍼센터Walmart Supercenters 같은 할인매장을 이용하면 자녀 1인당 식품비를 한 달에 100달러까지 낮출 수 있다고 했다. USDA 예측치의 절반밖에 되지 않는 금액이다. 피트는 코스트코Costco 같은 창고형 매장을 이용하여 알뜰하게 살림을 꾸리면 1인당 하루 4달러, 한 달에 122달러로 식비를 해결할 수 있다고 했다. 금액만 보면 제대로 된 음식을 살 수 있을까 싶지만, 피트는 신선한 천연식품만 구입하고 정크푸드나 탄산음료는 입에 대지도 않는 등 꽤 건강에 신경을 쓰는 타입이다. 만약 주말에는 무슨 일이 있어도 외식을 해야 하고, 홀푸드Whole Foods 같은 곳에서 식료품을 사야만 직성이 풀리는 사람이라면 예상 금액이 순식간에 4배로 치솟을 것이다.

보육료

보육이 많은 돈을 잡아먹는다는 말은 지겹게 들어왔을 것이다!

영유아를 키우는 부모에게 어린이집이나 유치원 비용은 대단히 큰 부담이다. 대도시에 살면 특히 그렇다. USDA에 따르면, 탁아 비용이 양육비 전체의 16%를 차지해, 3만 7,377달러까지 예산을 축낸다. 그렇다고 돈을 쓰지 않을 수도 없다. 부모가 일할 동안에는 누구라도 아이를 돌봐야 하니까.

단, 저스틴과 제러미 그리고 피트는 말했다. 은퇴를 하면 어린이집도 유치원도 사실상 필요가 없다는 것이다. 직장에 출근할 필요가 없으므로 직접 아이를 돌보면 이 비용은 사실상 제로가 된다. 피트는 지출과 생활비의 문제를 가정을 꾸리기 전과 후로 분류할 것을 권했다.

교통비

미국 기준, 자녀를 키우는 데 들어가는 교통비는 양육비의 15%를 차지한다. USDA에 따르면, 3만 5,041달러다. 역시 만만치 않은 부담이다. 그러나 USDA가 발표한 내용을 자세히 들여다보면 이처럼 비용이 높은 이유가 분명해진다. 그들이 발표한 교통비에는 자동차 할부금, 연료비, 보험료, 유지비, 수리비 등이 포함되어 있다. 그들은 사람들이 순전히 자녀를 태우기 위해서만 차를 구입하는 것으로 가정한 것이다. 아이를 태우고 다니는 데 꼭 번쩍거리는 신형 스테이션왜건이 필요한 건 아니다. 중고차나 카셰어링, 대중교통, 자전거 등 비용을 줄일 수 있는 방법은 얼마든지 있다. 우리의 전문가들은 이런 수치가 잘못돼도 한참 잘못됐다고 단정했다. 저스틴은

USDA가 설정한 것들을 빼놓지 않고 하고 있다. 그는 가족 수를 고려해 큰 차를 구입했고 심지어 딸아이가 열여섯 살이 되면 차를 사줄 생각까지 하고 있다. 하지만 그들이 지금 갖고 있는 중고 미니밴은 고작 8,000달러이고 연료와 유지비도 1년에 300달러 정도에 불과하다. 그러니 나중에 차가 두 대가 된다 해도 약 1만 5,000달러 남짓이면 해결될 거라 예측했다.

자동차 없이 지내는 자전거 예찬자인 제러미는 USDA 수치를 일축하면서 교통비라고 해봐야 모두 합해 150달러 정도라고 했다. 유모차 한 대 값이다. 그는 나중에도 아들에게 차를 사줄 생각이 없다고 했다. 대중교통을 좋아하고 아들과 대만 곳곳을 자전거로 누비는 그에게 차는 딱히 필요가 없는 것이다. 피트는 연비가 좋은 중고 해치백을 현금으로 구입해 타면 비용을 절반 정도 줄일 수 있다고 했다. 그는 차를 운영할 필요가 없게 생활방식도 바꿨는데, 그중 하나가 아들 사이먼의 학교와 가까운 곳에 집을 얻은 것이다. 덕분에 사이먼은 등·하교 시 걷거나 자전거 혹은 스쿠터를 이용하고 있다. 아들에게 차를 사줄 계획이 있느냐고 묻자 그는 말했다. "10대 아이에게 차를 사주면 지금처럼 멋진 생활을 할 수 있겠어요? 왜 아이에게 그런 벌을 주죠?"

의료보장

미국의 의료보장엔 돈이 많이 들지만, 꼭 그런 것도 아니다. 은퇴하고 나면 오바마케어 덕분에 비용이 뚝 떨어진다. 그렇지 않다고 해도 여행하며 국외거주자 보험에 의지하는 등 언제든 이용할 수 있는 선택지는 많다. USDA는 자녀 1인당 의료보장 평균 비용이 1년에 1,500달러라고 말하지만, 미국 이외의 다른 모든 나라에서 적용되는 국외거주자 보험의 경우 피부양자 1명을 추가하는 데 400달러밖에 들지 않는다. 제러미는 가족과 세계 여행을 하며 온 가족의 여행보험료로 한 달에 100달러가 채 안 되는 돈을 내고 있다고 했다.

저스틴에게는 훨씬 더 좋은 방법이 있었다. 그에 따르면 오바마 케어는 연방보조금을 계산하는 방식이 독특하기 때문에 자녀가 많을수록 사실상 비용이 더 적게 든다고 했다. 예를 들어 자녀가 없는 부부는 조정 후 총소득이 1년에 4만 달러(보조금을 받기 위한 한도액)일 때 1년에 3,200달러를 내게 되는데, 자녀가 셋인 부부는 건강보험료가 1년에 1,400달러로 떨어져 1,800달러를 절약하게 된다는 것이다.

이처럼 자녀가 있으면 건강보험료도 '절약'할 수 있다.

의복

USDA는 자녀 1인당 의복 비용을 1만 8,000달러로 추산했다. 웃기는 얘기다. 어른인 나도 옷을 구입하는 데 그 정도의 돈을 써본 적이 없다. 저스틴은 5인 가족의 의복비로 1년에 1,000달러를 쓰고 있다. 아이 1명을 18년 동안 키우는 데 3,600달러가 들어가는 셈이다. 피트는 아이에게 옷을 입히는 비결은 '마르지 않는 샘물'을 이용하는 것이라고도 했다. 주변 사람들로부터 옷을 물려받아 입히면 된다는 뜻이다. 자녀가 더 이상 입지 않는 옷을 달라고 부탁하면, 주는 사람도 자신의 자녀가 훌쩍 커버렸다는 생각에 기분이 좋아진다는 것이다. 단, 물려받기 힘든 것 중 하나는 신발이다. 피트도 신발만은 꼭 새 것으로 사준다. 그런데도 아들 사이먼을 입히고 신기는 데 1년에 500달러면 충분하다고 했다. 이는 USDA 예측치의 절반 수준이다.

기타

기타에는 개인 관리비(머리 손질, 칫솔)와 놀거리(휴대용 미디어 플레이어, 스포츠 장비, TV, 컴퓨터), 읽을거리(교과서 이외의 책, 잡지) 비용 등이 포함된다. 이는 모두 합해도 전체 비용의 8%밖에 되지 않는다. 18년으로 계산하면 1만 8,000달러 정도지만, 다른 항목과 비교하면 그다지 큰 부담이라고 할 수 없다. 사실 우리 전문가들도 동의하는 편이어서 대충 9,000~1만 8,000달러가 든다고 했다.

합계

결국 USDA의 추산대로라면 자녀 1명을 키우는 데 23만 3,610달러가 필요하다는 계산이 나온다. 하지만 우리 전문가들이 실제로 사용한 비용은 전혀 다르다. 저스틴의 합계는 1년에 자녀 1인당 2,600달러 정도여서 18년으로 잡아도 4만 6,800달러였다.

USDA 추산액의 4분의 1도 안 되는 금액이다. 게다가 그의 말대로 정부로부터 돌려받는 세액공제까지 계산에 넣으면 순비용이 1인당 500달러까지 내려간다. 실제로 제러미는 세금을 내고 난 뒤 자녀 덕분에 오히려 이득을 봤다고 했다! 피트는 자녀 1명을 기르는 비용을 1년에 8,340달러, 합계 10만 80달러로 계산했다. 이 역시 USDA 추산치의 절반도 안 되는 금액이다.

이제 감이 잡힐 것이다. 자녀를 둔 상태에서 경제적으로 독립한 이들 세 부모들의 사례를 참조하여, 계획적으로 지출하고 낭비를 삼간다면 아이를 키우는 데 들어가는 비용을 크게 줄일 수 있다. USDA가 발표한 금액의 절반은 물론이요, 지역에 따라서는 4분의 1로도 가능하다.

학령기 자녀와 여행하기

자녀양육에 드는 비용과 관련된 근거 없는 통념을 깼으니, 이제 방 안에 있는 또 다른 코끼리를 처리해 보자. 바로 교육이다. 영유아를 데리고 여행을 하는 건 해볼 만한 일이다. 하지만 자녀가 학교에 갈 나이가 되면 여행을 중단해야 한다. 그렇지 않은가?

솔직히 우리도 그렇게 생각했다. 다른 사람들처럼 자녀가 생기면 좋은 시절은 끝나는 것이라고 여겼다. 우리가 무리하게 세계 여행부터 시작한 데는 그런 이유도 어느 정도 있었다. 한 곳에 정착하기 전에 할 수 있는 것은 다 해보자는 심산이었다. 하지만 그것은 사실이 아니었다. 이런 통념을 비웃으며 길에서 자녀를 키우며 여행하는 사람들만의 커뮤니티가 있다.

멕시코 툴룸에 머물 때였다. 우리는 유카탄 반도의 명물인 세노테 다이빙을 하고 바다거북과 같이 물속을 유영했다. 그러다 그곳 에어비엔비에서 다른 손님들을 알게 됐는데, 그들 중에 아들과 함께 여행하는 호주 출신 어머니가 있었다. 나는 그녀에게 물었다.

"모자가 함께 여행하다니 멋지네요. 아이가 중학생쯤 되어 보이는데 학교에서 보내주던가요?"

"아뇨. 우리 애는 중학교에 다니지 않아요. 우리는 월드스쿨러^{world}_{schooler}랍니다." 그녀가 대답했다.

"뭐라고요?" 나는 무슨 말인지 몰라 그저 눈만 껌뻑였다.

월드스쿨러라니. 세상을 교실삼은 사람들. 귀에 쏙 들어오는 그 말의 기원은 2012년으로 거슬러 갈 수 있지만, 사실 그런 움직임은 2000년대 초반부터 있었다고 했다. 당시 대안교육을 지지하는 한 단체가 소위 디지털 노마드를 모으기 시작했다. 지역에 구애받지 않고 온라인으로 일하는 여행가들이었다. 그들은 비전통적인 교육법을 노마드 생활방식에 적용하는 실험을 시작했다. 그렇게 월드스쿨링^{world schooling}이 탄생했다.

그 1세대 월드스쿨 키드들이 이제 성년이 되었다. 이들 젊은이들에게 미디어의 관심이 집중된 것은 그들이 주변 사람들과 어울리지 못하는 반사회적인 부적응자여서가 아니었다. 오히려 그들은 전통적인 학교 교육을 받은 사람보다 더 진보적이었고 더 지적이고 더 사교적이었으며 더 진취적이었다.

나는 부쩍 호기심이 발동해 이 운동을 주도한 사람들을 수소문했다. 그렇게 나는 노마드 교육을 통해 얻은 성과와 경제적 독립과 조기 은퇴를 통해 우리 부부가 얻은 성과를 비교했다. 그리고 마침내 은퇴하여 학령기 자녀와 함께 여행하는 문제에 대한 파격적인 해답을 찾을 수 있었다.

페이스북 그룹 '위아월드스쿨러We Are Worldschoolers'의 공동설립자인 레이니 리버티와 대안교육 컨설턴트이자 블로그 에드벤처프로젝트의 운영자인 제니퍼 서덜랜드-밀러는 그들의 소중한 정보와 계획을 우리에게 선뜻 공개해 주었다. 자녀들을 월드스쿨링으로 키운 그들은 지금 왕성한 활동으로 열린 교육을 원하는 많은 가족을 지원하고 있다.

월드스쿨링은 사회적으로 문제가 없는가?

아마 이것이 월드스쿨링을 하는 사람들이 첫 번째로 받게 되는 질문일 것이다. 월드스쿨링을 하면 아무래도 자녀가 좀 별나고 반사회적인 부적응자가 되지 않을까?

답은 물론 '아니다'이다. 예전에는 그랬을지 모른다. 여기저기로 학교를 자주 옮기면 친구를 진득하게 사귀기 힘들고 우정을 이어가는 데도 어려움이 생길 수 있다. 그러나 요즘은 온라인이 있기에 그런 것은 문제가 되지 않는다. 월드스쿨러들은 세계 어디를 가든 교류를 계속 이어가는 그들만의 커뮤니티를 갖고 있다. 이들은 소셜미디어 등 여러 방법을 통해 친구들과 정보를 교환하고 우정을 쌓고 관계를 유지한다. 심지어 몇몇 가족이 일정기간 함께 여행하는 모임도 있다. 그들은 RV나 이동주택으로 미국이나 호주 전역을 누빈다.

사실 월드스쿨링은 여러 면에서 전통적인 학교 교육을 받는 아이들이 매일 부딪히는 사회 문제에 대한 세련된 해법이 될 수 있다. 월드스쿨링을 하는 아이들은 사교 모임을 직접 선택할 수 있고 부모는 자녀교육에 깊숙이 개입할 수 있다. 따라서 이들에게서는 편 가르기나 패를 지어 다른 아이를 괴롭히고, 온라인에서 상대방에게 상처를 주는 행위를 찾아보기 힘들다. 이들은 한 지역이나 특정 학군에 묶여 있지 않고 늘 부모와 함께 지내므로 부모 입장에서도 아이를 더욱 깊이 이해할 수 있어 더 다루기가 쉽다.

월드스쿨링의 교육 프로그램은?

월드스쿨링에는 딱히 '정석'이라는 개념이 없으므로 선뜻 답하기가 어렵다. 그러니 여기서는 맛보기로 핵심 개념만 소개하겠다.

월드스쿨링은 학생 중심의 '언스쿨링unschooling(몬테소리 방식과 비슷하다)'부터 고전적이라고 알려진 보다 전통적인 교실을 중심으로 이루어지는 방식까지 그 유형이 매우 다양하다. 그리고 그 사이에는 환경을 중시하고, 무미건조한 교과서 대신 스토리텔링 위주로 진행하는 샬롯 메이슨Charlotte Mason 교육법이나 타문화체험과 국제학교 교육을 강조하는 서드컬처키드third-culture kid, TCK 유형 등 다양한 방법이 산재되어 있다. 그런데 이처럼 종류는 많아도 한 가지 공통점이 있다. 이 세상을, 배움을 가장 적극적으로 실천할 수 있는 학습 현장으로 삼는다는 것이다.

예를 들어, 월드스쿨러들은 베트남전을 교과서로 배우는 게 아니라, 베트남을 여행하면서 큰 전투가 치러졌던 지역을 찾아 전투에 참가했던 사람들을 직접 만나보고 그들에게서 이야기를 듣는다. 월드스쿨러들은 다른 문화를 직접 체험하고 사람들과 이야기를 나누면서 그 지역 언어를 배운다. 그들은 환율을 계산하면서 수학을 배우고, 평소 관심이 있던 산에 오르며 지리를 익히는가 하면, 별을 따라가며 천문학에 대한 흥미를 키운다.

간단히 말해, 월드스쿨러들은 교실에 앉아서 배우는 것이 아니라 몸을 직접 움직이고 행동하며 배우는 것이다.

과제와 성적 채점 방식은?

전통적인 학교에서 공부를 한 사람이라면 시험을 보고 채점하고 성적표를 받는 방식에 익숙할 것이다. 하지만 월드스쿨링은 방법이 조금 다르다. 그리고 매우 다채롭다. 단, 숫자로 된 점수를 받는 과제나 시험이 없다. 오히려 학생들이 과제의 취지와 본질을 파악하도록 유도하는 것이 교육의 핵심이다.

따라서 학생이 과제나 시험을 끝내면 그 결과를 다른 학생들과 비교하는 기준으로 사용하는 것이 아니라, 정답이라면 칭찬해 주고 오답이라면 잘못된 지식을 깨우치는 도구나 학습 경험으로 사용한다. 부모는 자녀가 정답을 맞히지 못해도 나무라지 않고, 시험을 통해 자녀가 경험을 쌓도록 돕고 시행착오를 통해 지식의 빈틈을 채우도록 지도한다. 부모는 지식을 확고히 다지는 데 필요한 만큼만 시험의 횟수를 정할 수 있다.

가르쳐본 경험이 없는 부모라면?

호기심이 남다른 부모 중에 월드스쿨링에 관심을 가지는 사람들이 많다. 그러나 자식의 교육을 전담한다는 것은 결코 만만한 일이 아니다. 교육 관련 배경이 없다면 특히 그렇다. 솔직히 말해, 월드스쿨링을 하는 부모 중에는 교육과 관련된 배경을 가진 사람들이 많다. 그 이유를 알려면 2000년대 초까지 거슬러 올라가야 한다. 당시에는 이런 방식의 교육에 대한 확신이 거의 없었기에, 얼리 어댑터들은 교수법에 관한 훈련을 따로 받았다. 그들은 신경향 교육을 통해 자녀들을 지도하고 필요한 성과를 거두는 데 필요한 기술과 용기를 습득했다.

20년 뒤 이 얼리 어댑터들은 자녀들을 번듯한 대학교에 진학시켰고, 그런 성과에 대한 자신들만의 노하우를 사람들에게 당당히 전하기 시작했다. 그들은 블로그에 글을 쓰고 책을 출판했다. 덕분에 불과 200명 정도로 시작한 그들의 운동이 이제 5만 명이 넘는 이들에게 전파됐다.

내가 늘 주장하는 방법론이 있다. 선구자가 될 필요는 없다. 다른 사람들이 이미 했으니까. 우리는 따라가면 그만이다!

월드스쿨링을 받은 아이들이 학교로 돌아갈 수 있을까?

우리는 학습의 '폭포수' 모델'에 익숙하다. 1학년 때 성적으로 2학년 진학이 결정되고, 2학년 성적이 3학년 진학을 결정한다. 폭포수 어느 지점에서 넋을 놓고 있다가 아래로 떨어지면 교육이 중단되고 인생 경로에도 큰 차질이 생긴다. 그러다 잘못 되면 자녀가 대학 문턱도 못 가보고 잉여인간으로 살아가게 될지도 모른다.

그런데 사실 아이들은 교육이 중단되는 사태를 종종 겪는다. 부모의 직장 때문에 가족 전체가 생활 터전을 옮겨야 할 때가 있고, 어쩌다 국경을 넘어야 하는 경우도 있다(캐나다로 이주한 내 경우가 그랬다). 난민이나 망명한 가족들은 우리가 흔히 말하는 개념의 학교도 없는 곳에서 교육을 받기도 한다.

사람들은 오래전부터 비정규 교육을 받은 학생들을 전통적 학교 체제에 편입시키는 방법을 고민했다. 월드스쿨링만이 유일한 방법은 아니다. 시도해 보고 그것이 자녀를 위한 길이 아니라는 판단이 서면, 언제라도 전통적 학교 체제로 들어갈 수 있다. 물론, 적응하는 어려움이 있겠지만, 그래 봐야 새로운 도시로 이주해 온 전학생이 겪게 되는 어려움 정도다.

대학에는 어떻게 지원하는가?

요즘은 대학에서도 독특한 경험을 가진 지원자에게 각별한 관심을 보인다. 대학에 지원하는 월드스쿨러들 중에는 토론 클럽에서 올

A를 받은 학생이 많다. 그래서인지 우리가 만난 월드스쿨링을 받는 아이들 중 누구도 진학에 어려움을 겪지 않았다. 가령 제니퍼 서덜랜드-밀러의 딸인 해나 밀러^{Hannah Miller}는 오리건 주립대학교 E캠퍼스 프로그램에 등록한 다음 온타리오 킹스톤에 있는 퀸즈 대학교로 전학을 가 지리를 전공했다. 그녀는 이미 정규 교육에 완벽하게 적응하고 있었다.

대학은 학과 과정을 무난히 이수할 수 있는 학생들을 선발한다. 학생이 대학에 오기 전에 미리 대학 수학 능력이 있는지 없는지 알아보는 것보다 더 좋은 방법은 없을 것이다. 그래서인지 대학 학점 선이수제^{Advanced Placement, AP}의 온라인 수업에 자녀를 등록시키는 방법이 인기다. AP 수업을 이수하면 대학 학점을 미리 받아 개론수업을 건너뛸 수 있기 때문이다. 심지어 AP 수업을 받다 보면 고등학교 과정에서도 두각을 나타낼 수 있다. 실제로 과테말라 산악지대 출신 중 AP를 훌륭히 이수한 학생들이 월드스쿨링의 효용성에 관한 의구심을 말끔히 지워주었다. 모든 것은 결과가 말해준다.

고등학교 마지막 몇 년 동안 아이를 전통적 학교로 다시 들여보내기로 했다면 따로 걱정할 필요가 없다. 문은 언제든 열려 있으니까. 고등학교를 조금 다니다가 다른 이들처럼 대학에 지원하면 된다.

미국 정부는 월드스쿨링을 인정하는가?

당연하다. 명칭만 다를 뿐이다. 아직은 어떤 정부도 월드스쿨링이라는 용어를 인정하지 않지만 그들도 홈스쿨링은 인정한다. 그리고 홈스쿨링을 관리하는 데 적용하는 규정과 규제를 월드스쿨링에 그대로 적용한다. 주에 따라서는 경과보고서와 표준화된 시험 결과를 매년 등록하고 확인하도록 요구하는 곳도 있다. 그런가 하면 자율에 맡기는 주도 있다. 또 심지어 정규 학제의 공간을 차지하지 않는다는 이유로 보조금까지 지원해 주는 주도 있다.

홈스쿨링을 허용하고 인정한다면, 월드스쿨링도 인정하게 될 것이다. 따라서 현재 거주하는 주나 지역이 정한 규정이나 규제를 확인하고 지켜야 한다. 그러면 준비가 된 것이다.

어디서 시작해야 하는가?

지금까지 자녀를 둔 부모가 조기 은퇴하여 월드스쿨링을 하는 방법을 간단히 설명했다. 우리의 전문가인 피트 애드니와 저스틴 맥커리, 제러미 제이콥슨, 제니퍼 서덜랜드-밀러, 레이니 리버티는 각기 자신의 전문 분야에서 그들이 가지고 있는 지식의 폭과 깊이로 여러 권의 책을 메우고도 남을 전문성을 사람들에게 베풀고 있다. 그들은 모두 블로그나 페이스북 등에서 은퇴한 뒤 자녀들과 함께 여행을 하면서 그들을 어떻게 교육시키고 있는지 그 방법을 자세히 공개하고 있다. 자세한 내용은 다음에 열거한 그들의 웹사이트에서 확인해 보라.

19장 요약

- ◆ 자녀양육에는 생각보다 많은 비용이 들지 않는다.
  - 어린이집이나 유치원 등 부담스운 비용도 오히려 은퇴하고 나면 크게 줄어든다.
  - 피트 애드니는 콜로라도에서 은퇴한 뒤 아들과 함께 산다. 저스틴 맥커리는 노스캐롤라이나에서 은퇴하여 세 아이와 함께 산다. 제러미 제이콥슨은 은퇴하여 아들과 함께 노마드 생활을 한다. 이들 3명은 모두 보통 부모들이 쓰는 돈보다 아주 적은 비용으로 아이들을 키운다.
  - 자세한 내용은 아래 블로그에서 확인하라.
    - ◆ 자녀와 기약 없는 여행을 하면서 길에서 교육하는 부모들이 있다. 이름하여 '월드스쿨러'들이다.
      - 자세한 내용은 다음 블로그에서 확인하라.

  출처
  EdventureProject.com
  Facebook.com/worldschoolers
  GoCurryCracker.com
  MrMoneyMustache.com
  RootofGood.com

  MEMO
  _____
  _____
  _____

20장

조기 은퇴의 두려움

에콰도르의 키토를 향하는 비행기에서 우리는 난기류를 만났다. 아무일도 아니니 염려하지 말라는 기장의 방송이 나오기를 간절히 바랐지만, 스피커에서는 아무 소리도 없었다.

1년에 스물세 번이나 비행기를 타면 항공업계에서 흔히 말하는 '거친 기류'에 익숙해질 줄 알았는데, 천만의 말씀이다. 나는 눈을 질끈 감았다. 머리가 어지럽고 속이 메슥거렸다. 비행기가 위아래로 요동치더니 결국 바닥에 음료란 음료는 죄다 쏟았다.

나는 혼잣말을 했다. "숨을 크게 들이마시고, 길게 내쉬고, 이겨낼 수 있어, 살 수 있다고!"

다섯 시간 뒤, 운무 자욱한 에콰도르 북부 해발 2,850m의 고원에 자리 잡은 키토를 처음 내려다 본 순간, 숨이 멎는 듯했다. 끔찍했던 난기류의 악몽은 언제 그랬냐는 듯 사라지고 내 마음은 벌써 저 아래 펼쳐진 고색창연한 도시로 내려가 골목골목을 누비고 있었다.

두려움은 우리의 정신력을 소진시키고 사고 기능을 마비시켜 그것 외에는 아무 생각도 하지 못하게 만든다. 하지만 두려워했던 일 중 대부분은 생각만큼 심각하지 않다. 물론 이렇게 생각한다고 해서 도움이 되는 것은 아니다. 이론적으로는 허공에서 요동치는 747기에 앉아 있는 것이 매일 차를 몰고 나가는 출근길보다 더 안전하다는 것을 알고 있지만 그렇다고 두려움이 사라지는 것은 아니다.

은퇴가 얼마 남지 않은 독자들로부터 이메일을 받을 때, 그들에게서 공통으로 발견되는 현상이 있다. '두려움의 벽Wall of Fear'이라는 증세다. 앞서 소개한 피트 애드니가 만든 용어다. 그토록 지긋지긋했던 일을 그만두면서도 사람들은 전혀 신나 하지 않고 오히려 뭔가 잘못되지나 않을까 걱정한다.

그들 탓이 아니다. 나도 은퇴하기 직전에 두려움의 벽과 마주했다. 거의 10년 동안 문자와 숫자의 행렬에 갇혀 있었던 터라 일과 동화되는 일은 쉬웠다. 내 정체성과 사교 범위가 직장과 일에 단단히 묶여 있었던 탓에 스트레스가 심했지만, 막상 모든 것을 내려놓자 걷잡을 수 없이 허전해지면서 정체성의 위기가 찾아왔다.

그래서 '1년 더 증후군One More Year Syndrome'이라는 것이 있는 모양이다. 이런 증세를 겪는 사람들은 그들의 포트폴리오가 4% 임계치를 넘어도 '1년만 더'라고 말하며 일을 지속한다. 그렇게 일을 하면서 캐시 쿠션과 일드 실드가 자리를 잡으면 우주선에 안전하게 올라타 순조롭게 창공을 향해 날아오르리라 믿으면서. 그리고 1년 뒤에 그들은 또 생각한다. '확실히 내 포트폴리오는 규모가 더 커졌군. 그래도 1년만 더 일하면 더욱 탄탄해질 거야.' 그렇게 똑같은 일이 반복되고, 그들의 우주선은 결코 발사대를 떠나지 못한다.

하지만 괜찮다. 두려움을 무시하면 안 된다. 그것은 록 콘서트에서 음악에 귀를 닫고 잠을 자려고 애쓰는 것과 같다. 무시한다고 사라지는 건 아니다. 두려움도 꽤 쓸모가 있다. 두려움이 없었다면 우리 조상들은 이미 오래전에 매머드의 먹잇감이 되었을 것이다. 생존을 위해서라도 두려움은 꼭 필요하다. 그러나 침대 밑으로 숨는다고 위험을 피할 수는 없다. 중요한 것은 이륙은 하되 낙하산을 챙기는 것이다. 만약에 대비해서.

두려움의 벽을 무너뜨리려면, 조기 은퇴와 관련된 가장 흔한 다음 세 가지 걱정부터 극복해야 한다.

- 첫째, 돈이 바닥나면 어쩌지?
- 둘째, 공동체가 사라지면 어떡해?
- 셋째, 정체성을 잃어버리진 않을까?

돈이 바닥나면 어쩌지?

가장 빨리 돈을 바닥내는 방법은 은퇴 이후 첫 5년 동안의 하락장에서 자산을 매도하는 일이다. 이른바 '수익률 순서의 위험'인데 이는 일드 실드와 캐시 쿠션 등으로 해결할 수 있다고 15장에서 설명했다. 돈을 바닥내는 또 한 가지 방법은 예상치 않은 의료보장 비용이다. 미국인에게는 특히 조심해야 할 치명적 위험이다. 18장에서 조기 은퇴와 지역적 독립을 통해 의료보장 비용을 쉽게 해결할 수 있다고 설명했다. 그 외 인플레이션이나 예기치 않은 탁아비용도 돈을 고갈시키는 원인이 된다. 이에 대한 해결책도 18장과 19장에서 설명했다.

실제로 내가 은퇴한 후 첫 1년 사이에 시장이 폭삭 주저앉았지만, 3년 동안 묵묵히 지켜본 결과 우리가 그동안 불필요한 걱정을 했다는 것을 깨달았다. 그 사이 우리의 순자산은 30만 달러나 늘었고 지출이 계속 줄었다. 우리는 일을 그만둘 때보다 더 안전해지고 더 부자가 되었다.

그렇다. 돈이 바닥날 걱정은 하지 않아도 된다. 하지만 친구와 멀어지는 건 어쩌지?

공동체가 사라지면 어떡해?

직장에 다닐 때는 동료가 친구다. 은퇴한 뒤 다른 친구들은 일하고 있는데 혼자 팬티바람으로 넷플릭스나 보고 있다면 쓸쓸하고 서글프지 않을까? 여행을 떠나면 친구나 가족 들과 멀어지지 않을까? 나만 유별나게 굴면 친구들이 질투하거나 아예 외면하진 않을까?

전부 일리 있는 의문이다. 우리가 여행지 어딘가에서 근황을 블로그에 올릴 때마다 쏟아지는 비난의 화살로 판단해 보건대, 분명 우리를 미워하는 사람이 한둘은 아닌 것 같다. 하지만 나를 미워하는 사람들도 막상 알고 보면 못된 인간이 아니라 오히려 함께 즐기기 좋은 친구라는 걸 안다. 밤에 피자를 같이 먹는 친구들은 내가 탄수화물을 끊는 걸 원치 않는다. 실업자 신세인 친구들은 내가 일자리를 구해 그들과 어울리지 못하는 불상사를 원치 않는다. 또 직장 동료들은 내가 은퇴하는 걸 원치 않는다. 그들이 나를 미워하는 이유는 단 하나다. 나 때문에 자신의 삶을 의문의 눈초리로 되돌아보게 되기 때문이다.

내 블로그에 올라온 독설의 진흙탕을 헤치며 생각해 보니, 사람들이 우리의 선택에 화를 내는 건 우리 때문이 아니었다. 그것은 그들 자신에 대한 분노였다. 심리학은 유리처럼 투명해서 그런 독설이 사실상 훈장이라는 것을 여지없이 드러낸다.

누군가가 틀을 깨고 나가면, 사람들은 그 틀과 자기 자신을 오랫동안 힘겹게 바라보며 생각에 잠기게 된다. 하지만 자신감이 넘치는 사람들은 틀을 깨고 나간 사람을 심란한 기분으로 바라보지 않는다. 그들은 오히려 덩달아 즐거워한다. 기분이 좋지 않은 사람들은 그 사람 때문에 자기가 걷는 길에서 의미를 찾기 어렵게 되었다고 원망하는 사람들이다.

우리의 사연이 캐나다 TV 방송국 CBS에 소개되고 조회수가 400만을 넘었을 때부터, 가족 중 하나가 내 전화를 피하기 시작했다. 우리 어머니의 반응도 이랬다. "그래서 뭐? 넌 집도 없지 않니?" 아버지는 말하셨다. "아직도 철이 덜 들었군. 나중에 후회하지 말고 직장으로 돌아가라." 심지어 수학도 아버지를 설득하는 데 도움이 되지 않았다. 이런 것들은 죄다 감정적인 반응이었다. 논리적인 반응이 아니라.

다행인 건, 이런 냉랭한 시선이 오래가지 않았다는 것이다. 꿈만 같은 생활이 3년째로 접어들 때쯤 우리는 그들의 거부감이 대부분 호기심으로 바뀌었다는 걸 눈치로 알 수 있었다. 내 전화를 받지 않던 그 친척은 얼마 전부터 내게 재테크에 관한 조언을 청하기 시작했다. 아버지도 최근에 뜻밖의 말씀을 하셨다. "참 대견하다." 세상에! 아버지한테 그런 얘길 듣다니, 난생처음이었다. 펭귄랜덤하우스 출판사에서 책을 내는 것도 어려운 일이지만, 좀처럼 만족을 모르는 부모님에게 인정받는 것에 비하면 아무것도 아니다.

은퇴를 하고 시간이 지날수록 확신은 더 굳어졌다. 그리고 한마디만 하겠다. 당신이 다른 길을 선택했다고 멀어진 친구가 있다면 그런 우정에는 미련을 둘 필요가 없다.

새로운 공동체

몇 해를 지나며, 우리는 친구답지 않은 친구들과 수없이 작별했다. 당장은 실망스럽지만 그러한 관계는 오히려 거추장스러울 뿐이다. 진정한 친구는 평생 서로를 돕고 위로를 주고받는 사람이다. 사실 은퇴를 하고 무엇보다 좋은 건 친구를 세계 곳곳에서 새로 사귈 수 있다는 것이다. 직장에 다닐 때는 바깥세상을 모험하면서 사람들을 만날 여유가 거의 없었다. 나를 믿고 지지해 주는 사람이 많지 않으니 은퇴하기가 무서운 것도 당연했다.

2017년에 나는 처음으로 '셔터쿼 Chautauqua' 강좌에 연사로 초청받았다. 셔터쿼는 경제적 독립운동을 이끄는 사람 중 하나인 JL 콜린스가 설립한 1주일짜리 모임인데, 틀에서 벗어나는 사고를 강조하고 경제적 목표를 달성하는 데 필요한 정서적인 지원을 하며, 세계 여러 곳에서 진짜 친구들과 연결시켜준다. 이처럼 전 세계를 순회하는 이 강좌의 그해 개최지는 영국이었다. 덕분에 우리도 잊지 못할 최고의 몇 주를 보낼 수 있었다. 그렇게 된 가장 큰 이유는 한 줄로 요약할 수 있다.

"여러분은 내게 소중한 사람입니다."

우리가 만난 사람들은 하나같이 호기심이 많고 열린 마음을 가졌으며 상대방을 배려할 줄 알았다. 그들은 우리를 두고 이러쿵저러쿵 멋대로 판단하지 않았다. 이런 경험을 통해 상대방을 있는 그대로 사랑하는 이들과 사귀는 것이 얼마나 큰 행복인지 실감했다. 그들은 상대방을 맞지 않는 상자에 억지로 끼워 맞추려 하지 않았다. 상대를 진정으로 이해하는 사람을 찾는 것, 그것이 바로 셔터쿼의 핵심이다. 그후로 우리는 전 세계에서 새로 만난 친구들과 꾸준한 모임을 이어가고 있다.

경제적 독립을 향해 가는 길에서 우정을 찾든, 은퇴할 즈음에 의지하고 싶은 공동체를 찾든, 다음 회의나 모임에 참여하면 진짜 친구를 찾을 수 있을 것이다.

- 셔터쿼: FIChautauqua.com
- 미스터머니머스태시 밋업: MrMoneyMustache.com/meetups

- 페이스북 그룹 ChooseFi: Facebook.com/ChooseFi
- CampFI 밋업: Choosefi.com/CampFI

정체성을 잃게 되는 건 아닐까?

회의실을 중심으로 많은 사람이 둥글고 길게 줄을 서 있었다. 사람들은 호기심 가득한 표정으로 수군거렸다. 기대감에 제자리에서 발을 구르는 사람도 있었다.

이게 무슨 줄이지? 나는 궁금했다.

목을 길게 빼고 앞에 놓인 탁자를 보며 이들을 기다리게 만든 저자가 누구인지 알아보려 했다. 탁자는 비었고 책만 한 더미 쌓여 있었다. 붉은 색 표지 앞면에 개구쟁이 소녀의 만화 캐릭터가 그려져 있고 흰색의 글씨가 크게 씌어 있었다. 《리틀 미스 이블*Little Miss Evil*》

으잉? 내 책이잖아! 사람들이 기다리고 있는 건 바로 나였다.

뉴욕시에서 열린 아메리카 출판물 전시회*BookExpo America*의 팬 사인회 코너를 보면서도 눈앞에 펼쳐진 광경을 믿을 수 없었다. 저술 작업에 매달린 지 7년 만에 드디어 해낸 것이다. 브라이스와 나는 갓 등단한 작가였고 아이들을 위해 지은 소설 《리틀 미스 이블》 책에 사인을 받으려고 줄을 선 사람들이 그곳에 있었다.

나는 4장에서 '열정을 따르지 말라, 아직은'이라고 했다. 바로 지금을 위해 '아직'이라는 말을 아꼈다. 경제적으로 독립하고 나면 마음 놓고 열정을 따를 수 있다. 그것이 무엇이든. 오랜 꿈을 이루는 것만큼 가슴 벅찬 일이 또 있을까? 고양이 사료로 연명할 뻔한 사람에게는 특히 그렇다. 경제적으로 독립하기 전에 열정을 추구했다면 꼼짝없이 그렇게 되었을 것이다. 먼저 부자가 되어야 한다. 그런 다음 꿈을 좇아라. 순서를 바꾸면 안 된다. 그러다 큰 낭패를 본다.

그것을 어떻게 아느냐고? 이제는 내 책에 사인을 받겠다고 팬들이 길게 줄을 섰지만, 내가 7년 동안 분투해서 글을 쓰며 번 돈을 모두 합해도 고작 몇천 달러밖에 되지 않는다. 그것도 세금을 포함해서. 내가 소설을 쓰기 위해 수업을 듣고 책과 평론집을 사는 데 들인 돈도 그 정도는 되고도 남을 것이다.

오해하지 마시라. 나는 내가 엔지니어로 받은 두둑한 연봉보다 그렇게 얻은 수입이 더 자랑스러웠다. 하지만 그 돈만 믿고 살아야 했다면 스트레스가 이만저만이 아니었을 것이다. 나는 경제적으로 독립할 때까지 기다렸다. 그래서 내일 써야 할 돈이 있는지 걱정할 필요 없이 하고 싶은 것을 할 수 있었다.

나는 사람들에게 아직은 열정을 따르지 말라고 말한다. 그리고 POT 점수를 계산해 볼 것을 권한다. 꿈을 좇으려고 할 때 사람들이 갖게 되는 큰 두려움은 세 가지다.

첫째, 능력이 부족하면 어쩌지?
둘째, 하고 싶은 일로 필요한 만큼의 돈을 벌지 못하면?
셋째, 경쟁이 너무 치열하면?

이 셋 중에서 사람들을 주저하게 만드는 가장 큰 장애물은 첫 번째 능력이 부족할 것 같은 두려움이다.

충분히 이해한다. 실패는 두렵다. 내가 직접 해봐서 안다. 그 책을 출간하기 전에 나는 저작권 에이전트나 출판사로부터 수없이 많은 거절을 당했다. 하지만 지내놓고 보니 당연히 거쳐야 하는 절차였다. 기량을 연마하려면 수없는 실패를 반복해야 한다. 부족한 부분이 채워질 때까지. 실패를 거듭할 때는 한 푼도 벌 수 없다. 부모님이 따로 마련해 준 통장이라도 있다면 몰라도 내게는 그런 돈이 없었다. 나는 보수가 좋은 직장을 얻어야 했고, 글을 쓰는 한편으로 투자 포트폴리오를 구축해야 했다. 그래야 안심하고 내 창작열을 한곳에 쏟아부을 수 있을 것 같았으니까. 실제로 경제적으로 독립하고 나니 변변치 못한 저작료에도 불구하고 글을 쓰는 일에 전념할 수 있었다.

운이 좋아서 돈이 되는 쪽에 열정을 가진 사람들도 더러 있다. 당신이 그들 중 한 사람이라면 축하한다. 하지만 그렇지 않다면 달리 방법을 찾아야 한다. 누구나 실패할 수 있다. 그리고 상처받을 것이다. 하지만 지출에 필요한 비용을 충당할 포트폴리오를 구축하면, 실패는 정서적인 문제에 국한될 뿐 경제적으로 큰 영향을 주지 않는다. 경제적 자원이 부족한 상태에서 창조적 샘물이 계속 흐르도록 만드는 건 쉬운 일이 아니다.

창작 분야의 경쟁이 얼마나 치열한지는 작가의 길에 발을 들여놓은 지 얼마 안 돼 깨달았다. 닐슨북스캔Nielsen BookScan에 따르면, 그들이 조사한 120만 권의 책 중 5,000부 이상 팔린 책은 2%를 간신히 넘는 2만 5,000권 정도다. 〈퍼블리셔스위클리Publishers Weekly〉의 발표에 따르면, 일반적으로 책 한 권의 판매량은 평균 500부에 불과하다. 그것도 책을 출간한 작가들이 그렇다! 출간만 해도 운이 좋은 쪽이고, 아직도 출판사를 찾지 못하고 있는 불운한 작가들은 셀 수 없이 많다. 경제적 독립은 일종의 갑옷이다. 갑옷이 있으면 앞서 열거한 걱정 따위는 하지 않아도 된다. 돈 한 푼 못 벌어도 꿈을 좇을 수 있으니까. 갑옷만 있으면 경제적으로 '무적'이 된다.

내 블로그 구독자들 중에는 은퇴하고 나서 정체성을 잃지 않을까 걱정하는 사람이 많다. 그러나 실제로는 더 '멋진' 정체성을 가질 기회가 많다. 여건이 허락하지 않아서 포기했던 젊은 시절의 꿈이 있는가? 이제 작정하고 시도하면 된다. 그 꿈이 돈이 되지 않는다면? 아무려면 어떤가, 포트폴리오가 생활비를 해결해 줄 텐데. 걱정 말고 매진하라. 우리 부부는 어린이들을 위해 다양한 읽을거리를 만드는 '위니드다이버스북스We Need Diverse Books'라는 비영리 단체에서 자원봉사자로 일하고 있다. 늘 누군가를 돕고 싶었는데, 생활비를 걱정하지 않으면서 그 일을 할 수 있게 되어 행복하다. 사실 내가 지금 맡은 기획 분야에 소질이 있는지는 의심스럽지만, 크게 신경 쓰지 않는다. 영리를 목적으로 하는 일이 아니니, 실패하고 배울 수 있다. 비용을 충당할 곳이 있다면 생계 걱정은 하지 않아도 된다.

평생 일구어온 정체성을 잃는다 해도, 이제부터 더 멋진 정체성을 만들면 그만이다.

경제적으로 독립했다고 해서, 꼭 지겨운 일을 그만두고 세계 여행을 떠나야 하는 건 아니다. 선택의 문제다. 일을 하는 게 좋으면 계속 일을 하면 된다. 'FIRE'란 이름은 경제적으로 독립하여 조기에 은퇴하는 것을 뜻하지만, 'RE(조기 은퇴)' 부분은 선택사항이다. 필수사항은 'FI(경제적 독립)'뿐이다. 내게 자부심을 안겼던 일자리가 사라지고 상황이 나빠졌을 때 나를 지켜줄 갑옷은 'FI'뿐이다.

경제적 독립을 했다는 건 언제든 원하는 선택을 할 수 있다는 의미다. 또 자신이 원하는 삶을 설계할 수 있다는 뜻이다. 포트폴리오를 튼튼히 구축한 다음 그중 매년 4%로 지출을 감당할 수 있게 되면, 일은 의무가 아니라 선택이 된다. 우리처럼 일에서 완전히 손을 떼고 세계 여행을 하고 싶으면 그렇게 하라. 하는 일이 마음에 든다면 좀 더 여유 있는 스케줄을 가지고 계속하라. 자녀와 가족, 친구, 애완동물과 더 많은 시간을 보내고 싶으면 그렇게 하라.

평범하지 않은 길로 들어설 때는 걱정이 따르게 마련이다. 그러나 난기류로 요동치는 비행기에서 느끼는 위험처럼, 그런 걱정은 대부분 머릿속에만 있는 걱정이다. 비행기에서 무사히 걸어 나온 뒤에는 이런 생각이 들 것이다. '왜 그렇게 무서워했지?'

비좁은 감방 같은 직장과 작별을 고한 지 3년쯤 되고 나니, 도대체 무엇이 그리 두려워 진작 그만두지 못했는지 후회가 된다. 나는 지금 갖게 된 새로운 정체성이 좋다. 까다롭고 복잡한 문제와 씨름하면서 늘 과로 상태로 설명되던 옛 정체성을 잃어버린 것을 후회하지 않는다. 누구든 경제적으로 독립한 후에 은퇴한다면 마찬가지일 것이다.

21장

꼭 100만 달러가 있어야
가능한 건 아니다

사람들에게 자주 받는 질문이 있다.

"당신들은 엔지니어로 억대 연봉을 받았죠. 하지만 지금 제가 받고 있는 연봉은 그 정도가 아니에요. 그런데도 제가 조기 은퇴할 수 있을까요?"

그들의 의구심을 이해한다. 파이어 공동체에서 조기 은퇴한 사람들은 보통 엔지니어나 변호사, 회계사 같은 고액 연봉자다. 그들은 어떤 빚도 탕감할 수 있을 만큼의 돈을 모아 건강한 포트폴리오를 구축했다. 보수가 좋은 분야에서 일한다는 것은 남보다 먼저 출발할 수 있다는 의미다. 그러면 이 같은 고소득 직종에 종사하지 못하면 죽을 때까지 일만 해야 하는가? 그렇고 그런 신세를 평생 면하지 못한다는 소린가?

천만의 말씀이다. 평범한 수준의 연봉을 받아도 얼마든지 조기 은퇴할 수 있다. 수학적으로 입증이 가능한 이야기다.

현시점 미국 평균 가족의 1년 소득은 6만 2,175달러다. 결혼을 한 맞벌이 부부가 이 정도를 번다고 하자. 여기에 15.2%라는 평균 세율을 적용하면 세후 순소득은 5만 2,724달러다. 근데 이들이 지출을 최적화하여 작은 집에서 살거나 물가가 비싸지 않은 도시로 이사하고 외식을 자제하며 카셰어링 서비스를 이용한다면, 1년 생활비를 4만 달러에 맞출 수 있다. 우리도 물가가 비싼 토론토에서 이 정도 생활비로 살았고, 내 친구이자 조기 은퇴자인 저스틴 맥커리도 현재 노스캐롤라이나 롤리에서 이 정도 금액으로 세 자녀와 부족함 없이 살고 있다.

이렇게 생활한다면 은퇴를 위해 준비한 포트폴리오에 매년 1만 2,724달러를 넣을 수 있다. 이는 세후 저축률로 24%다. 그리고 4% 법칙을 따르면 경제적으로 독립하는 데 100만 달러(4만 달러×25)가 필요하다. 매년 평균 수익을 보수적으로 잡아 6%(물가상승을 감안)로 보면, 투자와 복리의 마법에 의해 이들은 30년 뒤에 100만 달러를 갖게 된다.

세부적인 내용을 보면 다음 표와 같다.

(단위: 달러)

연도	최초 잔고	연간 납부금	수익률(6%)	합계
1	0.00	12,724.00	0.00	12,724.00
2	12,724.00	12,724.00	763.44	26,211.44
3	26,211.44	12,724.00	1,572.69	40,508.13

4	40,508.13	12,724.00	2,430.49	55,662.62
5	55,662.62	12,724.00	3,339.76	71,726.38
6	71,726.38	12,724.00	4,303.58	88,753.96
7	88,753.96	12,724.00	5,325.24	106,803.20
8	106,803.20	12,724.00	6,408.19	125,935.39
9	125,935.39	12,724.00	7,556.12	146,215.51
10	146,215.51	12,724.00	8,772.93	167,712.44
11	167,712.44	12,724.00	10,062.75	190,499.19
12	190,499.19	12,724.00	11,429.95	214,653.14
13	214,653.14	12,724.00	12,879.19	240,256.33
14	240,256.33	12,724.00	14,415.38	267,395.71
15	267,395.71	12,724.00	16,043.74	296,163.45
16	296,163.45	12,724.00	17,769.81	326,657.26
17	326,657.26	12,724.00	19,599.44	358,980.70
18	358,980.70	12,724.00	21,538.84	393,243.54
19	393,243.54	12,724.00	23,594.61	429,562.15
20	429,562.15	12,724.00	25,773.73	468,059.88
21	468,059.88	12,724.00	28,083.59	508,867.47
22	508,867.47	12,724.00	30,532.05	552,123.52
23	552,123.52	12,724.00	33,127.41	597,974.93
24	597,974.93	12,724.00	35,878.50	646,577.43
25	646,577.43	12,724.00	38,794.65	698,096.08
26	698,096.08	12,724.00	41,885.76	752,705.84
27	752,705.84	12,724.00	45,162.35	810,592.19
28	810,592.19	12,724.00	48,635.53	871,951.72
29	871,951.72	12,724.00	52,317.10	936,992.82
30	936,992.82	12,724.00	56,219.57	1,005,936.39

사실 이 사례는 이들 부부가 야심도 없고, 승진도 안 되고, 보수가 더 나은 회사로 이직하지도 않는다는 최악의 시나리오를 가정한 것이다. 그러니 기간은 더욱 짧아질 가능성이 크다. 표의 숫자는 현실을 반영한 것이고 물가상승까지 감안한 수치다. 다시 말해, 연봉과 저축률이 물가상승과 같은 정도로 올라간다고 가정했다는 뜻이다. 이 표가 어떻게 작성된 것인지 자세히 알고 싶다면 부록 D를 참조하라.

억대 연봉을 받지 않아도 이들만큼 저축하고 투자하면 30년 뒤에 은퇴할 수 있다. 이들 부부가 24세에 일을 시작했다면 54세에 은퇴할 수 있다. 정년이 65세임을 감안하면 11년이 단축된 기간이다.

54세에 은퇴해도 평균보다 일찍 은퇴하는 편이지만 사실 더 앞당기는 것도 가능하다. POT 점수를 계산해 학교로 돌아가 전문성을 키움으로써 더 빨리 승진하고 보수가 더 좋은 직장으로 도약한다면, 더 빨리 은퇴할 수 있다.

브랜든이 그런 경우였다. 그는 2만 4,000달러였던 연봉을 11만 달러로 늘리는 데 성공했다. 그의 가족 중에는 대학에 들어간 사람이 아무도 없었다. 그 역시 12년 동안 시급 7.5달러를 받으며 공장에서 일했다. 그러던 어느 날, 자신에게 투자해야겠다는 생각이 들어 대학에 입학했고, 국제 업무와 경영정보관리 분야의 학위를 받아 연봉을 4배로 늘렸다.

꼭 대학을 나와야 하는 건 아니다. 일자리를 옮기는 방법도 있다. 한국에서 영어교사로 일하며 매년 3만 달러를 번 콜비 이야기를 떠올려보라(16장). 그는 다시 중국 선전深圳으로 자리를 옮겨 같은 일을 하면서 연봉을 2배로 늘렸다. 이제 콜비는 매년 4만 달러를 저축하고 투자하면서, 다른 이들이 해외 영어교사 자리를 찾을 수 있게 돕고 있다. 여행을 즐기며 연봉을 늘리는 것이 가능하다는 걸 몸소 보여준 것이다.

나는 아이슬란드에서 찰튼 부부를 만났다. 이 미국인 부부는 43세에 은퇴했다. 아내 로빈의 첫 직장은 여행사였는데 힘들게 일하면서도 1년에 1만 4,000달러밖에 벌지 못했다. 하지만 그녀는 직업을 바꿔 간호사가 되었고 기술전문작가^{technical writer}로 일하는 남편 롭과 함께 번 덕분에 두 사람의 세전 소득은 1년에 8만 9,000달러까지 올라갔다. 그렇게 점점 많은 돈을 저축하고 투자한 그들은 15년 뒤에 92만 6,000달러의 포트폴리오를 확보한 다음 은퇴했다! 2007년부터 여행을 하고 있는 그들은 '웨얼위비^{WhereWeBe.com}'에 자신들의 모험담을 글로 쓰고 있다.

그런데 15년이나 30년을 기다릴 수 없는 상황이라면? 예상보다 빨리 기간을 단축시키는 방법이 몇 가지 있다. 그중에는 사이드파이어, 부분적 FI, 지리적 차익 등 낯익은 것도 있다.

사이드파이어

경제적 독립은 한 벌의 갑옷과 같다. 이 갑옷은 돈이 고갈되는 것을 막아 두려움 없이 꿈을 좇게 해준다. 경제적으로 100% 독립하진 못했다고 해도 이 갑옷은 쓸모가 있다. 예를 들어, 작가가 꿈인데 작가 수입으로 생활이 안 되더라도(대부분은 그렇다), 직장을 그만두고 프리랜서 작가로 일해 매년 2만 달러를 번다면 필요한 포트폴리오 크기를 줄일 수 있다. 이 경우에는 50만 달러(2만 달러×25)가 줄어드는 셈이다.

이것이 우리가 말하는 사이드파이어다. 은퇴에 부업의 개념을 엮어주면, 완전한 FI를 이루지 못해도 상당한 혜택을 누릴 수 있다. 부업의 힘을 빌리면 꿈에 그리던 삶을 꾸려가면서 포트폴리오로 생활비를 보충할 수 있다. 방금의 사례대로라면 포트폴리오에서 매년 4만 달러 비용의 절반을 충당하고 나머지 절반은 부업으로 해결할 수 있다. 일하는 동안 부업을 개발하면 일석삼조의 효과도 노릴 수 있다. 그 세 가지란, 수입을 늘려 저축률을 높이고 새로운 기술을 개발하며 출퇴근이라는 쳇바퀴를 탈출하는 데 필요한 포트폴리오의 크기를 줄이는 것이다.

매년 미국 평균 가족의 세전 소득인 6만 2,175달러를 버는 커플의 예로 돌아가 보자. 그들이 직장을 그만두고 부업이나 아르바이트로 1년에 2만 달러를 번다면, 포트폴리오의 소극적 소득 passive income(배당금, 이자 등 적극적인 노력 없어도 지속적으로 유입되는 소득-옮긴이)에는 매년 2만 달러(4만-2만 달러)만 있으면 된다. 4% 법칙을 활용하면 사이드파이어를 달성하는 데 50만 달러(2만 달러×25)만 필요하다는 이야기다.

세후 소득의 24%를 저축한다면 그 계산은 다음과 같다.

연도	최초 잔고	연간 납부금	수익률(6%)	합계
1	0.00	12,724.00	0.00	12,724.00
2	12,724.00	12,724.00	763.44	26,211.44
3	26,211.44	12,724.00	1,572.69	40,508.13
4	40,508.13	12,724.00	2,430.49	55,662.62
5	55,662.62	12,724.00	3,339.76	71,726.38
6	71,726.38	12,724.00	4,303.58	88,753.96
7	88,753.96	12,724.00	5,325.24	106,803.20
8	106,803.20	12,724.00	6,408.19	125,935.39
9	125,935.39	12,724.00	7,556.12	146,215.51
10	146,215.51	12,724.00	8,772.93	167,712.44
11	167,712.44	12,724.00	10,062.75	190,499.19
12	190,499.19	12,724.00	11,429.95	214,653.14
13	214,653.14	12,724.00	12,879.19	240,256.33
14	240,256.33	12,724.00	14,415.38	267,395.71
15	267,395.71	12,724.00	16,043.74	296,163.45
16	296,163.45	12,724.00	17,769.81	326,657.26
17	326,657.26	12,724.00	19,599.44	358,980.70
18	358,980.70	12,724.00	21,538.84	393,243.54
19	393,243.54	12,724.00	23,594.61	429,562.15
20	429,562.15	12,724.00	25,773.73	468,059.88
21	468,059.88	12,724.00	28,083.59	508,867.47

이 부부의 경우 부업으로 매년 2만 달러를 벌면, 경제적 독립을 이루는 시간을 9년 단축시킬 수 있다. 내 경우도 비슷했다. 그토록

바라던 소설가가 됐지만 작가로 얻을 수 있는 수입은 생활비에 턱없이 모자랐다. 1년에 5,000달러에서 1만 달러 정도로 생활하라고 한다면 대부분은 어림없는 소리라며 고개를 젓지 않겠는가? 그러나 사이드파이어를 하기로 하고 이를 보충 소득으로 잡으면 이야기가 달라진다. 그러면 필요한 소극적 소득이 5,000달러에서 1만 달러 정도 줄어든다. 4% 법칙에 따르면, 그 정도만 돼도 무려 12만 5,000달러의 연봉을 받는 직장을 그만두는 데 필요한 만큼의 포트폴리오를 줄일 수 있다. 이 정도의 돈을 모으려면 얼마나 걸릴지 각자 생각해 보라.

이처럼 부업은 그 자체로는 경제적 독립에 큰 도움이 되지 않지만, 소극적 소득을 낳는 포트폴리오와 짝을 이루면 얘기가 완전히 달라진다. 게다가 부업이 나의 열정과 관련이 있다면 삼중 효과를 낸다. 필요한 포트폴리오의 크기를 줄이고, 열정을 따를 수 있게 하고, 게다가 추가 소득을 창출하기 때문이다. 100만 달러가 있어야 자유를 얻는 것은 아니다. 필요한 것은 은퇴 후 소득의 모자란 부분을 보충할 정도의 포트폴리오뿐이다.

부업으로 돈을 버는 방법에 관해 보다 구체적으로 알고 싶다면, 파이어 운동의 대표 주자인 그랜트 사바티어 Grant Sabatier의 《파이낸셜 프리덤 Financial Freedom》이나 크리스 길레보 Chris Guillebeau의 《100달러로 세상에 뛰어들어라 The $100 Startup》를 읽어보기 바란다. 아마 많은 도움을 받을 수 있을 것이다.

부분적 FI

부업에 관심이 없다면 어떻게 해야 할까? 지금 다니는 직장이 좋기는 한데 조금 유연하게 일하고 싶은 거라면? 가족이나 친구와 보낼 시간이 더 필요할 뿐이라면? 부분적 FI에 도전하면 된다! 완전한 경제적 독립을 이루면 포트폴리오에서 나오는 소극적 소득으로 얼마든지 비용을 충당할 수 있다. 그러나 그저 일하는 시간을 줄이고 싶은 거라면, 직장을 그만두고 아르바이트를 하거나 미니 은퇴(필요할 때만 일하는 은퇴 — 옮긴이)를 하거나 안식년을 갖는 것처럼 부분적 FI로 그런 유연성과 자유를 누릴 수 있다.

미국 평균 정도의 소득을 올리는 가족이 있다고 하자. 직장을 그만두고 아르바이트나 6개월짜리 계약직으로 일하면 1년에 약 3만 1,000달러의 세전 소득을 올릴 수 있다. 많지는 않아도 세금을 내고 나면 2만 8,000달러 정도를 집으로 가져갈 수 있다. 연간 지출이 4만 달러라면 그 틈을 메우는 데 1만 2,000달러만 있으면 된다. 이 돈을 소극적 소득으로 충당한다면 30만 달러(1만 2,000달러×25)의 포트폴리오가 필요하다. 또 이만큼의 소득은 매년 세금 없이 인출할 수 있다.

(단위: 달러)

연도	최초 잔고	연간 납부금	수익률(6%)	합계
1	0.00	12,724.00	0.00	12,724.00
2	12,724.00	12,724.00	763.44	26,211.44
3	26,211.44	12,724.00	1,572.69	40,508.13

연도	최초 잔고	연간 납부금	수익률(6%)	합계
4	40,508.13	12,724.00	2,430.49	55,662.62
5	55,662.62	12,724.00	3,339.76	71,726.38
6	71,726.38	12,724.00	4,303.58	88,753.96
7	88,753.96	12,724.00	5,325.24	106,803.20
8	106,803.20	12,724.00	6,408.19	125,935.39
9	125,935.39	12,724.00	7,556.12	146,215.51
10	146,215.51	12,724.00	8,772.93	167,712.44
11	167,712.44	12,724.00	10,062.75	190,499.19
12	190,499.19	12,724.00	11,429.95	214,653.14
13	214,653.14	12,724.00	12,879.19	240,256.33
14	240,256.33	12,724.00	14,415.38	267,395.71
15	267,395.71	12,724.00	16,043.74	296,163.45

보다시피 15년 남짓의 세월이면 이 가족은 부분적 FI에 도달할 수 있다. 순자산 0으로 시작해서 평균 정도의 소득만 올려도 10년 남짓이면 아르바이트나 미니 은퇴 상태에서 자유와 유연성을 얻을 수 있는 것이다.

지리적 차익

부업은 체질에 맞지 않는다고? 직업을 아르바이트로 바꿀 수도 없고 바꿀 생각도 없다고? 그렇다고 해도 문제될 건 없다. 지리적 차익을 이용하는 것만으로도 경제적 자유를 얻을 수 있으니까. 앞서 말했듯 지리적 차익은 통화가 강세인 나라에서 소득을 올려 은퇴한 뒤 통화가 약한 나라에서 거주하는 방법을 뜻한다. 그렇게 하면 대단한 소득을 올리지 못해도 본국에 있는 당신의 동기들보다 몇십 년 더 일찍 경제적 자유를 얻을 수 있다.

태국의 해변에 앉아 일광욕을 즐기거나 멕시코 광장에서 타코를 오물거리거나 폴란드의 타트라 산맥을 등반할 생각이 있다면, 지리적 차익이 하나의 방법이 될 수 있다. 호주 출신으로 베트남에 살면서 에어비엔비로 우리에게 집을 빌려주었던 친구 스티브와 일레인이 바로 그런 경우였다. 내가 왜 베트남으로 이주했느냐고 묻자 그들은 대답했다. "호주에 있을 때는 아등바등 애를 써도 늘 뒤처진다는 생각밖에 안 들었어요. 그런데 베트남에 와 보니 우리가 꽤 괜찮은 처지더라고요."

스티브는 선택이 쉬웠다고 했다. 그는 가슴 한복판에 있는 수술 자국을 내게 보여주었다. 심장마비로 목숨을 잃을 뻔했던 스티브는 스트레스가 심한 IT 업무를 계속하면서 수명을 단축할 필요는 없다는 생각이 들었다고 했다. 그래서 일레인과 함께 은퇴를 대비해 저축했던 돈으로 새로운 돌파구를 마련하기로 했다. 그들은 이제 한결 여유 있는 생활을 즐기고 있다. 덕분에 스티브는 건강해졌고, 일레인은 고아원을 운영하면서 그녀가 새로 몸담은 공동체에 보답하고 있다. 그녀는 이미 22명의 아이들을 키워냈다.

베트남과 태국을 여행하면서 우리는 환율 덕분에 매달 미화 1,130달러, 1년에 1만 3,560달러만 있어도 그곳에서 호사스러운 생활을 할 수 있다는 사실을 알게 되었다. 베트남의 평균 소득이 월 150달러이므로, 그 정도라면 대단한 금액인 것이다. 소극적 소득으로 매년 1만 3,560달러를 버는 데는 33만 9,000달러(1만 3,560달러 ×25) 크기의 포트폴리오만 있으면 된다.

미국 평균 연봉 6만 2,175달러 중 1만 2,724달러를 저축할 경우 지리적 차익으로 경제적 독립에 도달할 수 있는 기간은 다음과 같다.

(단위: 달러)

연도	최초 잔고	연간 납부금	수익률(6%)	합계
1	0.00	12,724.00	0.00	12,724.00
2	12,724.00	12,724.00	763.44	26,211.44
3	26,211.44	12,724.00	1,572.69	40,508.13
4	40,508.13	12,724.00	2,430.49	55,662.62
5	55,662.62	12,724.00	3,339.76	71,726.38
6	71,726.38	12,724.00	4,303.58	88,753.96
7	88,753.96	12,724.00	5,325.24	106,803.20
8	106,803.20	12,724.00	6,408.19	125,935.39
9	125,935.39	12,724.00	7,556.12	146,215.51
10	146,215.51	12,724.00	8,772.93	167,712.44
11	167,712.44	12,724.00	10,062.75	190,499.19
12	190,499.19	12,724.00	11,429.95	214,653.14
13	214,653.14	12,724.00	12,879.19	240,256.33
14	240,256.33	12,724.00	14,415.38	267,395.71
15	267,395.71	12,724.00	16,043.74	296,163.45
16	296,163.45	12,724.00	17,769.81	326,657.26
17	326,657.26	12,724.00	19,599.44	358,980.70

16년 6개월! 만약 디지털 노마드로 일하거나 해외에서 영어를 가르치면서 매년 1만 달러만 번다면, 지리적 차익과 사이드파이어를 결합함으로써 시간을 크게 단축할 수 있다. 이때 필요한 포트폴리오는 8만 9,000달러(1만 3,560 – 1만 달러 = 3,560달러, 3,560달러 × 25 = 8만 9,000달러) 미만이 될 것이다.

(단위: 달러)

연도	최초 잔고	연간 납부금	수익률(6%)	합계
1	0.00	12,724.00	0.00	12,724.00
2	12,724.00	12,724.00	763.44	26,211.44
3	26,211.44	12,724.00	1,572.69	40,508.13
4	40,508.13	12,724.00	2,430.49	55,662.62
5	55,662.62	12,724.00	3,339.76	71,726.38
6	71,726.38	12,724.00	4,303.58	88,753.96

6년!

보다시피 미국 평균 수준의 연봉만 받아도 사이드파이어나 부분적 FI, 지리적 차익을 잘만 이용하면 얼마든지 경제적 독립에 이를 수 있다. 고액 연봉자가 아니어도 된다. 우리 블로그의 구독자들은 교사, 간호사, 우체국 직원, 군인, 중소기업가 등 다양한 배경의 직업을 가진 사람들이다.

그들은 우리에게 메일을 보내 그들의 재무 상태를 분석해 달라고 요청한다. 사람 수만큼이나 많은 사연을 읽으며 한참을 생각하다가 그들의 삶을 변화시킬 효과적인 방법을 발견했다. 바로 사람들이 잘 이해하지 못하는 것(돈)을 모든 사람이 이해할 수 있는 것으로 바꾸는 것이었다. 모든 사람이 이해할 수 있는 것, 바로 시간이다.

"다시 학교로 돌아가 박사학위를 따야 할까요?", "알래스카로 가서 아이들을 가르쳐야 하나요?", "집을 장만하는 게 맞을까요?" 같은 질문의 시나리오를 "X를 하면 은퇴까지의 시간이 Y년 연장 된다"로 바꾼다면 관리할 수 있는 대상이 된다. 어떤 선택을 하는 것이 얼마의 시간과 바꾸는 것과 같다는 걸 알게 되면, 자신에게 그럴 의사가 있는지 생각해 선택을 좀 더 분명하게 구체화할 수 있다. 당신은 이 책이 처음부터 끝까지 돈에 관한 책일 거라 생각했겠지만, 사실 그렇지 않다. 이 책은 시간에 관한 책이다.

"돈을 얼마나 써야 하지?"라고 묻지 말라. "시간을 얼마나 들여야 하지?"라고 바꿔서 물어라. 특히 "내가 다른 사람 소유의 회사에 얼마나 많은 시간을 바칠 수 있지?"라고 물어보라.

솔직하게 답을 하면, 돈에 관한 결정이 분명해진다.

21장 요약

◆ 부업을 하면서 평소의 꿈을 좇는다면, 훨씬 적은 돈으로도 은퇴할 수 있다.

 – 부업으로 1년에 1만 달러만 벌어도 목표 포트폴리오에서 25만 달러를 줄일 수 있다.

◆ 아르바이트를 계속하는 것으로도 같은 결과를 얻을 수 있다.

◆ 은퇴한 뒤 물가가 저렴한 지역에서 거주하면 저축해야 할 돈의 액수를 대폭 줄일 수 있다.

MEMO

22장

당신만의 방식을 찾아라

서점이나 도서관에 가서 재테크 분야 서가 앞에 서면, 일단 그 분량에 압도되고 만다. 돈에 관한 책은 너무 많아서 머리가 '핑' 돌 지경이다. 나도 이 책을 썼으니 그 점에서는 못할 짓을 했다. 문제는 분량만이 아니다. 저마다 다른 소리를 하는 것도 사람을 질리게 만든다. 누구는 당장 사업을 벌이라고 부추기고, 누구는 부동산이 최고라고 목소리를 높이고, 또 누구는 주식 종목을 잘 골라야 한다고 훈수를 둔다. 이렇게 상충되는 정보들을 들여다보고 있다가는 '분석 마비' 증세에 빠지기 십상이다. 길이 너무 많아서 어느 쪽을 택해야 할지 알 수 없는 것이다. 그래서 많은 이가 그냥 멍하니 있다가 손을 놓고 만다.

하지만 백만장자가 되기까지 내가 걸었던 길을 돌이켜보고 나와 비슷한 여정을 밟은 사람들의 이야기를 들어보니, 그런 책에 쓰인 내용이 꼭 틀린 말은 아니었다는 생각이 들었다. 의견이 제각각인 이유는 돈 버는 길이 한 가지가 아니기 때문이다.

간단히 정리하자면, 재테크는 이런 식으로 움직인다.

소득

투자   지출

세 모서리에 있는 소득과 지출, 투자는 재무를 움직이는 세 가지 힘이다. 들어오는 돈(소득), 나가는 돈(지출) 그리고 돈이 만들어내는 돈(투자)이라고 생각하면 된다. 여러분의 이 세 모서리에 해당하는 수치가 각각 미국의 평균 소득 5만~7만 달러(2015년 미국통계청 자료), 평균 저축률 7.5%(미연방준비위원회 자료), 물가상승을 감안한 연평균 장기투자수익률 6%(S&P 500의 역대 실적)라면, 당신의 재무 상태는 당연히 평균이 될 것이다. 재무 상태가 평균인 사람은 중산층 정도의 생활을 누리면서 40년 정도 일하고 사회보장의 도움을 빌어 65세에 은퇴할 것으로 예상할 수 있다.

그러나 젊은 나이에 용케 틀을 벗어나 백만장자가 되는 사람은 이 중 두 곳의 모서리는 평균 정도이거나 평균보다 조금 나은 정도라고 해도 마지막 한 모서리가 두드러지게 높은 경향이 있다. 따라서 백만장자에는 세 가지 유형이 있을 수 있다는 말이다. 그리고 모든 재테크 서적(더 나아가 그런 책을 쓴 저자)들은 이 세 가지 유형 중 하나로 분류된다. 이들은 목적지는 같지만 그 목적지에 이른 방법이 각기 다르고 가끔은 상충되기도 한다. 베스트셀러《부자 아빠, 가난한 아빠》의 저자 로버트 기요사키는 후에 매우 유명해진 말을 했다. 돈을 저축하는 것은 그의 가난한 아빠 같은 숙맥에게나 어울리는 행위라는 것이었다. "열심히 일하고 저축해서는 절대로 부자가 될 수 없고, 경제적 안정도 이룰 수 없다."

물론 사실은 정확히 그 반대다. 열심히 일하고 돈을 모으면 틀림없이 부자가 될 수 있다. 그렇다고 해서 기요사키의 생각이 틀렸다는 것은 아니다. 그는 그저 다른 유형의 백만장자일 뿐이니까. 이를 고려하면 그의 충고도 맞다.

허슬러

소득 │ 우수한 수준   저축 │ 보통 수준   투자 │ 보통 수준

추진력이 강하고 모험적 기질이 농후한 사람을 '허슬러 hustler'라고 한다. 허슬러들이 부를 창출하는 원천은 돈을 벌 줄 아는 능력이다. 이들은 사업을 벌이기 좋아하는데 그 이유는 시간을 돈으로 바꾸어도 남을 위하여 일해서 돈을 버는 데는 자연적으로 한계가 있다는 사실을 정확히 인식하고 있기 때문이다. 하루에 쓸 수 있는 시간은 정해져 있으므로 소득이 시간의 제약을 받으면 잠재력도 제한된다.

하지만 창업을 하면 소득에 상한선이 없다. 따라서 허슬러들은 직접 기업을 만들어 자신을 위해 일한다. 스티브 잡스나 일론 머스크Elon Musk, 마크 저커버그Mark Zuckerberg 등이 성공한 허슬러의 좋은 사례다.

허슬러들은 돈을 벌 수 있는 방법이 무궁무진하다는 사실을 알고 있으며, 틈만 나면 다음 사업(들)을 벌인다. 그들에게 돈은 끝도 없이 솟아나는 자원이어서 지출을 억제하는 것에는 큰 관심이 없다. 돈이 떨어져도 더 많이 벌면 되니까!

허슬러들은 위험을 즐기며 어느 정도 확신이 서면 모든 것을 건다. 이런 모험 기질이야말로 그들을 성공으로 이끌어주는 큰 원동력이지만, 동시에 실패의 원인이 되기도 한다. 일론 머스크는 페이팔PayPal을 이베이eBay에 팔아 한순간에 2억 달러의 현금을 거머쥐었다. 하지만 그 돈을 모두 테슬라Tesla에 쏟아부었고, 결국 2010년 아내와의 이혼 소송에서 자신의 파산 사실을 인정했다.

2억 달러를 잡았다가 순식간에 빈손이 된 것이다. 평생 써도 다 못 쓸 정도의 돈을 어떻게 순식간에 쓰는지 어이가 없을 뿐이다.

물론 테슬라는 누구나 아는 세계적인 브랜드가 되었다. 하지만 그래봤자 허슬러들이 얼마나 위험을 좇는 인물인지 보여주는 사례일 뿐이다. 그들은 일과 영원히 작별할 수 있을 정도로 많은 돈을 쌓아놓고도 다음에 맛볼 스릴을 위해 여전히 새로운 사업에 모든 것을 건다.

대표적인 허슬러

로버트 기요사키, 팀 페리스Tim Ferriss, 스티브 잡스

투자가

소득 | 보통 수준   저축 | 보통 수준   투자 | 우수한 수준

투자가는 가지고 있는 돈을 훨씬 더 많은 돈으로 바꾸는 데 선수다. 나는 재무 계획을 세우면서 60/40의 인덱스 포트폴리오를 장기적으로 운영할 경우 얻게 될 실적을 보수적으로 잡아 6%로 예상했다. 그러나 투자가들은 그 정도의 수치를 비웃는다. 6%라고? 그게 다야? 이들은 20% 이상의 수익을 올리지 못하는 투자는 투자로도 여기지 않는다.

이들에게는 온 세상이 모두 투자 대상이다. 누구는 주식을 택하고 누구는 부동산을 택한다. 야구카드나 미술품처럼 특정 층에서만 거래가 이루어지는 상품을 찾는 이도 있다. 실적이 좋은 투자가는 그들의 투자가 도박이 아니라는 점을 강조한다. 도박은 운에 기대지만, 투자는 실력에 기댄다는 것이다. 투자가들은 대개 자신의 분야를 훤히 꿰고 있으며, 그래서 다른 사람들이 알아보지 못하는 투자처를 용케 찾아낸다.

허슬러들과 마찬가지로 투자가들도 지출을 관리하는 데 많은 시간을 보내지 않는다. 그리고 이들도 위험을 즐긴다. 게다가 실적이 좋은 투자가는 빚을 지렛대 삼아 수익을 극대화하는 데 남다른 능력을 발휘한다. 노련한 투자가는 빚을 적절히 활용해 위험을 줄이기도 한다.

투자가의 행보에서 가장 위험한 부분은, 초기에 운이 좋아서 이

긴 게임을 두고 실력으로 이긴 것이라고 착각하는 것이다. 사실 꾸준히 성공하는 투자가는 극히 드물다. 10장에서 언급했듯이, 월스트리트에서 활약하는 액티브 펀드 매니저들 중 특정 연도에 시장을 이긴 사람은 15%에 불과했다.

대표적인 투자가

벤저민 그레이엄 Benjamin Graham, 워런 버핏, 존 보글John Bogle

옵티마이저

소득 │ 보통 수준 　　　 저축 │ 우수한 수준 　　　 투자 │ 보통 수준

옵티마이저optimizer들은 지나치다 싶을 정도로 지출을 줄여 저축함으로써 큰돈을 만든다. 이들은 대개 일반적인 직종에 종사하면서 웬만큼 벌지만 그렇다고 엄청나게 많은 연봉을 받는 건 아니다. 그리고 대개는 평범하게 생활한다.

다만 옵티마이저들은 나가는 돈을 따지고 설명하는 데 비정상적일 정도로 많은 시간과 노력을 들인다. 계산대의 점원이 "영수증 필요하세요?"라고 물을 때 "아니요"라고 대답하는 법이 없다. 그들은 다양한 영수증을 폴더에 차곡차곡 정리하고 스프레드시트에 입력한 다음 마치 그것이 불멸의 비밀을 간직한 외계의 미생물이라도 되는 것처럼 현미경으로 나누고 쪼개어 분석한다.

다들 눈치챘겠지만, 나는 옵티마이저다. 그리고 내가 옵티마이저라는 사실에 자부심을 갖고 있다.

우리 옵티마이저들은 '쩨쩨하다'거나 '구두쇠'라는 소리를 들으면 펄쩍 뛴다. 옵티마이저는 쫀쫀하지 않다. 우리는 가치를 최적화할 뿐이다. 그리고 그 분야의 전문가다. 우리는 머릿속에 온갖 가격 데이터베이스를 확보해 놓고 있으며, 식재료를 절반 가격에 살 수 있는 요령도 안다. 간단히 말해, 우리는 남보다 저렴하게 그들이 구하는 것과 같거나 더 좋은 물건 혹은 경험을 얻는 데 탁월한 능력이 있다. 브라이스와 나는 지금 3년째 여행 중이지만, 그럼에도 우리의 포트폴리오는 고갈되기는커녕 늘어나고 있다. 내 말에 박탈감을 느꼈다면, 죄송할 따름이다.

그런데 우리 옵티마이저들에게는 남모르는 약점이 있다. 우선, 위험을 지나칠 정도로 기피한다. 그 탓에 좀처럼 사업을 벌이지 못하고, 꿈을 좇지도 못하며, 돈을 잃을까 두려워 리스크가 큰 투자를 시도하지 못한다. 이 같은 실패에 대한 두려움 때문에 2008년의 주식시장 폭락이나 과로사 같은 예기치 못한 비상사태가 닥치지나 않을까 늘 걱정한다.

옵티마이저들은 실패가 두려워 투자를 꺼린다. 포트폴리오의 가치가 떨어지는 것을 너무나 무서워하기에 돈을 그저 이불 밑에 숨겨놓고 싶은 충동을 억누르지 못한다. 내 경우 두 번씩이나 주식시장 붕괴를 견디고 살아남았기 때문에 일시적인 하락장이 일시적인 현상일 뿐이라는 걸 확신하게 되었지만, 사실 처음 매수 주문을 낼 때는 겁에 질려 손을 바들바들 떨었다. 그러한 두려움을 이기는 일이 공과대학 과정을 이수하는 것 다음으로 힘겨웠는데, 이를 극복하지 못했다면 지금의 위치에 있지 못했을 것만은 확실하다.

만약 당신이 옵티마이저라면 왜 당신만의 방식이 필요하고 그것이 왜 대단한 방식인지를 이해하는 데 이 책이 조금이라도 도움이 되기를 바란다.

대표적인 옵티마이저

피트 애드니(일명 미스터 머니 머스태시), JL 콜린스, 나

저마다 다른 방식

직장을 그만두고 세계 여행을 하면서 우리는 세 가지 유형의 자수성가형 백만장자들을 사귀었다. 그리고 그들을 통해 흥미로운 사실을 발견할 수 있었다. 백만장자가 되는 데는 여러 가지 방법이 있다는 것 그리고 그들이 그렇게 될 수 있었던 것은 자신의 강점과 약점을 알고 그것을 자기만의 방식으로 적절히 활용했기 때문이라는 것이었다.

옵티마이저인 내가 이 책에서 소개한 방식이 아닌 다른 방식으로 접근했다면, 아마 부자가 될 수 없었을 것이다. 위험을 감당할 배짱이 없고 빚을 지는 걸 너무 무서워했기 때문이다. 말했듯이 나는 사업을 해서 큰돈을 벌어보려고 했지만 번번이 실패했다. 돈을 잃을까 두려워 사업을 시작하고도 제대로 투자하지 못했고, 빚을 지는 것이

싫어 자금을 조달하지 못한 것이 주요 원인이었던 것 같다. 결국 경제적으로 독립하고 자동차 연료비를 걱정할 필요가 없게 된 뒤에야 나는 작가로 일할 수 있게 되었다.

마찬가지 이유로, 허슬러나 투자가 들이 일반적인 직업을 가지고 지출을 꼼꼼히 따져가면서 저비용 인덱스펀드의 포트폴리오를 구축했다면, 결국 흥미를 잃고 도중에 그만두었을 것이다.

부자가 되는 데 가장 중요한 것은, 자신의 기질을 확실히 알고 자신이 잘하는 것과 못하는 것을 파악한 뒤에 자신에게 맞는 방식을 택해 실행하는 것이다.

재현의 마법

그렇게 선택을 했다고 해서 모든 경로가 똑같은 방식으로 진행되는 것은 아니다. 내가 관찰한 대로라면, 백만장자 중 가장 흔한 유형은 단연코 옵티마이저였다. 다른 유형의 사람들과 달리 옵티마이저들은 수학적으로 재현하는 것이 가능하기 때문이다. 나는 내가 밟았던 절차를 정확히 수치로 설명할 수 있다. 따라서 누구든 내가 했던 그대로 따라 한다면 역시 백만장자가 될 수 있다고 장담한다. 단, 허슬러나 투자가라면 그렇지 않다.

스티브 잡스의 전기를 읽고 그대로 따라 한다고 해도, 미안하지만 애플을 또 하나 만들 수는 없다. 또 워런 버핏이 고르는 종목을 모두 따라서 투자한다고 해도 그가 올린 실적을 비슷하게라도 흉내

낼 수 없다. 그가 산 가격과 똑같은 가격의 주식들을 살 수는 없을 테니까. 허슬러와 투자가 들은 아무도 가지 않은 그들만의 길을 찾는다. 그 길은 절대로 앞사람이 했던 것과 정확히 동일한 선택이 될 수 없다. 반면, 옵티마이저라면 기본적으로 같은 성향의 백만장자들과 같은 경로를 밟을 수 있고 그때마다 매번 같은 효과를 얻을 수 있다. 이것이 재현의 힘이다. 그래서 나는 내 비결을 알려줄 수 있다. 그리고 내 비결이 곧 당신의 비결이 되길 바란다.

가난의 힘

내가 알아낸 또 한 가지 놀라운 것은, 백만장자들 중에 나처럼 가난을 벗어나려고 발버둥친 사람이 의외로 많다는 것이다. 과정은 조금씩 달랐지만 나 같은 사례는 흔했다. 내게 있어 가난은 창의력과 회복력, 적응력 그리고 인내력의 원천이었다. 백만장자 둥 어떤 이는 가난이 그들의 부모가 생각지도 못한 방법으로 불가능한 일을 해낼 수 있는 영감이 되었다고 했다. 그런가 하면, 두 번 다시 겪고 싶지 않을 만큼 가난을 두려워하는 사람도 있었다. 하지만 어느 경우에든 가난은 그것을 벗어날 수만 있다면 무엇이든 하겠다는 의욕에 불을 지피는 자극제로 작용했다.

내가 그들과 다른 점이 있다면, 어린 시절 겪은 힘들었던 일들을 아무렇지 않게 드러내고 있다는 것뿐이다. 사람들은 대부분 그런 이야기를 하지 않으려고 한다. 말하기 창피하거나 아픈 기억을 되살리고 싶지 않아서일 것이다. 어느 쪽이든 자세히 살펴보면 한 가지 분명한 사실이 드러난다. 가난하게 자랐지만 성공한 것이 아니라, 가난하게 자랐기에 성공했다는 사실이다. 나는 그 점이 자랑스럽다. 나는 가난을 통해 교훈을 얻었고 그 교훈을 소중히 여기고 있다. 오늘 내가 서 있는 이 자리에 이르기 위해 사용한 기술 중 대부분이 그 교훈에서 나왔다고 생각한다. 나는 금수저를 물고 태어나지 않았다. 다른 자수성가형 백만장자들도 마찬가지다. 가난은 약점이 아니며, 오히려 강점이다.

나의 이야기가 그렇게 낯설지 않다면, 당신은 혼자가 아니다. '아무나 부자가 될 수 없다'는 말은 듣지 마라. 나는 그런 말을 무시했고, 그래서 부자가 되었다.

마지막 단상

돈을 이해하고 나면 삶이 놀라우리만큼 편해진다. 반면 돈을 이해하지 못하면 인생이 놀라우리만큼 고달파진다. 대부분의 사람들은 그렇게 산다.

돈은 천재적 IQ가 있어야만 이해할 수 있는 복잡한 괴물이 아니다. 오히려 누구나 조금씩 계속 배워갈 수 있는 그리고 아주 쉽게 배울 수 있는 것이 돈이다. 다만 그런 사소한 배움이 하나로 모일 때 그 지식은 엄청난 힘을 발휘한다.

나는 오랫동안 돈을 제대로 이해하지 못했다. 하지만 돈을 이해하고 나서부터 내 인생은 다른 어떤 것보다 내가 마음대로 통제할 수 있는 대상이 되었다. 돈은 끊임없이 걱정해야 하는 대상이 아니라, 내게 자유를 주는 대상이다. 나는 더 이상 돈 걱정을 하지 않는다. 어디 그뿐인가? 내가 갈라파고스에서 스쿠버다이빙을 즐기는 동안에도 돈은 저 혼자 불어나고 있다!

당신도 돈을 이해했으면 좋겠다. 그래서 더 이상 돈 때문에 스트레스를 받지 않았으면 좋겠다. 카드명세서나 통장을 들여다보기가 두렵거나 일자리를 잃지 않을까 전전긍긍하는 일이 없었으면 좋겠다. 당신도 나처럼 느긋하게 여유를 가지고 인생을 즐겼으면 좋겠다.

이제는 작별할 시간인 것 같다. 적어도 지금은 말이다. 가난을 벗어나 백만장자에 이르는 내 여정은 곧은길도 아니었고 쉬운 길도 아니었다. 하지만 누구나 따라갈 수 있는 길이다. 그 점이 중요하다. 내가 했으면 당신도 할 수 있고 내가 이루었으면 당신도 이룰 수 있다. 할 일이라고는 내 방식을 따라 하는 것뿐이다.

나는 새로운 버전의 스냅챗을 만들지도, 아마존 주식이 10달러일 때 투자하지도 않았다. 한 것이라고는 열심히 일하고, 들어온 돈을 한 푼도 허투루 쓰지 않고, 평균보다는 높지만 터무니없이 높지는 않은 월급을 발판으로 100만 달러를 창출하는 시스템을 갖춰, 서른 살에 은퇴한 것뿐이다.

여기까지 읽었다면, 이제 돈을 이해하게 됐을 것이다. 그렇다면 인생이 편해질 일만 남았다.

행운을 빈다.

부록

A
돈이 고갈되지 않는
인출률

4% 법칙으로 14장에 소개한 도표를 어떻게 작성했는지 알려주겠다. 간단히 말해, 4% 법칙은 포트폴리오의 4%만 생활비로 지출하면 은퇴한 뒤 30년 동안 돈을 고갈시키지 않고 안전하게 지킬 확률이 95%라는 말이다.

$$0.04 \times P = E$$

여기서 P는 포트폴리오의 크기, E는 1년 지출을 의미한다. E를 저축률(S)과 소득(I)으로 나타내면 다음과 같다.

$$0.04 \times P = I \times (1 - S)$$

이제 포트폴리오를 N년 동안의 소득으로 저축할 수 있는 금액의 관점에서 살펴볼 것이다.

먼저 포트폴리오에 투자한 돈의 연간 수익률을 r이라고 하자. 경제학과 재무 분야에서는 이 공식을 보통연금의 미래가치future value of an ordinary annuity라고 부른다. 고등학교 대수학에 나오는 기하급수의 닫힌 형태의 해를 구하는 공식을 약간 변형한 것이라고 볼 수 있다. 물론 고등학교 때 배우는 것들은 모두 쓸모없는 것이라고 생각하는 사람도 있겠지만!

$$0.04 \times I \times S \left[\frac{(1+r)^N - 1}{r} \right] = I \times (1-S)$$

이제 대수 시간에 했던 것처럼 N을 구해보자.

$$\left[\frac{(1+r)^N - 1}{r} \right] = 25 \times \frac{(1-S)}{S}$$

$$(1+r)^N = 25 \times \frac{(1-S)}{S} \times r + 1$$

$$N \times \log(1+r) = \log \left[25 \times \frac{(1-S)}{S} + 1 \right]$$

$$N = \frac{\log \left[25 \times \frac{(1-S)}{S} + 1 \right]}{\log(1+r)}$$

휴! 이렇게 해서 N을 두 변수 저축률 S와 포트폴리오의 연간 수익률 r의 함수로 나타냈다.

이 공식을 엑셀 스프레드시트에 넣으면, 변수 S가 5%에서 100% 까지 바뀌는 동안 변수 r이 1%에서 10%까지 변하여 14장에 담은 표처럼 된다.

수학은 대단하다! 그 점을 잊으면 안 된다.

B
백만장자의
가계부

모든 것을 공개하기로 했으니, 내가 백만장자가 되는 과정에 감추어져 있는 정확한 액수를 밝히겠다. 무미건조한 수치와 도표가 많기 때문에 본문이 아닌 부록에 실었다. 이 부분을 읽고 말고는 어디까지나 독자들의 선택사항이며, 이는 그래프라면 사족을 못 쓰는 별종들을 위한 것이다.

다만 한 가지 밝힐 것이 있다. 이 책에 쓴 내용은 전부 사실이지만 몇 가지 이유로 내가 본문에서 제시한 기간과 조금 차이가 나는 부분이 있을 것이다. 그 이유가 무엇인지, 실제로 언제 어떤 일이 일어났는지는 여기에 밝혔다.

2006년(6~12월까지)

브라이스와 나는 2006년 6월에 워털루 대학교 컴퓨터공학과를 졸업했다. 학교에 다니는 동안 나는 인턴으로 일하며 학비와 생활비를 벌었으므로 졸업할 때 빚은 없었다. 우리는 대학 재학 중에 인턴과정을 밟았고, 졸업하자마자 몇몇 회사들로부터 정규직 개발자 제의를 받았다. 덕분에 우리는 순조롭게 출발할 수 있었다. 두 사람이 6개월 동안 번 돈을 합치니 6만 6,500달러였다. 4장에서 언급한 POT 점수를 놓고 볼 때, 이 정도의 보수면 우리가 선택한 분야에서는 평균 수준이다.

난생처음 돈을 벌어본 사회 초년생이었기에 지출에 신경을 쓰지 못했다는 점도 고백해야겠다. 우리는 하루가 멀다고 외식을 했고 주말이면 술집이나 클럽을 들락거렸다. 내가 잠깐 핸드백 쇼핑에 중독되었던 것도 이때의 일이다. 그렇게 겁 없이 써댄 돈이 한 달에 5,333달러였는데, 그래도 세금을 제한 소득 중 52%는 저축했다.

월별 지출

항목	한 달 비용(달러)	비고
집세	1,500	결혼 전이라 따로 살면서 각자 아파트에 매달 700달러, 800달러를 냈다. 멍청했다.
식비/오락비	2,700	
교통비/기타	300	

휴가	833.33	이는 한 달 평균 금액이지만 정확히 말하면, 졸업축하 여행으로 카리브 해 패키지 여행을 하는 데 각자 5,000달러씩 썼다.
합계	5,333.33	

연말 대차대조표

항목	금액(달러)	비고
세후 합산 소득	66,500	
지출	32,000	
저축	34,500	
저축률	52%	
순자산	34,500	

순자산

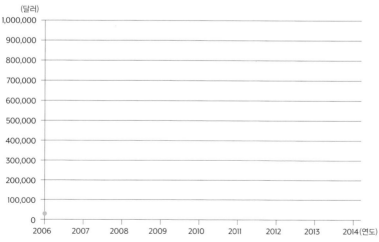

2007년

2007년은 브라이스와 내가 정식으로 직장생활을 하게 된 첫해였다. 두 사람의 연봉이 수입이었고, 내 결핍 의식 덕택에 물가가 비싼 토론토에 살면서도 수입의 59%를 저축할 수 있었다.

월별 지출

항목	한 달 비용(달러)	비고
집세	1,500	
식비/오락비	2,200	
교통비/ 기타	300	
휴가	250	
2인 합계	4,250	

연말 대차대조표

항목	금액(달러)	비고
합산 세후 소득	125,000	학교를 졸업했기에 우리는 정식 직원으로 연봉을 받을 수 있었다. 친구나 동료 들은 겁 없이 돈을 써댔지만 나는 어렸을 적부터 결핍 의식으로 단련된 터라 지출을 함부로 늘리지 못했다.
연간 지출	51,000	
연간 저축	74,000	
저축률	59%	
순자산	108,500	

순자산

(달러)

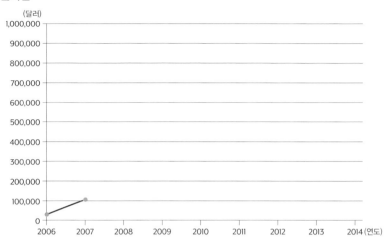

2008년

안정적인 직업과 10만 달러의 순자산을 갖추고 나니, 이제 투자를 시작해야겠다는 생각이 들었다. '뭐 잘못될 게 있겠어?'

그리고 다 아는 사실.

11장에서 설명한 대로 2008년에 주식시장이 붕괴되었고 우리의 빛나던 포트폴리오는 그 첫해에 5만 8,000달러가 증발했다! 기절초 풍할 일이었다.

다행이라면 그때도 우리의 저축률이 꾸준히 올라갔고, 지수 추종 방식과 리밸런싱 전략 덕분에 손해를 본 상태에서 전 자산을 팔아 치워야 하는 일은 면했다는 것이다. 다만 두 사람 모두 승진해 그해 에 8만 4,400달러를 저축했는데도, 우리의 순자산은 거의 움직이지 않았다. 그래도 2008년은 고마운 해였다!

월별 지출

항목	한 달 비용(달러)	비고
집세	800	내가 사는 아파트에서 무서운 사건이 발생 했다. 나는 겁이 나 브라이스의 집에서 함 께 살기로 했다. 덕분에 두 사람의 집세는 1,500달러에서 800달러로 줄었다.
식비/오락비	2,200	
교통/기타	300	
휴가	583.33	두 번의 휴가에 7,000달러를 썼다.
합계	3,883.33	

연말 대차대조표

항목	금액(달러)	비고
세후 합산 소득	131,000	우리 둘 다 승진했지만 애석하게도 포트폴리오에 투자하기 무섭게 시장이 폭락했다.
연간 지출	46,600	함께 살기로 하면서 집세를 절반으로 줄였고, 덕분에 비용도 크게 줄었다.
연간 저축	84,400	
저축률	64%	포트폴리오는 30% 하락했지만 저축률이 늘었다는 것이 유일한 위안이었다.
투자 소득/손실	-30%	주식시장이 무너지는 바람에 첫발을 막 뗀 우리의 포트폴리오도 무참히 폭락했다. 나는 1년 내내 가슴 졸이며 지냈다.
순자산	134,900	

순자산

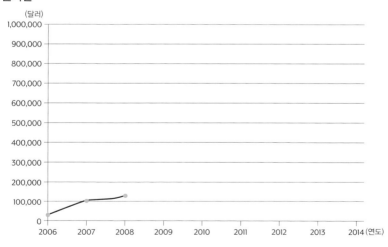

2009년

2009년은 우리의 지수 추종 방식과 리밸런싱 전략에 대한 보상을
받은 해였다. 우리는 패닉 상태에 빠지지도 않았고 바닥에서 주식을
팔아치우지도 않았다. 오히려 시장이 걷잡을 수 없이 무너질 때 있
는 돈을 전부 포트폴리오에 밀어 넣은 덕분에 2009년 말에는 원금
을 회복했다.

월별 지출

항목	한 달 비용(달러)	비고
집세	800	
식비/오락비	2,200	
교통/기타	300	
휴가	750	1년에 9,000달러. 그렇다. 우리는 휴가를 너무 좋아한다.
합계	4,050	

연말 대차대조표

항목	금액(달러)	비고
세후 합산 소득	136,000	
연간 지출	48,600	
연간 저축	87,400	
저축률	64%	

투자 소득/손실	+43%	돌아온 탕자를 환영한다! 우리의 지수 추종 방식과 리밸런싱 전략이 통했다! 결국 2008년 붕괴 기간에 돈을 한 푼도 잃지 않았고, 포트폴리오도 떨어진 시세를 만회했다.
순자산	280,300	

순자산

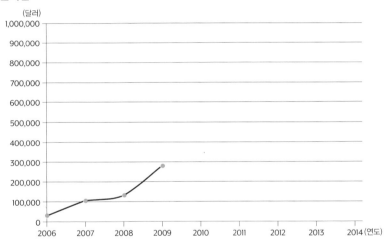

2010년

우리의 포트폴리오는 2008년의 수렁에서 완전히 빠져나왔지만, 우리는 이 해에 투자 인생에서 가장 큰 실수를 저질렀다. 9장에서 이야기했듯, 결혼하면서 집을 구하기로 하고 주택자금을 마련하느라 시장에서 돈을 빼낸 것이다. 그 탓에 주식 강세장 2년 동안 수익을 올릴 기회를 놓치고 말았다. 다행이라면, 저축률을 꾸준히 유지한 데다 승진과 보너스 덕분에 순자산이 물가상승을 상쇄할 정도로 늘었다는 점이었다.

월별 지출

항목	한 달 비용(달러)	비고
집세	800	
식비/오락비	1,700	외식을 하고 술집을 전전하던 삶을 청산하고 집에서 간단한 요리를 해 식비와 주류비를 500달러 정도 절약했다.
교통/기타	300	
휴가	154.17	휴가비가 크게 줄었다. 그 돈을 결혼식과 신혼여행에 썼기 때문이다.
결혼/신혼여행	833.33	이 해의 총액 1만 달러에는 웨딩드레스, 예복, 메이크업, 사진 촬영, 아루바로의 신혼여행비 등이 포함된다. 피로연 경비는 하객들의 축의금으로 충당했다.
합계	3,787.50	신혼여행을 섬으로 가는 바람에 돈을 썼지만, 외식비와 술집 출입을 자제한 덕분에 예산을 합리적으로 유지할 수 있었다. 하나도 아깝지 않다!

연말 대차대조표

항목	금액(달러)	비고
세후 합산 소득	145,400	나는 두 번째 승진을 하고 연말 보너스를 받았고, 우리 둘의 합산 연봉도 올랐다.
연간 지출	45,450	
연간 저축	99,950	
저축률	69%	
투자 소득/손실	0%	2008년의 손실을 회복한 후 주택자금을 마련하느라 시장에서 돈을 뺐고, 그 탓에 2년 동안의 강세장에서 투자 이익을 실현할 기회를 놓쳤다.
순자산	380,250	

순자산

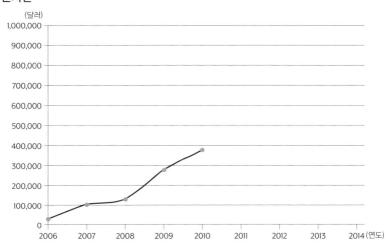

2011년

직장에서 구조조정이 시작됐다. 동료들이 해고당했고, 우리 부서는 평소보다 늦게까지 일을 했다. 우리도 주말마다 시간별 업무실적을 보고서 형태로 제출하여 해고당하면 안 되는 이유를 스스로 입증해야 했다. 이런 조치를 당연하다고 생각하는 사람은 아무도 없었다.

월별 지출

항목	한 달 비용(달러)	비고
집세	800	
식비/오락비	1,700	
교통/기타	300	
휴가	583.33	두 번의 휴가에 7,000달러. 한 번은 유람선, 또 한 번은 올랜도 여행.
합계	3,383.33	

연말 대차대조표

항목	금액(달러)	비고
세후 합산 소득	167,500	브라이스가 두 번째로 승진했다. 나는 일이 더 힘들어지고 초과 근무도 잦았지만 연봉만큼은 둘 다 올랐다.
연간 지출	40,600	직장일과 정리해고 소문으로 스트레스가 더욱 심해지면서 지출을 가능한 한 줄이기로 결심했다.
연간 저축	126,900	
저축률	76%	

투자 소득/손실	0%	여전히 시장에 진입할 기회를 잡지 못해 수익을 올리지 못했다. 다행히 우리의 연봉이 올랐고 지출은 변하지 않았다.
순자산	507,150	

순자산

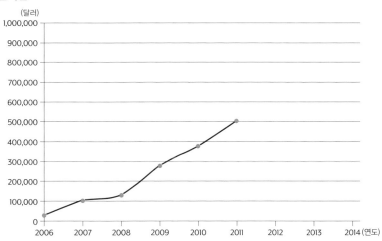

2012년

직장에서의 스트레스가 더욱 심해졌고, 토론토의 부동산 시장은 다단계 사기를 닮아갔다. 비상 추적 모드로 세밀한 부분까지 비용을 따지고 검토한 덕분에 불필요한 지출을 찾아 예산에서 제거할 수 있었고, 이로 인해 저축률이 78%까지 올라가 최고의 기록을 세웠다.

처음으로 '파이어'를 알게 되었다. 계산기를 두드려 보니 집을 사지 않고 돈을 저축할 경우 3~5년 뒤에는 은퇴할 수 있다는 결론이 나왔다. 30대 초에 은퇴하는 게 좋을까, 집을 마련하는 게 좋을까? 모기지를 갚으려면 계속 스트레스를 받으며 일해야 할 텐데? 무엇을 선택해야 할지 분명해졌다.

월별 지출

항목	한 달 비용(달러)	비고
집세	800	
식비	1,100	
오락비	45	
공과금/교통	200	
헬스클럽	100	
의류	30	
살림살이/도구	50	
선물/기부	175	
휴가	583	
2인 합계	3,083	

연말 대차대조표

항목	금액(달러)	비고
세후 합산 소득	168,680	
연간 지출	37,000	
연간 저축	131,680	
저축률	78%	
투자 소득/손실	3.4%	이 해 중반쯤에 겨우 투자를 시작했다. 강세장 기회를 일부 놓치는 바람에 1년을 꼬박 투자했을 경우 얻을 수 있었던 수익을 절반밖에 얻지 못했다.
순자산	655,830	

순자산

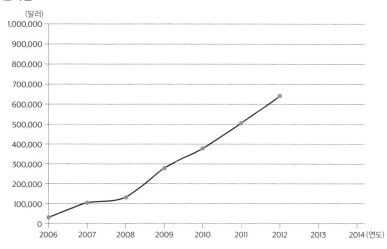

2013년

1년 전 파이어를 알게 된 것은 정말 다행이었다. 2013년에 회사 분위기가 너무 안 좋았기 때문이다. 자주 늦게까지 일했고 잠을 충분히 자지 못해서 스트레스가 심했으며, 우리 부서의 예산 삭감으로 소득도 줄었다. 주식시장으로 돌아간 것은 그나마 다행이었다. 크게 오른 포트폴리오가 줄어든 소득을 보충해 준 덕분에 간신히 정신을 차릴 수 있었다. 계획한 은퇴 시기가 2년 남았다.

월별 지출

항목	한 달 비용(달러)	비고
집세	850	잊고 있다가 갑자기 생각난 것처럼, 집주인이 집세를 올렸다.
식비	800	최적화에 능숙해져 식단을 꼼꼼히 짜고 차이나타운에서 재료를 사는 식으로 식비를 800달러까지 줄였다.
오락비	40	
공과금/교통	250	
헬스클럽	75	
의류	3	몰두할 새로운 일이 생기면서 옷에 대한 흥미가 사라졌다. 바로 글쓰기였다. 우리는 돈을 쓰는 대신, 어린이를 위한 소설을 쓰는 데 저녁과 주말 시간을 모두 투자했다.
살림살이/도구	150	
선물/기부	150	
휴가	467	
합계	2,785	

연말 대차대조표

항목	금액(달러)	비고
세후 합산 소득	155,000	두 사람 모두 초과 근무가 잦았던 탓에 잠이 부족해지면서 스트레스도 심했다. 게다가 우리 부서의 상여금이 모두 삭감되어 소득마저 줄었다.
연간 지출	33,416	
연간 저축	121,584	
저축률	78%	
투자 소득/손실	8.39%	
순자산	832,414	

순자산

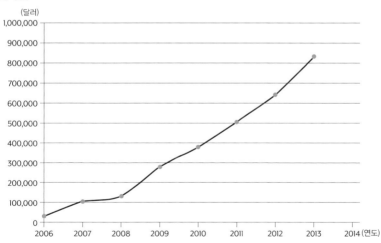

2014년

2014년 말, 나는 무한경쟁의 쳇바퀴를 돌리는 일을 그만두고 경제적으로 독립했다! 포트폴리오로 비용을 충당할 수 있을 만큼 소극적 소득이 늘었기 때문에 가능한 일이었다.

30대에 나는 은퇴한다. 이제 자유다!

월별 지출

항목	한 달 비용(달러)	비고
집세	850	
식비	750	
오락비	100	
공과금/교통	250	
헬스클럽	75	
의류	20	
살림살이/도구	100	
선물/기부	270	
휴가	168	지금까지의 휴가비 중에서 가장 적은 비용을 쓴 해였다. 휴가의 기회를 여러 차례 단념했다. 앞으로 평생 긴 휴가를 누릴 수 있을 테니까.
합계	2,583	

연말 대차대조표

항목	금액(달러)	비고
세후 합산 소득	164,000	브라이스는 세 번째이자 마지막으로 승진했다. 내 직장은 사정이 너무 나빠졌다. 상사는 혈전이 생겼고, 동료는 일하다가 쓰러져 저승 문턱까지 갔다 왔으며, 항우울제나 항불안제를 복용하는 팀원들도 늘었다. 결국 나와 가장 친한 동료가 해고당했다. 직장은 더 이상 믿을 곳이 아니라는 확신이 들었다.
연간 지출	31,000	
연간 저축	133,000	
저축률	81%	
투자 소득/손실	8.1%	
순자산	1,018,414	

순자산

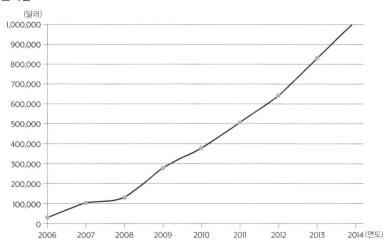

2015년

지난해에 경제적으로 독립했지만 이후 6개월을 더 일했다. 캐시 쿠션을 저축하기 위해서였다. 그리고 마침내 세계 여행을 떠났다!

2018년에 접어들며 은퇴한 지 3년째가 되었다.

우리는 여전히 세계를 여행하는 중이고 매년 4만 달러를 쓰고 있다. 하지만 순자산은 130만 달러로 늘었다! 일을 하지 않는데도 계속 돈이 들어온다. 바로 이때 펭귄랜덤하우스의 편집자인 니나 실드로부터 책을 쓸 의향이 있느냐는 연락이 왔다. 그 뒤의 이야기는 보는 대로다.

C
탄탄한 수익 포트폴리오
만드는 법

나는 15장에서 수익성 좋은 자산을 이용하여 어떻게 '일드 실드'를 만들어낼 수 있는지 그 방법을 소개했다. 본문의 흐름을 방해하고 싶지 않아 꼼꼼하게 설명하지 못했던 세부적인 내용을 여기 자세히 담았다. 다시 한번 말하지만, 이와 같은 부록은 숫자와 데이터에 꽂힌 사람들을 위한 놀이터다. 그러니 평소 다른 사람들로부터 별종이라는 이야기를 듣는 사람이 아니라면 건너뛰어도 좋다.

총수익 vs. 수익률

나는 일드 실드 포트폴리오를 장기간으로 꾸리는 건 찬성하지 않는다. 수익률 순서의 위험을 완화하기 위해서다. 따라서 일드 실드는 은퇴 후 첫 5년 정도로 짜는 것이 좋다. 이후엔 좀 더 전통적인 지수 추종 방식의 포트폴리오로 돌아가야 한다.

이유가 무엇이냐고? 장기적으로 볼 때 수익 중심의 포트폴리오는 지수 추종 방식만큼의 성과를 내지 못하기 때문이다.

증권을 발행하는 기업은 기본적으로 비슷하다. 연륜 있는 블루칩으로서, 현금이 너무 많아 주주들에게 돌려주는 것 외에 달리 뾰족한 방도가 없어 보인다. 뱅크오브아메리카나 코카콜라가 여기에 해당한다.

멋진 일이다. 그러나 이런 기업에만 투자하다 보면 젊고 빠르게 성장하는 상장사들을 놓치게 된다. 포드Ford처럼 역사가 깊은 기업들은 한 해에 300%까지 성장할 가능성이 희박하지만, 테슬라처럼 성장에 주력하는 작은 회사들은 그런 속도의 성장도 가능하다. VTI 같이 시장 전체를 추종하는 인덱스펀드가 초과 실적이라는 과실을 따내는 곳도 여기다(그런데 테슬라는 배당금을 지급하지 않는다).

배당금은 삭감될 수 있다

꼭 알아야 할 것이 있다. 포트폴리오에서 얻는 수익은 그 가치가 올라가든 내려가든 상관없이 꼬박꼬박 나오지만, 그렇다고 100% 보장이 되는 것은 아니다. 배당금이 삭감될 수도 있다. 하지만 그럴 경우 주가가 크게 떨어지는 이중효과가 나타나므로 기업들은 웬만해서는 배당금을 삭감하기를 꺼린다. 그러나 재정이 어려우면 그런 일도 일어날 수 있다는 걸 기억해 두자.

2008년 그리고 일드 실드

이론적으로 보면, 위기의 상황에서 우리는 일드 실드의 보호를 받을 수 있다. 하지만 더 중요한 건 시장 침체기에 '실제로' 어떻게 실적을 낼 것인가이다.

2015년에 은퇴한 이후로, 우리는 주식시장이 내림세로 돌아서는 경우를 여러 번 목격했다. 하지만 완전한 폭락장세는 없었다. 그리고 2008~2009년과 같은 대규모 위기도 없었다. 그렇다면 일드 실드의 효용성을 어떻게 아는가?

좋은 질문이다.

일드 실드 포트폴리오의 위력이 캐시 쿠션과의 상호작용에서 비롯된다는 사실을 상기할 필요가 있다. 일드 실드가 있으면 아무리 바닥으로 치닫는 하락 장세라고 해도 중요한 조치를 취할 수 있기 때문이다. 다시 말해, 지출을 줄이지 않고 포트폴리오의 인출률을 줄이는 것이다.

2008년을 예로 들어 살펴보자.

여기 60/40 포트폴리오로 할 수 있는 일이 있다. 2008년이 시작되는 것과 동시에 100만 달러의 포트폴리오를 가지고 은퇴해, 4만 달러를 인출한다고 하자. 2008년은 1년 내내 폭풍우가 그치지 않았다. 배당금과 이자를 통해 4만 달러의 일부를 충당할 수도 있겠지만, 그래도 일부 자산을 손해보고 매도할 수밖에 없을 것이다.

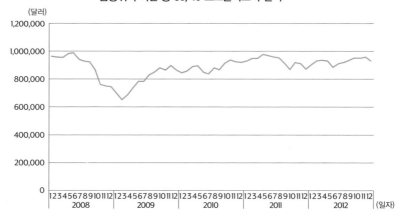

금융위기 기간 중 60/40 포트폴리오의 실적

(달러)

이제 일드 실드 전략을 보자. 이를 분석하기 위해 15장에 소개한
미국의 일드 실드 포트폴리오를 사용하겠다.

이 시기에 우리가 받은 소득에 대한 도표를 보면, 혼란스러운 상

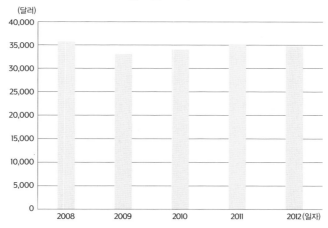

일드 실드 소득

(달러)

황에도 불구하고 실제로는 비교적 안정된 상태를 유지했다는 것을 알 수 있다. 소득은 첫해에 3만 5,000달러로 시작해 3만 3,000달러로 약간 내려갔다가 1년 뒤 다시 3만 5,000달러를 회복했다.

이 시나리오에서 우리의 은퇴자는 매년 4만 달러를 포트폴리오에서 인출하지 않았을 것이다. 대신 일드 실드의 수익을 수확하고 캐시 쿠션으로 차액을 충당했을 것이다. 그런 조건이라면 두 포트폴리오는 어떻게 됐을까?

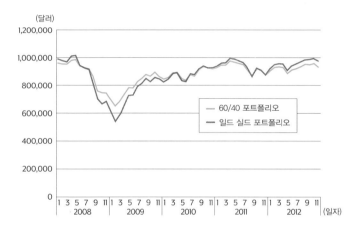

두 포트폴리오를 비교해 보면, 결국엔 '일드 실드＋캐시 쿠션' 전략이 전통적인 60/40 포트폴리오를 이긴다는 걸 알 수 있다. 그렇다. 포트폴리오는 변동성이 컸지만 수익과 캐시 쿠션으로 생활비를 충당했기에 별다른 신경을 쓰지 않았다. 그리고 2012년 말, 일드 실드는 원래의 가치인 100만 달러에 다시 근접했으며, 다가올 대호황 장세에 올라 탈 준비를 끝내놓고 있었다.

우리 은퇴자의 5년짜리 캐시 쿠션이 고갈될 뻔했지만, 그런 일은 일어나지 않았다. 2012년 이후처럼 시장이 폭등할 때 자본 이득으로 부족분이 다시 채워지기 때문이다.

어떻게 그런 일이 일어나는가?

일드 실드 전략은 금융위기나 경제 침체기에도 절대 그 가치가 떨어지지 않는 마법의 투자법 같은 게 아니다. 단지 모든 은퇴 설계자들이 효과가 있다고 여기는 조치를 취할 수 있게 도울 뿐이다. 그 조치란 포트폴리오에서 빠져나가는 돈을 줄여 하락장에 자산을 팔지 않아도 되는 것을 말한다. 그리고 일드 실드는 비교적 적은 금액을 떼어 놓아 그런 조치를 취할 수 있게 해준다. 비상사태를 위해 시장 밖에 수십만 달러를 마련해 놓을 필요는 없다. 오히려 장기 실적에 큰 지장을 주고 은퇴만 지연시킨다.

일드 실드는 영원한 포트폴리오가 아니다

요약해 보자. 장기적으로 볼 때 일드 실드 포트폴리오는 순수한 인덱스 투자 포트폴리오만큼의 실적을 내지 못한다. 그러나 금융시장 침체기에서 5년짜리 캐시 쿠션과 결합하면 지출을 줄이지 않고도 포트폴리오에서 인출해야 하는 금액을 줄일 수 있다. 은퇴를 하고 난 첫 5년은 수익률 순서의 위험으로 인해 가장 조심해야 할 시기이므로 그 기간 동안만 일드 실드로 전환하는 것이 좋다.

우리 부부는 2015년에 은퇴했고, 그후 두 번의 하락장을 겪었다.

2015년과 2018년이었다. 하지만 이 두 시기에 수익을 수확하고 캐시 쿠션을 일부 활용함으로써 아무것도 팔 필요가 없었다. 그리고 두 경우 모두 후속 반등이 있었기 때문에 우리의 포트폴리오는 더욱 커졌다.

D
경제적 독립에
소요되는 시간

21장에서 나는 싱글이나 가족이 경제적으로 독립하는 데 어느 정도의 시간이 걸리는지 가늠하는 법을 보여주었다. 요약하면 이렇다.

- 1단계: 싱글이나 가족이 한 해에 지출하는 금액을 확인한다.
- 2단계: 그 금액에 25를 곱해 목표 FI를 구한다.
- 3단계: 처음 시작할 때의 잔고와 연간 저축 가능 금액을 알아본다.
- 4단계: 포트폴리오가 성장하는 과정을 추적할 수 있도록 간단한 스프레드시트를 만든다.
- 5단계: 포트폴리오와 목표 FI가 교차하는 지점을 확인한다.

블로그를 운영하다 보니 이런 작업이 습관으로 굳어버렸다. 당신도 이렇게 할 수 있는지 궁금하다면, 엑셀의 마법을 부려 직접 보여 주겠다. 엑셀과 엑셀 공식의 설레는 흥분에 관해 이야기할 차례다 (이것을 왜 본문에 포함시키지 않고 여기에 두었는지 이제 알았을 것이다).

먼저, 엑셀을 열고 맨 윗줄에 제목을 적는다.

	A	B	C	D	E
1	연도	잔고	저축	ROI	합계
2					
3					
4					

그다음 맨 왼쪽에 있는 연도 칸에 차례대로 번호를 적는다. 첫 번째 칸에 1이라고 입력한 다음 '자동 채우기' 기능으로 나머지를 숫자를 넣는다. 방법을 잘 모르겠으면 엑셀의 도움말 기능을 참조하라.

	A	B	C	D	E
1	연도	잔고	저축	ROI	합계
2	1				
3	2				
4	3				

이제 첫 번째 행을 채워야 한다. 첫 번째 '잔고'는 투자할 수 있는 자산의 총액이다. 여기에는 현금, 401(k), IRA 잔고 등이 포함되는 데, 집은 포함되지 않는다. 일반적으로 주택은 은퇴 후 생활비를 충당하는 데 사용할 수 없고 단지 주거 장소만 제공하기 때문이다. 은

퇴 설계자들이 주택을 '죽은 자산'이라고 부르는 것도 이 때문이다.

다음 칸 '저축'은 매년 저축하는 금액이다. 여기에는 투자계좌, 저축계좌, 은퇴계좌에 들어간 돈이 포함되는데, 단, 모기지 납부액은 빼야 한다.

'ROI' 즉 투자 대비 수익률^{Return on Investment}은 은퇴계좌에서 매년 늘어나는 액수다. 잔고 칸에 예상 ROI를 곱해서 식을 만든다. 은퇴 설계자는 보통 7~8%를 예상하지만, 나는 보수적으로 잡아 6%로 계산한다.

이제 행에 있는 모든 칸을 더하는 식을 '합계' 칸에 만든다. 첫 번째 행은 이렇게 된다.

	A	B	C	D	E
1	연도	잔고	저축	ROI	합계
2	1	최초 잔고	연간 저축	=B2*0.06	=B2+C2+D2
3	2				
4	3				

이제 마지막으로, 각 열에 엑셀의 '채우기' 기능을 사용하여 식을 스프레드시트 아래로 복사한다. 이런 식이다.

	A	B	C	D	E
1	연도	잔고	저축	ROI	합계
2	1	최초 잔고	연간 저축	=B2*0.06	=B2+C2+D2
3	2	=E2	연간 저축	=B3*0.06	=B3+C3+D3
4	3	=E3	연간 저축	=B4*0.06	=B4+C4+D4

간단한 예

세후 8만 달러를 버는 부부가 있다고 하자. 이들은 1년에 4만 달러를 쓴다. 그러면 그들의 목표 FI는 100만 달러(4만 달러×25)다. 은퇴 여정을 막 시작하려는 상황이라 현재 자산은 0이다. 그렇다면 이들이 경제적 독립을 이루는 데는 얼마나 걸릴까?

(단위: 달러)

연도	잔고	저축	수익(6%)	합계
1	0.00	40,000.00	0.00	40,000.00
2	40,000.00	40,000.00	2,400.00	82,400.00
3	82,400.00	40,000.00	4,944.00	127,344.00
4	127,344.00	40,000.00	7,640.64	174,984.64
5	174,984.64	40,000.00	10,499.08	225,483.72
6	225,483.72	40,000.00	13,529.02	279,012.74
7	279,012.74	40,000.00	16,740.76	335,753.50
8	335,753.50	40,000.00	20,145.21	395,898.71
9	395,898.71	40,000.00	23,753.92	459,652.63
10	459,652.63	40,000.00	27,579.16	527,231.79
11	527,231.79	40,000.00	31,633.91	598,865.70
12	598,865.70	40,000.00	35,931.94	674,797.64
13	674,797.64	40,000.00	40,487.86	755,285.50
14	755,285.50	40,000.00	45,317.13	840,602.63
15	840,602.63	40,000.00	50,436.16	931,038.79
16	931,038.79	40,000.00	55,862.33	1,026,901.12

이 모든 정보를 스프레드시트에 넣고 나면, 이들이 17년 뒤에 은퇴할 수 있다는 결론이 나온다(더 정확히 말하면 16년째 되는 해의 연말이다). 16년째 칸에서 목표 FI인 100만 달러를 넘어가고 있지 않은가?

인플레이션은 어떤가?

인플레이션 역시 자주 받는 질문 중 하나다. 이 표에는 그에 관한 설명이 전혀 없다. 하지만 21장에서 설명한 것처럼 주식시장의 수익을 구하기 위해 사용한 6%라는 보수적 ROI는 인플레이션을 감안한 수치, 즉 실질성장이다. 반면 은퇴 설계자들이 자주 사용하는 7~8%는 인플레이션을 적용하지 않은 성장, 즉 명목성장이다. 실질성장은 주식시장 가치의 실질적 성장에 배당금을 더한 값이다. 이것이 주식시장의 실적을 바라보는 가장 직관적인 방법이다. 명목성장은 주식시장의 실적을 이해하기 쉽게 해주지만, 인플레이션을 명확하게 반영할 경우 다른 모든 것들이 아주 복잡해져 버린다는 것이 단점이다. 인플레이션이 내가 분석한 세 곳에서 나타날 때는 특히 그렇다.

- 인플레이션과 함께 부부의 연봉도 올라간다는 사실을 설명해야 한다. 다시 말해, 그들의 생활비는 물론 그들이 모을 수 있는 돈의 금액 역시 인플레이션과 함께 매년 올라갈 것이다.
- 그들의 포트폴리오는 실질수익률이 아닌, 명목수익률로 상승할 것이다.

• 여러분의 목표 FI도 인플레이션을 감안해 조정해야 한다. 지금은 4만 달러로 생활한다고 해도, 시간이 지나면 생활비가 증가하기 때문에 '더 많은' 돈이 필요할 것이다.

이를 표에 적용하면 어떻게 될까? 우선 인플레이션 효과를 '저축'과 'ROI' 열에 더해야 한다. 아울러 목표 FI가 시간이 지나면서 어떻게 변하는지 보여주는 열을 새로 덧붙여야 한다.

(단위: 달러)

연도	잔고	저축	ROI	합계	목표 FI
1	0.00	40,000.00	0.00	40,000.00	1,000,000.00
2	40,000.00	40,800.00	3,200.00	84,000.00	1,020,000.00
3	84,000.00	41,616.00	6,720.00	132,336.00	1,040,400.00
4	132,336.00	42,448.32	10,586.88	185,371.20	1,061,208.00
5	185,371.20	43,297.29	14,829.70	243,498.19	1,082,432.16
6	243,498.19	44,163.24	19,479.86	307,141.29	1,104,080.80
7	307,141.29	45,046.50	24,571.30	376,759.09	1,126,162.42
8	376,759.09	45,947.43	30,140.73	452,847.25	1,148,685.67
9	452,847.25	46,866.38	36,227.78	535,941.41	1,171,659.38
10	535,941.41	47,803.71	42,875.31	626,620.43	1,195,092.57
11	626,620.43	48,759.78	50,129.63	725,509.84	1,218,994.42
12	725,509.84	49,734.98	58,040.79	833,285.61	1,243,374.31
13	833,285.61	50,729.68	66,662.85	950,678.14	1,268,241.79
14	950,678.14	51,744.27	76,054.25	1,078,476.66	1,293,606.63
15	1,078,476.66	52,779.16	86,278.13	1,217,533.95	1,319,478.76
16	1,217,533.95	53,834.74	97,402.72	1,368,771.41	1,345,868.34

이제 이 부부가 경제적 독립을 이루는 시점은 더 이상 순자산이 100만 달러를 넘는 지점이 아닌 순자산, 즉 합계가 계속 변하는 목표 FI를 넘어가는 지점이다. 여기서는 목표 FI가 1,345,868.34달러인 지점이다.

분석이 훨씬 더 복잡해졌음에도 답은 여전히 17년으로 나온다. 내가 인플레이션 효과를 감안해 미래의 달러 가치로 계산하지 않고, 실질수익률을 사용하여 현재 달러 가치로 계산한 것도 이 때문이다. 결국 답은 같다. 인플레이션을 반영하면 계산만 복잡해질 뿐이다.

감사의 말

이 책은 츠쿠와 자수성가에 관한 이야기이지만, 나는 세상을 살면서 타인의 도움을 받지 않고는 할 수 있는 일이 없다는 사실을 이번 기회를 통해 다시 한번 실감했다.

이 귀여운 아기(내게는 이 표현이 더 그럴듯해 보인다)가 배태되어 세상으로 나오는 데 도움을 주신 많은 분께 감사드리고 싶다.

우선 이 책을 세상에 내도록 떠밀어준 비범한 편집자 니나 실드에게 감사하다. 니나가 아니었으면 책을 쓸 생각은 하지 못했을 것이다. 공치사가 아니다. 니나는 예리한 판단력으로 이 책을 쓰도록 우리를 설득했다. 그러니 좋든 나쁘든 당신이 책임지세요!

우리의 슈퍼 히로인 에이전트 앤드리어 솜버그Andrea Somberg에게도 감사드린다. 한 번도 이런 책을 써본 적이 없는 우리의 무얼 믿고 제안했는지 알다가도 모르겠다. 우리에 대한 그의 믿음은 당황스러울 정도였지만, 그의 과장된 호언은 전염성이 강했다.

우리의 동료 저자이자 조직의 천재 페이 울프^{Fay Wolf}도 빼놓을 수 없다. 할리우드의 어떤 여배우가 우리 블로그를 좋아해서 그녀에게 이야기해 주었단 말을 듣고 얼마나 기분이 좋았는지 모른다. 우리를 믿어준 페이에게 감사하다.

교열을 맡아준 애저 폴록^{Aja Pollock}과 홍보를 담당한 앨리사 카소프^{Allyssa Kasoff}, 판촉을 담당한 로시 앤더슨^{Roshe Anderson} 그리고 펭귄랜덤하우스의 타처페리지^{TarcherPerigee} 팀원들에게도 감사의 말을 전한다. 여러분 덕분에 이 소중한 아기를 품에 안을 수 있었다! 당신들이 아니었다면 엄두도 못 냈을 일이다.

이 책의 핵심을 이루는 인생 교훈과 재미있는 에피소드를 전해주신 크리스티의 아버지에게 특별히 감사드린다.

FI의 대부 JL 콜린스는 우리가 여기에 그의 이름을 밝히는 이유를 잘 알 것이다. 그가 꼭 써보라고 권하기 전까지는 이 일을 진지하게 생각해 보지 않았으니까. 그리고 이제 여기까지 왔다. 어찌 보면 우리도 이런 고통을 즐겼던 것 같다. 콜린스의 우정과 지지와 조언에 감사드린다. 무엇보다 존 굿맨^{John Goodman}을 닮은 당신의 그 표정이 영원했으면 좋겠다! 물론 돈도 영원하고!

비키 로빈^{Vicki Robin}은 구닥다리 재테크 책에 대한 불평에서 그치지 말고 직접 독자들에게 실질적인 비결을 알려줘야 한다고 우리를 설득했다. 또 창피한 어린 시절의 이야기도 들려줄 가치가 있다며 격려해 줬다. 이 이야기에 빛을 더하도록 영감을 줘서 감사하다.

무엇보다도 피트 '미스터 머니 머스태시' 애드니, 브랜든 브롱크호스트^{Brandon Bronkhorst}, 빌 밴홀처^{Bill Banholzer}, 콜비 찰스^{Colby Charles}, 롭

과 로빈 찰튼 부부, 앨런 도너건 ^{Alan Donegan}, 케이티 도너건 ^{Katie} ^{Donegan}, 멜리사 푸니어 ^{Melissa Fournier}, 제러미 제이콥슨, 레이니 리버티, 저스틴 맥커리, 제니퍼 서덜랜드-밀러, 그랜트 사바티어, 조 유도 ^{Joe} ^{Udo} 등 많은 분께 무한한 감사를 드린다. 이들은 내 이야기를 듣고 조언을 해주었으며 문장을 다듬고 교정해 주었고 판촉으로 우리를 도와주었다. 다들 멋진 분들이다!

마지막으로, 벨기에 맥주와 포르투갈 와인에게 고맙다. 이들이 도와주지 않았으면 저술이라는 동굴에 틀어박혀 원고와 씨름하며 보낸 수많은 힘겨운 시간을 견뎌내지 못했을 것이다.

그리고 이 책이 도저히 읽을 수준이 안 된다면 이들에게 전한 '감사하다'는 인사를 전부 '당신들 탓이다'로 바꿀 권리가 우리에게 있음을 밝혀둔다.

"누구냐, 넌?"

박찬욱 감독의 영화 〈올드보이〉에서 주인공이 던진 이 대사는, 영화를 보지 않은 사람이라고 해도 한 번쯤은 들어 보았을 것이다. 이후에도 많은 이에게 패러디될 정도로 회자된 명대사이지만, 사실은 잘못된 질문이었다. 주인공이 무려 15년이나 감금된 미스터리한 사건에 있어 정작 중요한 것은 '누가 그랬는가?'가 아니라 '왜, 그랬는가?'였으니까.

제대로 된 해답을 찾기 위해서는 먼저 좋은 질문이 필요하다.

《서른 살 백만장자》는 '경제적 자유'라는 목적지에 이르는 데 도움이 되는 매우 적절한 질문들을 던진다는 점에서 좋은 책이라 할 수 있겠다. 또 저자인 크리스티 선은 자신이 백만장자에 이르기까지 자신에게 어떤 질문을 던졌고, 어떻게 그 문제를 해결해 왔는지를 무척이나 자세하게 들려준다.

물론, '집은 투자의 대상으로서 그리 효율적이지 않다'라거나 '개별 종목의 주식 투자보다는 ETF 같은 인덱스 펀드에 투자하는 것이 더 유리하다'라는 저자의 주장은 그동안 내가 주장해 온 바와는 조금 다르다.

　나와 다른 생각을 주장하는 책을 감수하는 위험을 감수하는 것이 과연 맞는 일일까? 하지만 책을 읽어 내려가며 이것이 기우에 불과했음을 깨달았다. 이는 '맞고 틀리고'의 문제가 아닌, 한국과 캐나다라는 지역적 차이에서 오는 '다름'의 문제였으며, 개인의 투자 성향과 처해진 환경에 따른 변수일 뿐이었다.

　오랜 시간 주식시장에서 투자의 단맛과 쓴맛을 본 투자자 입장에서는 ETF 같은 인덱스 펀드보다 개별 종목에 분산투자하는 것이 보다 효과적이라고 생각한다. 하지만 주식시장에 갓 입문한 사람들에게는 ETF를 적립식으로 투자하는 것만큼 안전한 주식 투자법도 없을 것이다. 우리나라는 이 책의 저자가 살고 있는 캐나다처럼 집을 보수하는 데 큰 비용이 소요되지 않는 아파트가 대부분이기에 부동산이 괜찮은 투자 수단이 될 수 있다. 또 그녀를 백만장자로 이끌어 준 영리한 절세 전략도 세금 구조 측면에서는 지역적인 차이가 있어 보다 섬세한 접근이 필요할 것이다. 그럼에도 내가 그녀와 같은 환경에 있었다면 그녀가 제시한 대안들에 동의하며 쉽게 따를 만한 내용이었던 건 분명하다.

　이 책은 절약과 투자라는 경제적 독립을 위한 필수 불가결한 요소들에 대해 지나치다 싶을 만큼 상세하게 다루고 있다.

- 경제적 자유를 얻기 위한 기초 자금은 얼마인가?
- 무엇에 투자해야 하는가?
- 조기 은퇴 후의 삶은 어떠해야 하는가?
- 자유를 지속시키기 위해 무엇을 해야 하는가?

이 책의 저자가 자신에게 질문을 던진 후 이를 현명하게 해결해 나가는 과정을 지켜본다면, 비록 환경이 다르다고 해도 '현답'을 통해 자신만의 '현문'을 만들어 효과적인 방법을 찾을 수 있을 것이다.

경제적 자유를 달성하는 방법을 묻는 질문에 '열심히 아껴서 종잣돈을 모으고 투자를 하라'고 말한다면, 냉장고에 코끼리를 넣는 방법을 묻는 질문에 '냉장고 문을 열고 코끼리를 넣은 후 냉장고 문을 닫으라'고 하는 것처럼 당연하고 빤한 말처럼 들릴 것이다. 하지만 그녀는 자신이 투자한 펀드가 '뱅가드 고배당주 ETF Vanguard high devidend yield ETF'임을 밝히는 등 무척이나 솔직하고 자세하게 그 방법과 노하우를 알려준다.

어떤 과거를 통해 무슨 생각을 하게 되었으며, 어떠한 목적을 달성하기 위해 무엇에 투자했는지, 가난했던 어린 시절부터 중산층을 거쳐 경제적 자유를 얻게 되고, 또 그것을 어떻게 유지하고 있는지까지, 크리스티는 과정과 노하우를 하나하나 친절하게 들려준다. 그녀가 말한 대로, '똑같이 따라 하더라도 비슷한 결과를 얻을 수 있을 만한 비결'임에 틀림없다.

한국에 사는 내가 어떻게 캐나다에 사는 그녀처럼 'VYM'에 투자할 수 있겠느냐고 묻고 싶은 재테크 초보자도 있을 것이다. 그렇다면 인터넷 검색창에 '미국 ETF'라고 한번 입력해 보기를 권한다. 계좌 개설부터 실제 투자까지 단 몇 분이면 해낼 수 있다.

세계화는 빌보드 차트와 오스카를 점령한 K팝이나 K무비에만 해당되는 일이 아니라, 경제적 자유를 찾는 일에도 열려 있다.

— 박성현,
주식과 부동산, 달러 투자를 넘나들며
경제적 자유를 달성한 전천후 투자자이자
《아빠의 첫 돈 공부》,《버핏클럽 issue 2》등의 저자

서른 살 백만장자

1판 1쇄 발행 2020년 3월 10일
1판 2쇄 발행 2024년 3월 22일

지은이 크리스티 선, 브라이스 렁
옮긴이 이경남

발행인 양원석
디자인 남미현, 김미선
영업마케팅 양정길, 윤송, 김지현

펴낸 곳 ㈜알에이치코리아
주소 서울시 금천구 가산디지털2로 53, 20층 (가산동, 한라시그마밸리)
편집문의 02-6443-8826 **도서문의** 02-6443-8800
홈페이지 http://rhk.co.kr **등록** 2004년 1월 15일 제2-3726호

ISBN 978-89-255-6898-0 (03320)